世界一やさしい投資信託・ETFの教科書1年生

Dr.ちゅり男

ソーテック社

ご利用前に必ずお読みください

本書は株式、投資信託、ETF等による投資商品の売買、投資の参考となる情報提供、技術解説を目的としています。投資商品の売買、投資の意思決定、最終判断はご自身の責任において行ってください。

本書に掲載した情報に基づいた投資結果に関しましては、著者および株式会社ソーテック社はいかなる場合においても責任は負わないものとします。

また、本書は2024年2月現在の情報をもとに作成しています。掲載されている情報につきましては、ご利用時には変更されている場合もありますので、あらかじめご了承ください。

以上の注意事項をご承諾いただいたうえで、本書をご利用願います。

※ 本文中で紹介している会社名、製品名は各メーカーが権利を有する商標登録または商標です。なお、本書では、©、®、TMマークは割愛しています。

Cover Design & Illustration…Yutaka Uetake

はじめに

今の日本では、毎日一生懸命働いて節約をし、毎月がんばって貯金をしても、お金の不安が全然解消されないという人が多いのではないでしょうか？

その主な理由として、社会保険料の増大によって実質賃金が伸び悩んでいることや、インフレによる物価高が家計を直撃していることがあげられます。

私たちの両親や祖父母の時代は人口構成が若く、日本経済が年々伸びていく絶頂期でした。真面目に働いて貯めたお金でマイホームを買い、定年まで勤め上げて年金や退職金で老後を過ごすというのが資産形成の王道だったのです。

バブル崩壊や超少子高齢化などの影響で、日本の経済状況や人口構成は大きく変わりました。50年前のやり方を今の時代にそのまま当てはめてもうまくいくはずがありません。

しかし、日本の学校では金融教育が進んでおらず、平均的な日本人はいつまでも「貯金第一主義」から脱却できていないのです。

私は、投資信託やＥＴＦを用いたインデックス投資こそ、平均的な日本人のお金の不安を解消する切り札だと考えています。

そこで本書の前半では、「投資信託やＥＴＦはどのような商品で、なぜ資産形成に必須なのか」について、投資初心者の方でも理解できるように詳しく解説しました。

投資信託やＥＴＦというのは、株式や債券などのセット商品のことです。

投資信託やＥＴＦを利用すれば、日本にいながら世界中の株や債券に簡単に投資することができ、米国や新興国など経済成長が著しい国の利益を享受することができます。

株式や債券というのは値動きがあるリスク資産なので損をする可能性があります。

しかし、株式市場全体の指標そのものに投資する「インデックス投資」という方法であれば、損をする可能性を限りなくゼロに近づけることができます。一攫千金が狙える派手な投資ではありませんが、初心者でも簡単に実践できる再現性の高い方法です。

そもそも、メガバンクの普通預金金利が０・０２％という超低金利では、銀行にお金を預けていてもお金は全く増えません。

投資リスクについて正しく理解し、株式などのリスク資産と上手に付き合うことができれば、インフレに負けない強固な家計を築くことができます。

本書の６時限目では、２０２４年から始まった新しいＮＩＳＡ（少額投資非課税制度）について、初心者の方が上手に活用するポイントを解説しました。

新ＮＩＳＡは生涯で１８００万円まで、投資した商品の運用益が非課税になる素晴らしい制度です。投資可能な期間や非課税で運用できる期間が恒久化され、これまでのＮＩＳＡ制度よりもはるかに使いやすくなっています。

しかし、あくまで新ＮＩＳＡは金融商品を入れる箱に過ぎません。ＮＩＳＡ制度の全体像や危険性をよく理解したうえで使わなければ、宝の持ち腐れになってしまいます。

7時限目では、ｉＤｅＣｏ（個人型確定拠出年金）について解説しました。

ｉＤｅＣｏを一言で言い表すならば、「節税をしながらインデックス投資をして、将来受け取れる年金を増やせる制度」です。

ｉＤｅＣｏは節税メリットが満載なので、フリーランスなど将来の年金が手薄な人に積極的に活用してもらいたい制度です。

8～9時限目では、投資初心者にぜひ知っておいてほしい投資信託やＥＴＦをリストアップしました。一部上級者向けの商品も含まれていますが、世の中に多彩な商品があることを知り、投資の奥深さを感じていただければ幸いです。

最後になりますが、本書を多くの人に読んでいただき、投資信託やＥＴＦを使ったインデックス投資によって、10年～20年後に「老後のお金の不安が減った！」「あの時インデックス投資を始めて良かった！」という人が1人でも増えればそれに勝る喜びはありません。

目次

1時限目 ETFってどんな商品？ 投資信託とどう違うの？

2時限目 投資の考え方の基本を学ぼう

3時限目 インデックス投資はどこがスゴいのか？

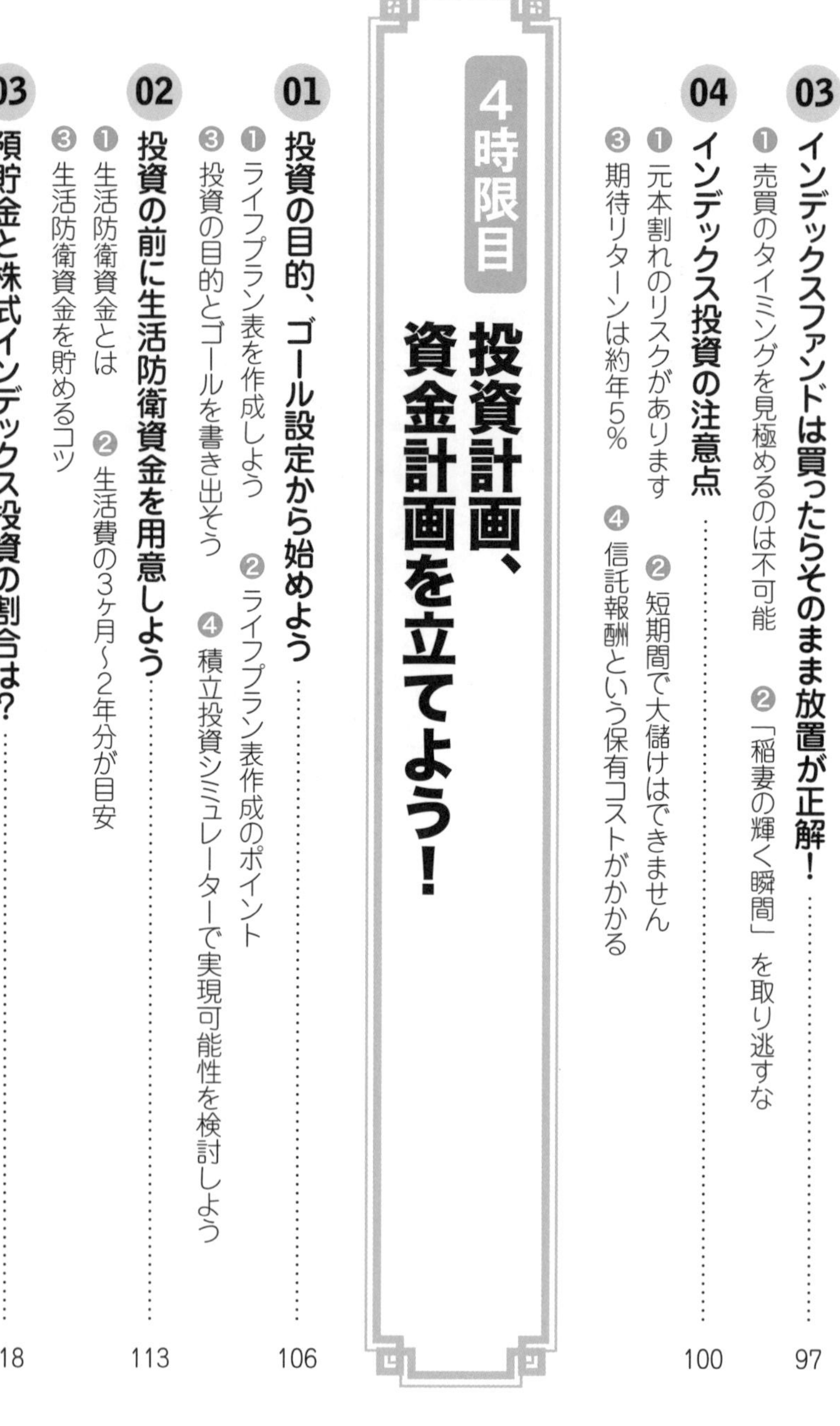

4時限目 投資計画、資金計画を立てよう！

❶ リスク許容度を考えよう ❷ インデックスファンドでも暴落は避けられない
❸ 預貯金50：インデックス50が基本 ❹ 株式比率は100－年齢（％）を目安に
❺ 投資対象は全世界株式インデックス一本

5時限目 投資信託・ETFを実際に買ってみよう

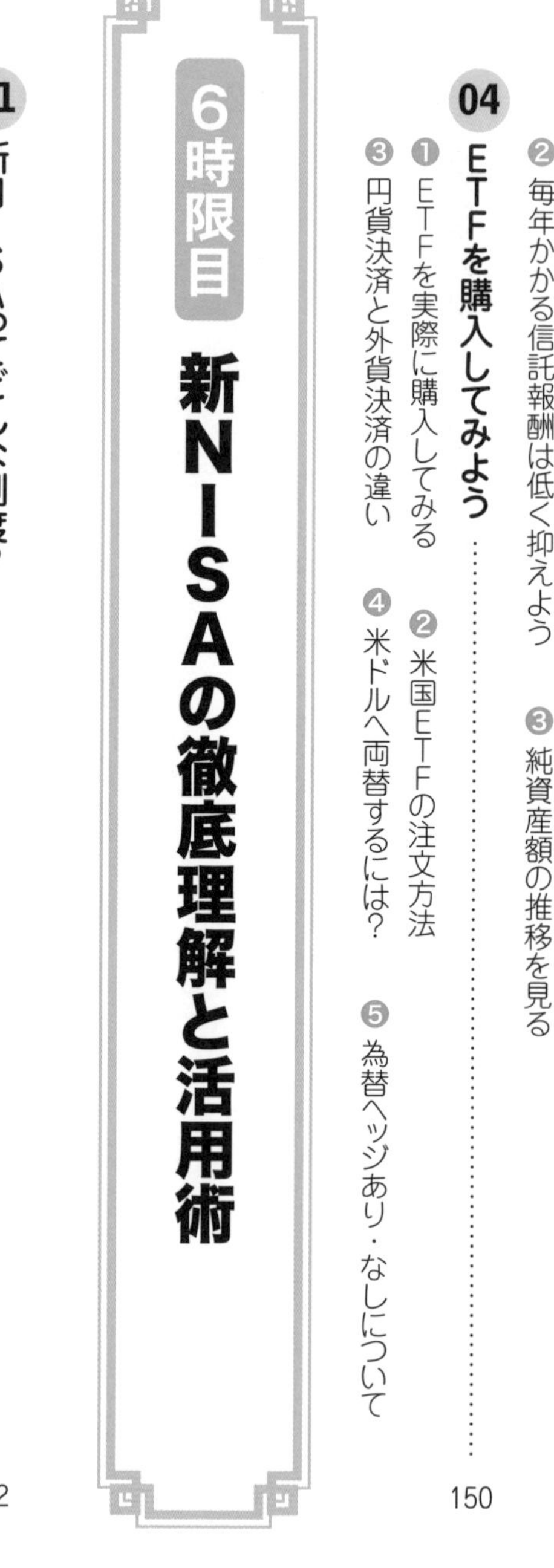

6時限目 新NISAの徹底理解と活用術

7時限目 iDeCoで将来の年金をしっかり作ろう

8時限目 おすすめの投資信託はこれだ！

9時限目 おすすめのETFはこれだ！

0時限目

投資信託って どんな商品ですか？

新NISAがはじまり、
「投資信託」という
言葉もよく聞かれる
ようになりました。
どんな仕組みで、
どんな商品でしょうか？

01 大きな声で言えませんが、投資や株式について教えてください！

1 そもそも「投資」ってどんなこと？

「**投資**」とは、株式や債券など何らかの価値を生み出す資産に対して、**将来の利益を見込んで自分のお金を投じること**です。

将来の利益には、お金だけでなく、自分のスキル（英会話、筋トレ、仕事の能力など）も含まれ、日常生活でも使われる言葉です。

銀行の預貯金とは異なり、株式などの投資商品には**価格と値動き**があります。通常、株の値動きにより価格が上がれば利益となり、下がれば損をしてしまいます。

投資では、投資家が投じたお金の元本が保証されないので、**常に元本割れのリスクがある**のです。

投資って、いったいどんなことでしょうか？
投資っていうと株式のイメージが強いですが、ほかにもさまざまな商品がありますよ！

私たちが投資できる商品には、個別株式、投資信託、ETF、外貨預金、国債、FX（外国為替証拠金取引）、不動産、商品（金、プラチナ、原油）など様々な種類があります。

投資する商品の種類によって値動きや性質が異なるため、投資の難易度も大きく変わってきます。

たくさんある金融商品の中で、本書のメインテーマである**投資信託やETFは初心者の方でも投資しやすく、長期の資産形成に適した商品**です。

そこで本書では、投資信託とETFを中心に、これから投資を始める方がどのように資産形成を進めていけばよいのか解説していきます。

2 株式とは？ 株式投資とは？

投資信託やETFというのは**複数の株式をセットにした商品**ですが、その前に「株式とは何か」について解説します。

株式とは、**株式会社が投資家からお金を集めるために発**

● 主な投資商品の種類

投資種別	特徴
株式	上場する株式銘柄に投資する。国内・海外（米国、新興国など）
投資信託	さまざまな株式銘柄、債券などをパッケージした商品
ETF	上場している投資信託に投資。株と同様、株式市場で購入できる
債券	国、企業などが発行する借入のための有価証券。満期がある
FX	外国為替証拠金取引。証拠金で通貨を売買し差益で利益を得る
仮想通貨	ネット上で取引する財産的な価値がある通貨。法定の通貨ではない
不動産投資	一棟、区分マンション、ビルなどを購入し、売却益、賃貸の利益を得る
REIT	さまざまな不動産を小口に分け、パッケージした不動産版投資信託
商品	金、銀、プラチナ、原油、レアアースなどの実物商品に投資
先物取引	商品を、将来の期日に、取引時点の決定価格で売買することを約束する取引

行するものです。

投資家は出資した金額に応じて株式を保有し、その割合に応じて会社の権利を保有することができます。

株式会社というのは多くの人からお金を出してもらうことで成立しており、会社の権利を小分けにしてお金を調達するための仕組みが株式です。

保有による定期的な収益がインカムゲイン

投資家が株式投資で得られる収益は、インカムゲインとキャピタルゲインの2つに大別されます。

インカムゲインとは、資産を保有し続けることで定期的に得られる収益のことで、株式の配当金などが該当します。

配当金とは

投資先の会社が利益を出すと、株主はその利益の一部を配当金という形で受け取ることができます。

配当金を出すかどうかは企業の経営方針によること、企業の業績によって配当金の金額は大きく変動すること、時には配当金の支払いが取りやめになることなどに注意が必

● 株式の仕組み

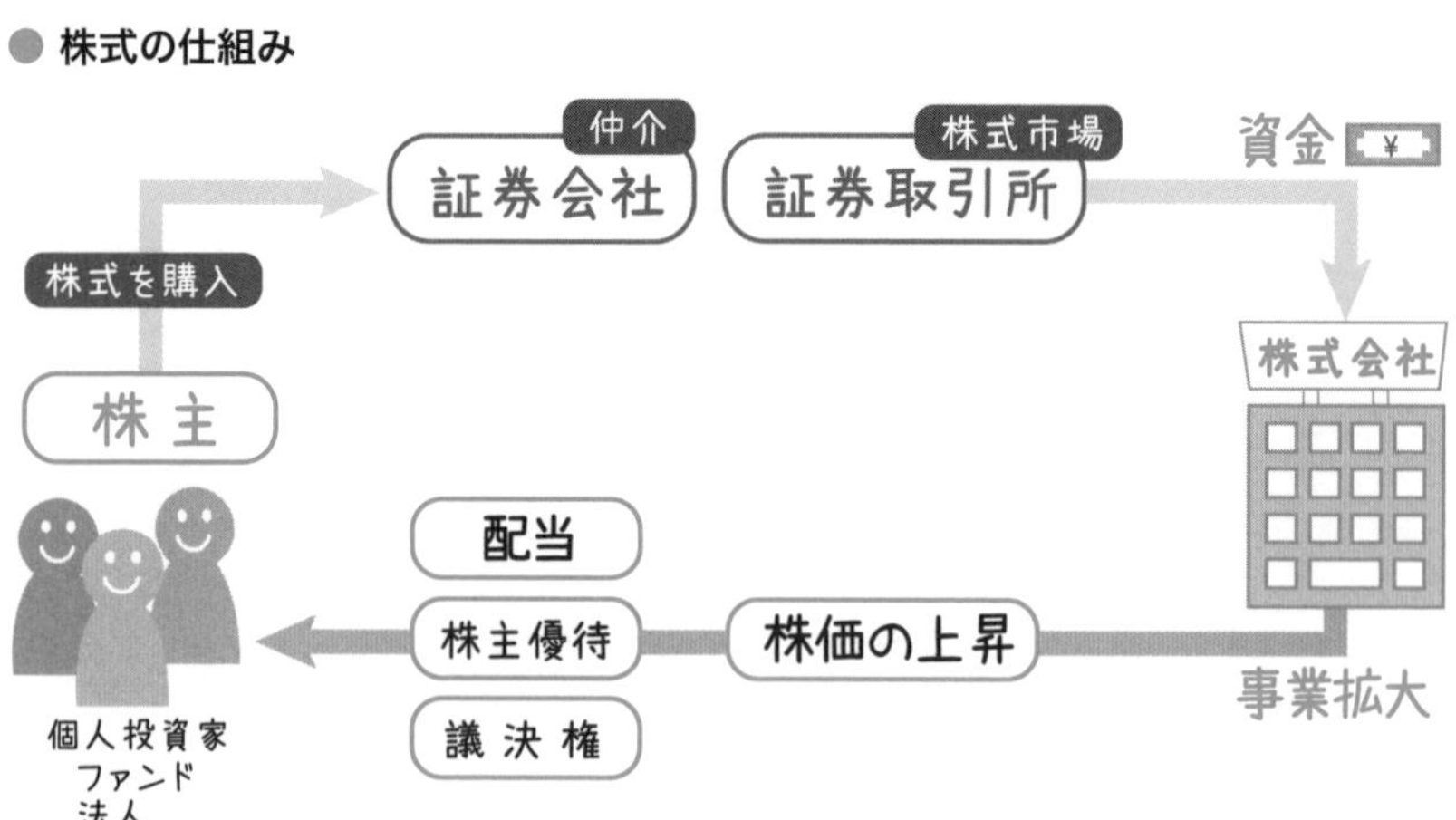

要です。

配当金は年1回～4回程度定期的に支払われるのが特徴で、配当金を受け取るには支払い時期（配当金の締め日）にその銘柄を保有している必要があります。

なお、投資信託の場合は、株の配当金と同じように定期的に**分配金**が支払われます（37ページ参照）。

売買の利益がキャピタルゲイン

キャピタルゲインとは、**株の売買によって得られる値上がり益**のことです。

株価は日々変動するので、安く買った株を株価が上がったタイミングで売れば、値上がりした分の利益を得ることができます。

3 株の価格はどうやって決まる？

株価は短期ではシンプルな**需給関係で動きます**。

その株を売りたい人より買いたい人の方が多ければ株価は

● キャピタルゲインとインカムゲイン

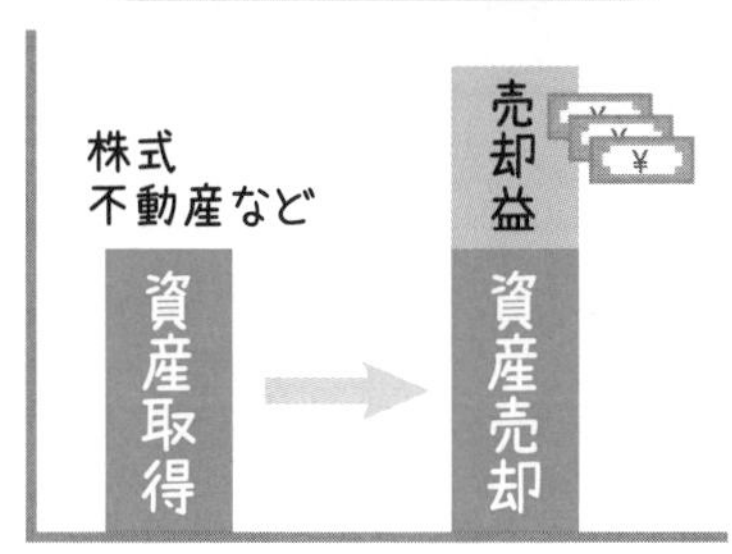

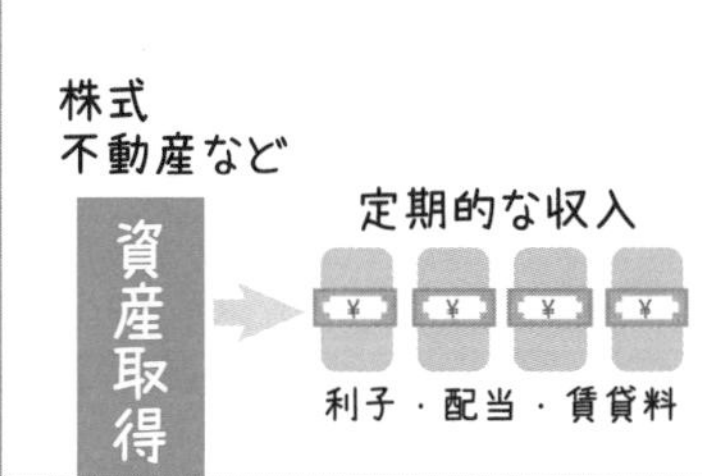

上昇し、買いたい人よりも売りたい人の方が多ければ株価は下落するわけです。

短期投資はゼロサムゲームと言われ、誰かが利益を得れば、その裏には必ず損失を被っている人がいます。

一方、**長期的な株価はその会社の企業価値に沿った推移**を示します。**株式市場は長期では拡大**し続けるため、長期投資は参加者全体の利益が損失を上回る**プラスサムゲーム**と言われています。

特に、優良企業の株を長期保有することでその価値はどんどん大きくなり、リターンも大きくなる可能性が高いのです。

● 需要と供給のバランスで決まる株価

02 投資信託って何？

1 投資信託は株や債券のセット商品

投資信託とは、投資家からお金を少しずつ集めてひとまとまりにし、集まったお金を運用のプロが運用して、利益を投資家に分配してくれる金融商品です。

私たち個人の代わりに運用のプロが多くの株式や債券を選び、それらを1つの箱の中に詰めて売っているセット商品と言えます。

私たち一人一人の資金には限りがあるため、個人のお金で何十〜何百銘柄もの株式に投資することは

● 投資信託は株式や債券のセット商品

困難です。

一方、投資信託は証券会社によっては最低100円から購入できるので、投資資金が少なくても多くの株式や債券に幅広く分散投資することができます。

まとまったお金を保有していなくても、**少ない金額から手軽に資産形成を始められる**のが投資信託の大きなメリットです。

2 世界中の株式や債券に投資できます

実際に投資信託を購入することで何ができるのでしょうか？

株式に投資する投資信託を購入した場合、投資したお金は投資信託の運用会社を通じて、**その商品に含まれる全ての会社に投資**されます。

私たち投資家は、購入した投資信託を通じて少額ずつたくさんの会社の株を買い、保有することができるのです。

● 投資信託は世界中の株式にまとめて投資可能

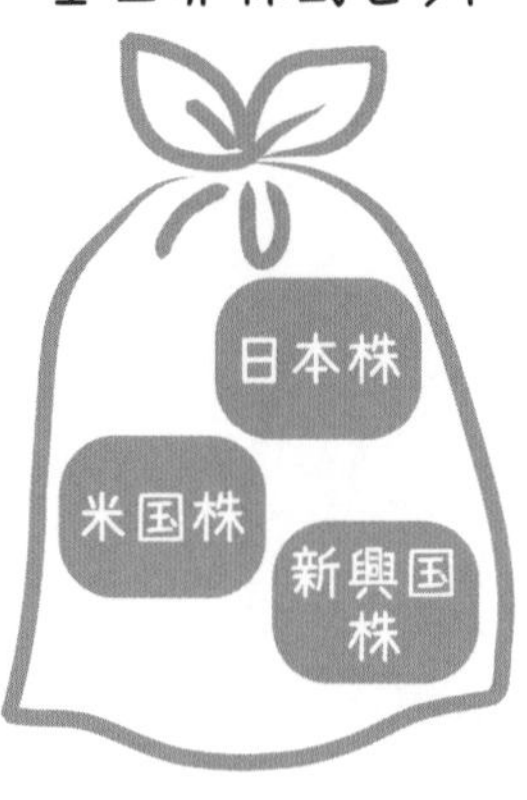

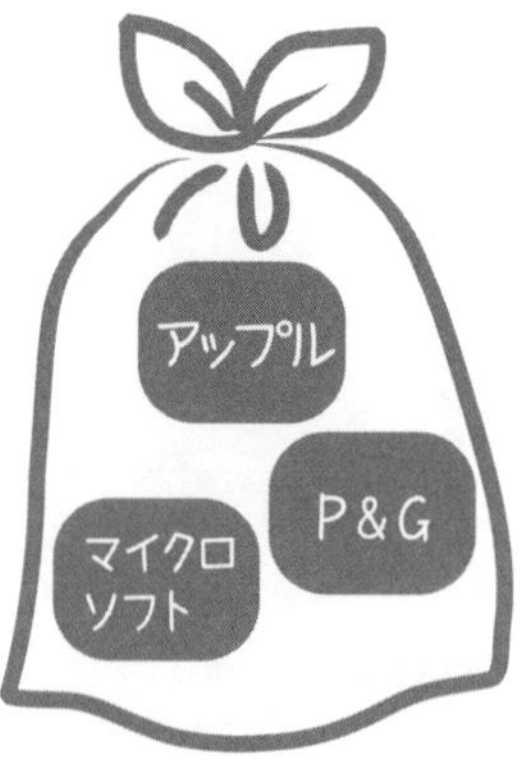

たとえば、全世界の株式市場に幅広く投資する投資信託を購入した場合、米国を中心に、日本、イギリス、中国、カナダ、フランス、ドイツ、スイスなど様々な国の会社に投資することになります。

投資信託を通じて、米国のアップル、マイクロソフト、グーグル、スイスのネスレ、日本のトヨタ自動車、韓国のサムスン電子など、**世界中の優良企業の株に投資**できるのです。

個別株では、1つ1つの銘柄を自分で選んで投資することができますが、世界中の銘柄にまんべんなく投資することはできません。

投資信託には数十〜数千の銘柄が含まれるため、1つ1つの銘柄への投資割合は少なくなりますが、**数多くの企業の株を丸ごと購入することができます**。

3 投資信託を買うと投資家も企業もWin-Winに

投資信託を購入することによって、私たち投資家と企業にはそれぞれどのようなメリットがあるのでしょうか？

私たちが投資信託を通じて会社の株を買うと、会社はそのお金を使って新しい商品やサービスを生み出し、企業価値の向上に努めます。

会社が生み出す商品やサービスの価値が上がり、**業績や利益が上がると**、**投資家は株価が上昇した分の運用益を得たり**、**利益の一部を配当金として受け取る**ことができます。

1つの投資信託の中には数多くの銘柄が含まれているので、すべての企業の業績や株価が順調に推移することはありません。

しかし、投資信託の中に、今後業績が上向いて株価が上がる銘柄が多く含まれていれば、長期的にはその投資信託の価格は上がっていくことになります。

私たち投資家は投資信託の価値が上がることで資産を増やすことができ、企業側は投資されたお金を使ってより良い商品やサービスを生み出すことができるため、**投資信託を買うことは投資家にとっても企業にとっても「Win-Win」の関係**になります。

● 投資信託の資金が企業価値を向上させる

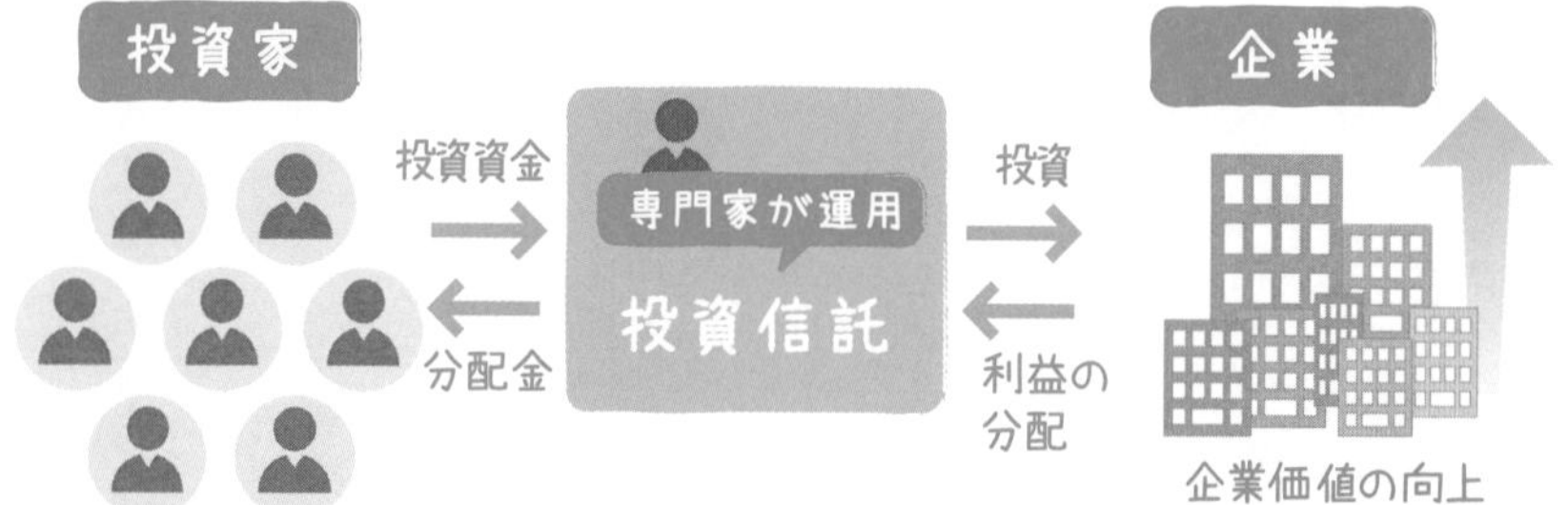

03 投資信託の仕組みはこうなっている！

1 投資信託にはいろんな種類がある！

「投資信託」と言っても、その中身は商品によって大きく異なります。

投資信託で一番購入する機会が多いのは、**株式に投資する投資信託**だと思います。

株式の投資信託の中にも、日本の株式だけ集めた商品、米国株だけ集めた商品、先進国の株式を集めた商品など様々な種類があります。

また、株式以外に**債券**や**不動産**（**REIT**（リート））、**商品**（金などのコモディティ）に投資する投資信託もあります。

投資信託というのは株式や債券などを詰める箱に過ぎず、その箱の中に**実際に何を詰めるかを決めるのは投資信託の運用会社**です。

投資信託なら多くの株式や債券に分散投資できるのでどれを選んでも安全というわけではなく、商品の中身をよく見ることが重要です。

実際に、投資信託の中には、派手に宣伝しているけれど中身は空っぽで、手数料だけが高い商品も数多く存在します。そういった悪質な商品に投資しないよう、この本で投資信託を正しく選び、売買するための知識を身につけましょう。

2 投資信託を選ぶ簡単なコツ

投資信託を正しく選ぶには、簡単なコツがあります。

それは、「**資産の種類**」と「**投資先の国・地域**」に注目することです。

はじめに、**どの資産に投資する商品なのか**に注目しましょう。

投資信託の主な対象資産は株式、債券、不動産、コモディティですが、資産の種類によって性質や値動きの幅が大きく異なるからです。

自分が投資したい資産を決めたら、**次にどの国や地域に投資をしたいか**を考えましょう。

たとえば、株式という資産に投資すると決めた場合、次のステップでは日本株に投資したいのか、米国株なのか、全世界株なのかを決める必要があります。

投資したい資産が「株式」、投資したい国が「米国」と決まれば、選ぶべき商品はかなり絞られてきます。

米国株に投資する投資信託の中で、手数料が安く、運用実績が豊富な商品を選べば大外れすることはないでしょう。

個別株の場合、銘柄選びや企業業績の分析には相当な時間や労力がかかります。

また、どんなに腕の良いプロの投資家であっても、投資した企業の株価が自分の想定通りに動くとは限りません。

一方、投資信託はコツをつかめば初心者でも簡単に選ぶことができ、たくさんの銘柄に分散することでリスクを抑えながら投資できるのが大きなメリットです。

3 投資信託の販売、運用、受託会社

投資信託を売買する過程には、**運用会社**、**販売会社**、**受託会社**という3つの会社が関わっています。

● 資産の種類と投資する国・地域による分類

投資対象の資産 ＼ 投資対象の地域	国内		海外
株式	国内株式型	バランス型	海外株式型
債券	国内債券型		海外債券型
リート	国内リート型		海外リート型
その他	コモディティ（金、銀、原油など）		

投資信託を設計し運用する運用会社

運用会社というのは、**投資信託をデザインして実際に運用する会社**です。どの地域のどの株式をターゲットにした商品にするのか、販売コストはどの程度にするのか、など商品設計に関わっています。

運用会社の商品設計によってその投資信託の投資成績が大きく変わってきますので、投資信託販売の根幹部分と言えるでしょう。

仮に運用会社が破綻した場合、投資信託を運用する会社がなくなってしまうため運用は終了となり、その時点の価格で現金化されて投資家に戻されます。

これを「**繰上償還**（くりあげしょうかん）」と言います。

投資信託を売る販売会社

販売会社は、**投資信託の販売窓口**のことです。主な販売会社には、**銀行や郵便局、証券会社**などがあります。

販売会社の主な業務は、**投資信託売買の手続きや顧客の口座管理**です。

投資家のお金を管理する受託会社

受託会社は、**投資家から集めた信託財産を管理する会社**で、主に信託銀行が担当しています。

● 投資信託のしくみ

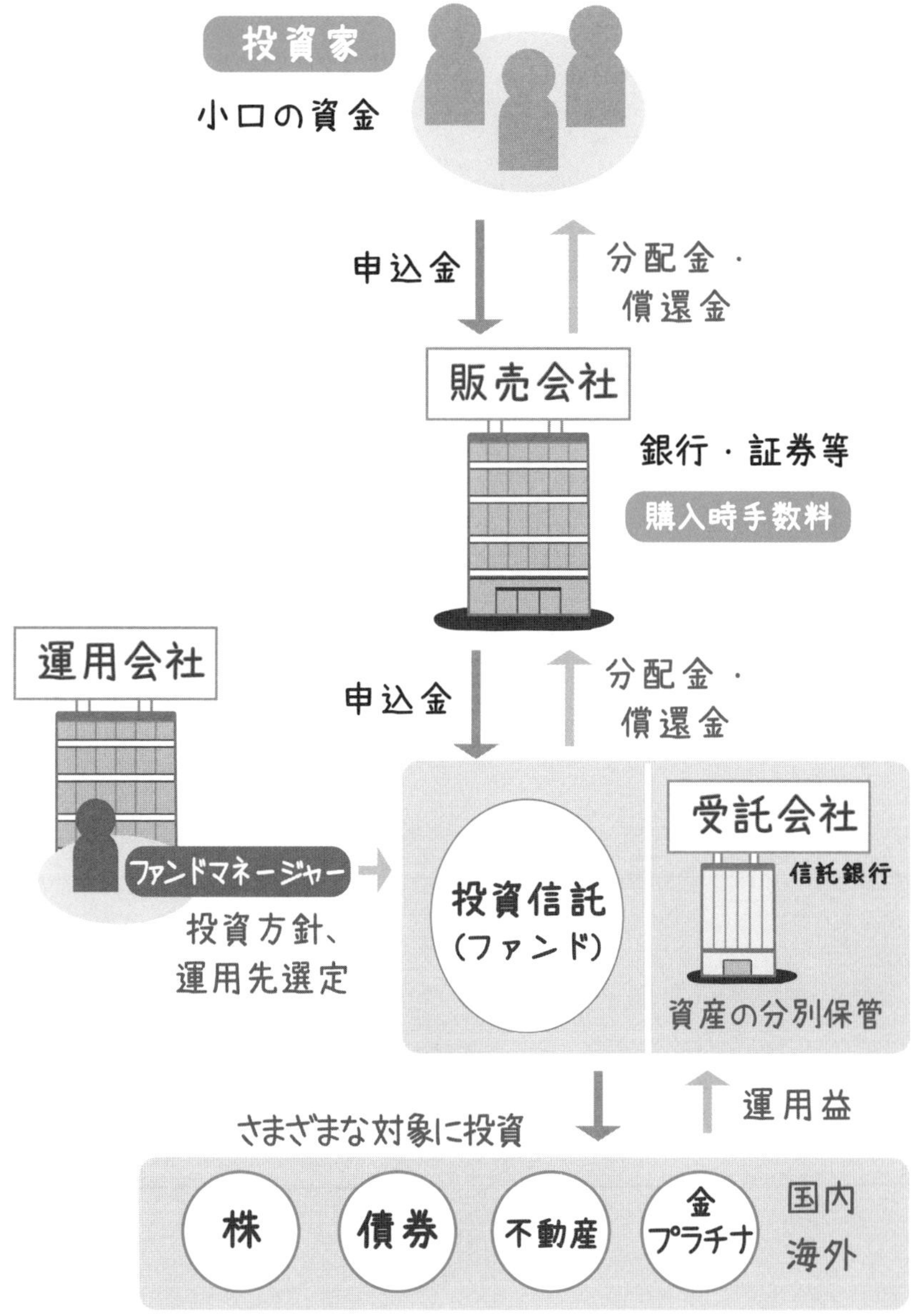
投資家
小口の資金
申込金
分配金・償還金
販売会社
銀行・証券等
購入時手数料
運用会社
申込金
分配金・償還金
ファンドマネージャー
投資方針、運用先選定
投資信託（ファンド）
受託会社
信託銀行
資産の分別保管
さまざまな対象に投資
運用益
株
債券
不動産
金 プラチナ
国内 海外

運用会社からの指示に従い、株式や債券を売買し、資産を管理します。

投資家から集めた信託財産は自社の財産とは区別して管理（**分別管理**）するよう法律で義務付けられているため、**信託銀行が破綻しても投資家の財産は守られます**。

このように、運用会社や信託銀行が破綻すると、投資信託自体がなくなったり、繰上償還によって元本割れするリスクはありますが、投資したお金自体は守られる仕組みになっているのです。

04 投資信託の基準価額はどうやって決まる？

1 投資信託の基準価額はこうして決まる！

投資信託は取引所に上場していないため、個別株やETFのようにリアルタイムで取引できず、**1日1回算出される「基準価額」**をもとに売買されます。

「基準価額」とは投資信託の値段のことです。

投資信託の単位は「1口」など口数で表され、多くの投資信託の基準価額は**1万口あたりの金額**で表示されています。

投資信託の運用開始時点の価格は「1口＝1円」なので、**基準価額は1万円からスタート**します。

その後、投資信託の運用成果によって基準価額は日々変動します。

基準価額は**「純資産総額」を「総口数」で割ること**で計算できます。

● 基準価額の算出方法

$$\frac{\text{純資産総額}}{\text{総口数}} = \text{基準価額}$$

（1口あたりの価額）

基準価額が上がると資産はこれだけ増える

Sファンドという新しい投資信託が発売されたとします。運用開始時は「1口=1円」なので、基準価額は1万円でスタートします。

この投資信託をAさんが2万口（2万円分）、Bさんが8万口（8万円分）購入し、購入者はこの2人だけだったと仮定しましょう。

その後1年の運用成績が好調で、Sファンドの純資産総額が10万円から12万円へ増加しました。

AさんとBさんは、その間投資信託を売ることなくそれぞれ2万口、8万口を保有し続けたとします。

発売1年後の1口あたりの価格は「12万円 ÷ 10万口 = 1・2円」なので、1万口あたりの基準価額は1万2000円となります。

Aさんは2万円から2・4万円に、Bさんは8万円から9・6万円に資産が増えたことになります。

● 投資信託の基準価額が1.2倍になったケース

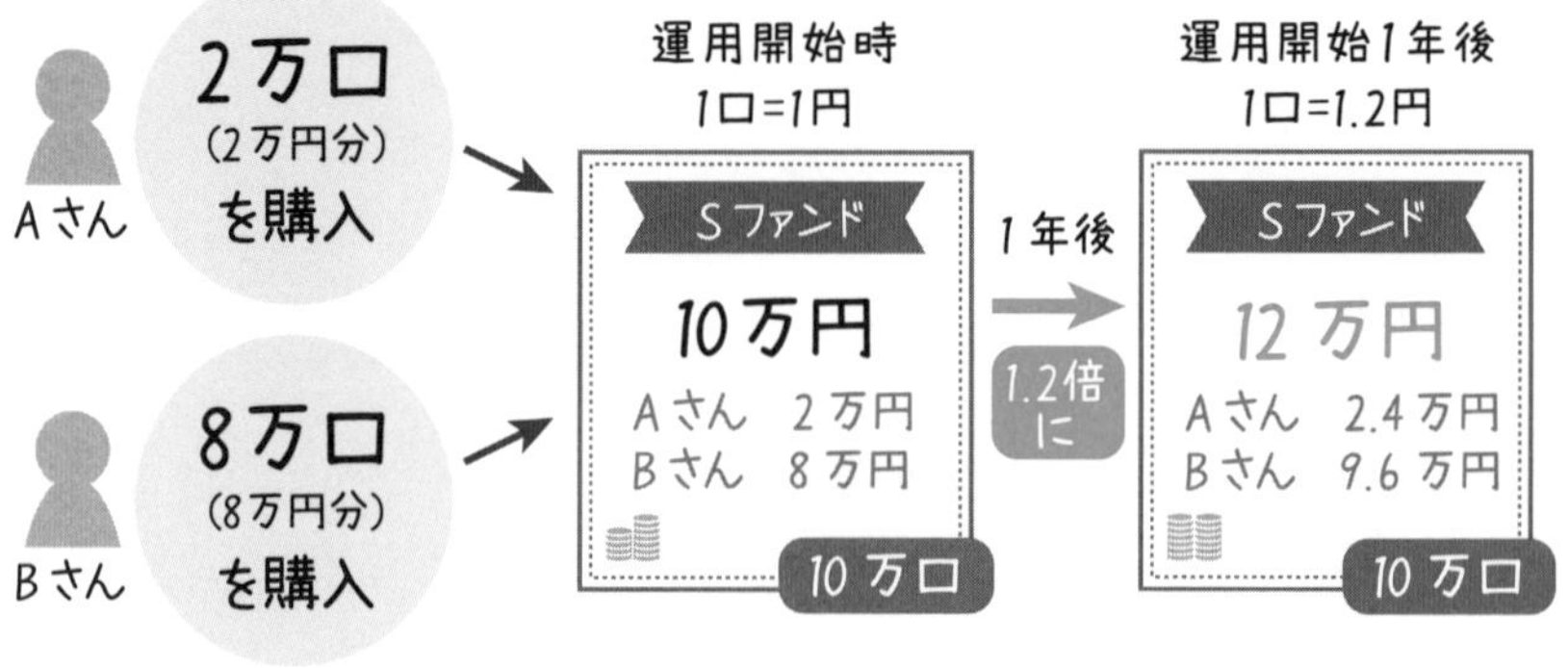

基準価額は発売時1万円の相対的な価格です

基準価額の高い、安いで投資信託の優劣をつけることはできません。

株価が大暴落した時に新規設定された投資信託の場合、その時の基準価額が1万円でスタートします。

その後株価が速やかに回復した場合、基準価額は一気に上昇することになります。

似たような投資信託でも、株価が好調な時に発売され、発売直後から株価が急落した場合、基準価額は1万円を大きく下回ります。

基準価額というのは発売時点を1万円とした相対評価なので、発売時期の違う商品の基準価額を比べることはできないのです。

2 基準価額は申込み終了後、1日1回だけ算出される

証券取引所に上場している株式やETFの場合、市場が開いている時間帯は株価が刻一刻と変動し、リアルタイムで表示されます。

一方、投資信託の基準価額は絶えず値動きするものではなく、1日1回だけ市場の取引終了後に公表されます。

基準価額は、投資信託の販売会社や運用会社、投資信託協会のホームページなどから確認する

ことができます。

基準価額の公表は投資信託の申し込みを締め切った後なので、**投資家は買い注文を出した時点では基準価額が分からない状態で取引**することになります。

これを「**ブラインド方式**」と言います。

基準価額が公表された後に取引ができてしまうと、すでに投資信託を保有している投資家の利益が損なわれるためブラインド方式を採用しているのです。

● 基準価額が決まるまでの流れ

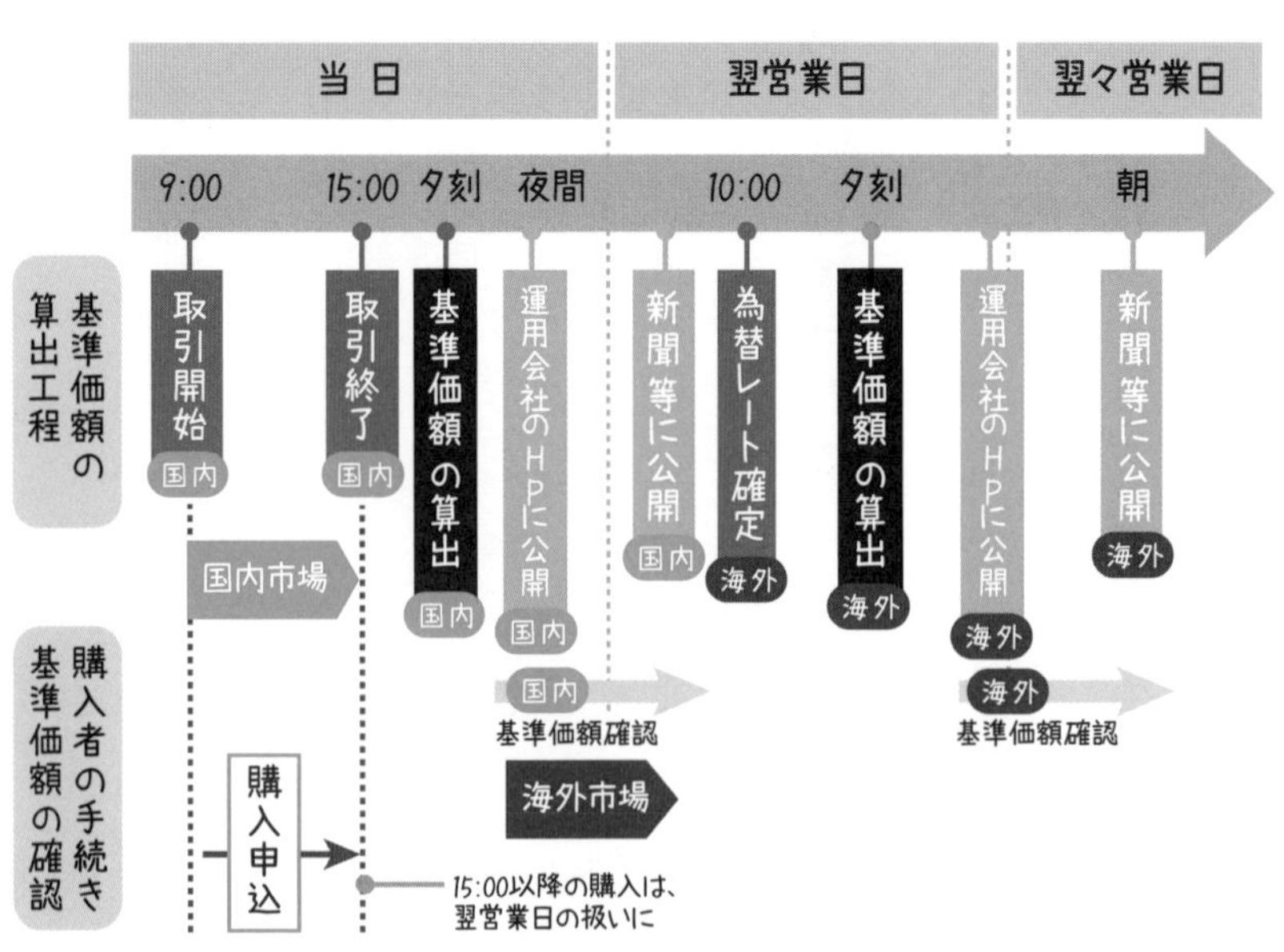

05 投資信託の成功の秘訣「分配金の再投資」

1 投資信託の分配金とは？

投資信託の分配金とは、**ファンド運用によって得られた収益の一部を、決算の時期に投資家に分配**するものです。

投資信託の分配金は株式の配当金と似ています。**株式の配当金**は、投資先の企業が利益の一部を投資家に還元するものです。

一方、投資信託の分配金は決算のタイミングに合わせ、投資信託の運用会社から投資家に支払われます。たとえば、米国を代表する株価指数であるS&P500（91ページ参照）に投資する投資信託を保有することは、その500社の株式を少しずつ保有するのに等しいため、投資家は分配金を受け取る権利が発生するのです。

複利効果を最大限に享受するためには、投資信託やETFの分配金を再投資するのが不可欠です！

ただし、分配金は投資信託の純資産から支払われるので、分配金が支払われると投資信託の基準価額が下がることになります。また、分配金を受け取るたびに税金の支払いが生じるので、長期投資では分配金を受け取ることが必ずしも有利にはなりません。なお、ＮＩＳＡ口座では分配金は非課税です。

これらの理由から、投資信託の中には運用成績が好調でもあえて分配金を出さない方針で運用されている商品もあります。

● 決算時に収益の一部が支払われる分配金

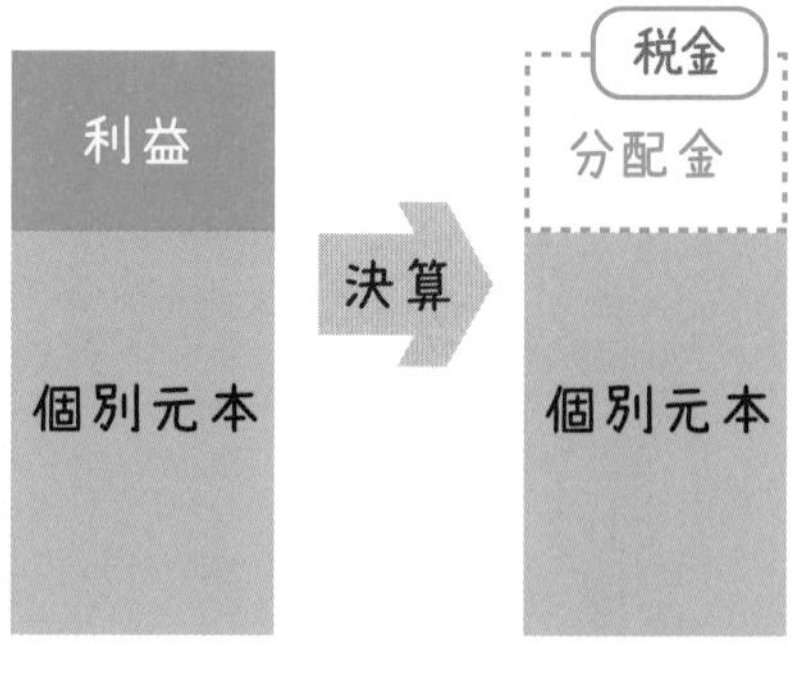

決算前		決算後
利益	決算 ⇒	分配金（税金）
個別元本		個別元本

2 分配金受取型と分配金再投資型の違い

投資信託の中には、分配金がある投資信託と分配金がない投資信託があります。

分配金がある投資信託の場合、分配金を手元に受け取るのか（分配金受取型）と、分配金を受け取らずに再投資に回すのか（分配金再投資型）を選べることが多いです。

分配金受取型のメリットとデメリット

投資信託で分配金受取型を選ぶと、決算ごとに支払う分配金が定期的に振り込まれます。

受け取った分配金は生活費の足しにするのも、同じ商品に再投資するのも、別の投資に回すのも自由です。

定期的に現金を受け取れるので、毎月の収入を増やしたい方におすすめですが、良いことばかりではありません。

投資信託の分配金はその商品の純資産の中から支払われるので、**分配金を定期的に受け取るたびに投資信託の基準価額が下がる**ことを意味します。

分配金を支払った分だけ運用に回せる資産が減るので、運用効率が下がります。

分配金を再投資していれば得られたはずの利益を失っているとも言えますね。

分配金再投資型のメリットとデメリット

分配金再投資型を選んだ場合、分配金が出ても投資家の手元に支給されることはありません。

受け取らなかった分配金はそのファン

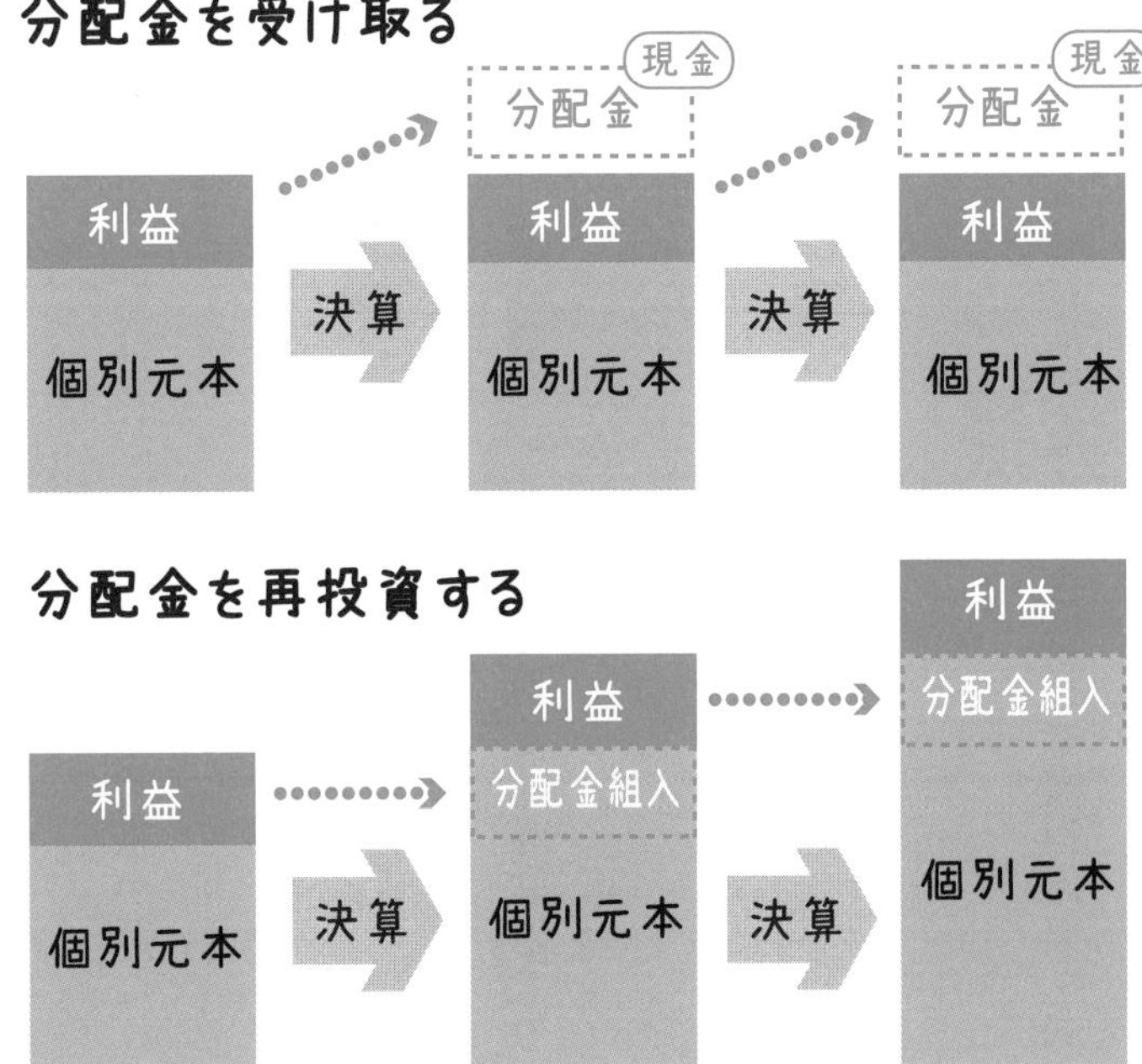

ド内で再投資に回され、その結果は基準価額の上昇という形で還元されます。

分配金再投資型のメリットは、元本だけではなく利息がさらなる利息を生む流れを作れる点にあります。分配金を自動で再投資してくれることで、投資家は何も手間をかけずに複利効果を得ることができるからです（複利効果は60ページ参照）。

その一方で、分配金による定期的な利益分配がないため、投資をしているという実感が得られにくいというデメリットがあります。

3 分配金の再投資は大きなリターンを生みます

「インデックス投資は勝者のゲーム」（ジョン・C・ボーグル著）の中で、1926年にS&P500に投資した1万ドルが、90年後の2016年時点で、「配当再投資あり」と「配当再投資なし」でそれぞれどのように増えたかを比較したデータが紹介されています。

- **配当再投資ありの場合 ⬇ 5910万ドル**
- **配当再投資なしの場合 ⬇ 170万ドル**

配当再投資の有無で30倍以上の差がついています。分配金はもれなく再投資して複利効果を活かすことが重要で、迷わず分配金再投資型を選択すればよいのです。

1時限目

ETFってどんな商品？投資信託とどう違うの？

ETFってどんな商品でしょうか？
投資信託との比較でどのような人が買ったらいいでしょうか？

01 ETFって何？ その仕組みとは？

1 ETFって投資信託とどう違うの？

ＥＴＦはExchange Traded Fundsの頭文字をとったもので、証券取引所で取引される投資信託のことです。

日本語では「上場投資信託」と言います。

ＥＴＦは証券取引所で売買されます

証券取引所というのは、取引所に上場した企業の株式や債券、ＥＴＦなどを売買する場所のことです。

投資家は証券取引所を介して株式などの金融商品を売買しますが、取引所は売買の仲介を行うだけであり、売買そのものは行い

投資信託とＥＴＦの違いは簡単です。
上場しているのがＥＴＦ、していないのが投資信託。
それぞれの特徴もみてみましょう！

ません。

日本最大の証券取引所は**東京証券取引所（東証）**で、世界第3位の規模を誇ります。

世界の主要な証券取引所には、ニューヨーク証券取引所、ナスダック、上海証券取引所、ユーロネクスト、香港証券取引所などがあります。

ETFは投資信託の一種ですので、運用の仕組みは投資信託と同様であり、運用のプロが選んだ多くの株式や債券が詰められたセット商品になります。

1つのETFを買うだけで多数の株式や債券に分散投資ができるので、リスクを抑えながら投資できるのが魅力です。

ETFは株と同様にリアルタイムで売買

一般的な投資信託との違いは、**ETFは取引所に上場している**ため、個別株と同様、**証券会社を通じて取引所で売買で**きることです。

どこの証券取引所に上場しているかによって、注文する市場が異なります。

● 株式、ETF、投資信託の違い

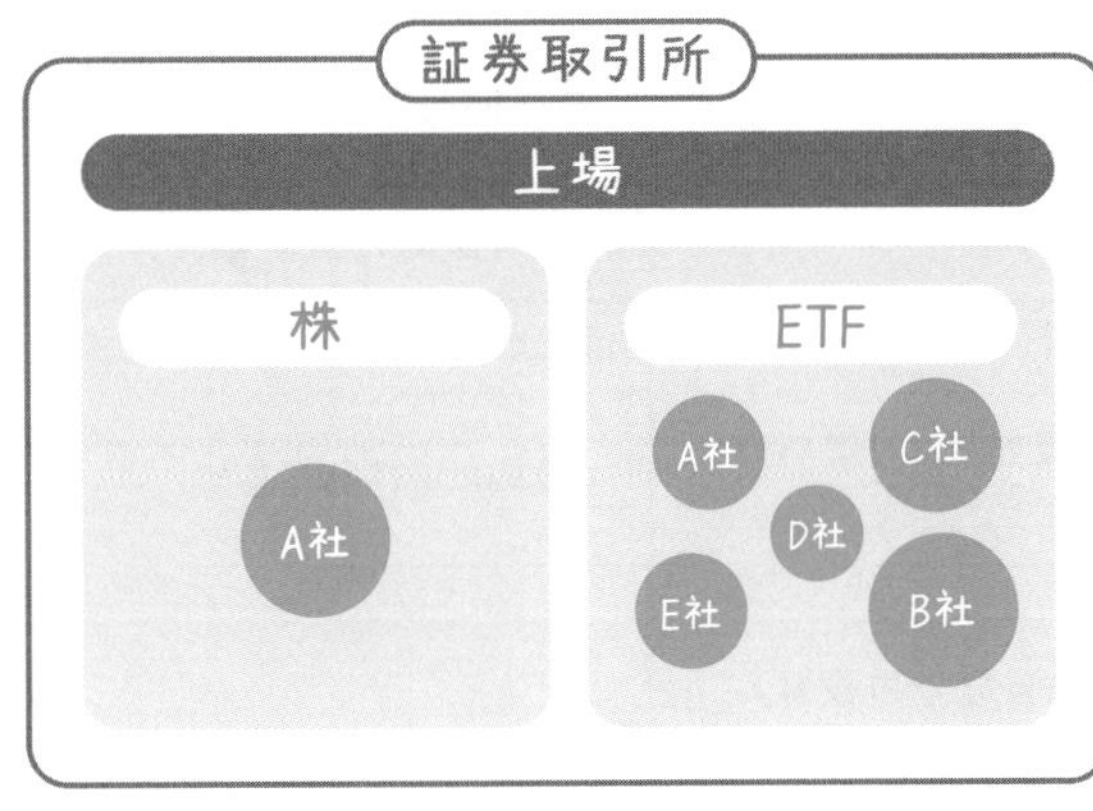

投資信託は1日1回算出される基準価額でしか取引できないのに対し、ETFは取引所の時間内であれば個別株と同様、株価の推移を見ながらリアルタイムで取引できます。

投資信託は、買い注文を出した時点では実際にいくらで購入できるか分かりませんが、ETFは株価がリアルタイムで動くので、自分の狙った価格で売買をすることが可能です。

このように、ETFは株式と投資信託の両方の特徴を併せ持った商品と言えます。

信託報酬はETFの方が有利

投資信託と同様にETFも購入時、保有中、売却時に所定の手数料がかかります。

近年では、購入時や売却時の手数料はゼロの商品も増えてきています。

● 株式、ETF、投資信託の比較

	株式・ETF	投資信託
販売会社	証券会社	銀行、郵便局、証券会社
上場／非上場	上場	非上場
取引時間帯	証券取引所の取引時間	15時までに申込み
売買価格	取引所での時価 （成行、指値、逆指値注文）	1日1回算出の基準価額
購入時手数料	売買手数料	購入時手数料
売却時手数料	売買手数料	信託財産留保額
運用管理費用 （信託報酬）	ETFは投資信託より安め 株式はなし	一般的にETFより高め
分配金の自動 再投資	不可 （受取後に自分で再投資）	可

保有中にずっと継続してかかる**信託報酬**に関しては、**一般的にETFの方が投資信託より安い**ことが多いです。

米国ETFは為替手数料が発生する

米国ETFは国内の証券会社で購入することができます。米国ETFは米国証券取引所に上場されている金融商品であるため、購入する時に円から米ドルに両替する**為替手数料**がかかります。投資信託の場合、商品内で円とドルの両替を行うので、為替手数料を毎回支払う必要はありません。

2 ETFの種類

ETFには次のような様々な指数やテーマに連動する商品があります。

- 国内株式　**日経225、TOPIXなどの株価指数、セクター、テーマ別など**
- 外国株式　**米国、中国、インドや、複数の国、地域を組み合わせたものなど**
- 債券　**日本、米国など国や地域ごと、先進国、新興国ごとなど**
- REIT（不動産）　**国内、海外など**
- 商品（コモディティ）　**金、プラチナなどの貴金属、原油、レアアースなど**

●バランス型　株式、債券、REITなどの配分を変えて組み合わせたもの
●レバレッジ・インバース型　特定指標に2倍、3倍の価格付けで販売されるもの

株式ETFの中にも、国や地域別、企業の規模別、業種別、テーマ別といった様々な商品があるので、投資家の好みに応じて自由に選ぶことができます。

ETFを利用すれば、たった数銘柄を保有するだけで、世界中の株式や債券、不動産市場、金などに幅広く投資することが可能です。

ETFは投資信託と比べて保有コストが安いことも多く、投資初心者にもおすすめできる商品と言えます。

ただし、ETFは分配金を自動で再投資しながらの積立投資をすることができません。この点では投資信託に分があります。

3 国内ETFと米国ETFの違い

ETFには、主に東京証券取引所に上場している国内ETFと、米国など海外の取引所に上場している海外ETFがあります。

東京証券取引所には約300銘柄のETFが上場しています。日本国内の株式に投資する商品が中心ですが、他にも外国株式、債券、REIT（不動産）、商品（コモディティ）などに投資で

きる商品があります。

国内ETFの強みは、**日本の取引時間内に日本円のまま投資ができる**ことです。海外の資産に投資する商品であっても、すべて円で決済されるため、外貨に両替する手間がありません。

また、日本株に関する様々な業種・テーマ別ETFが用意されており、日本株の商品ラインナップでは国内ETFに優位性があります。

日本株を中心に投資をしていきたい人には国内ETFがよいでしょう。

多種多様な選択肢がある米国ETF

米国市場に上場するETFまで広げると、2000以上の銘柄が存在します。

米国ETFの商品ラインナップは証券会社によって大きく異なりますが、多いところでは約300〜400銘柄の中から選ぶことができます。

米国株と同様、**米国ETFも米国時間に米ドルで取引**するのが一般的ですので、**米ドルに両替する手間やコストが発生**します。

米国ETFは外国株に投資する商品が豊富で、国や地域別のETFだけでなく、特定の業種に投資するETFや、特定のテーマに投資するETFなどから自由に選ぶことができます。

外国株を中心に投資をしていきたい人は米国ETFを選ぶとよいでしょう。

02 投資信託 vs. ETF おすすめはどっち？

1 初心者なら投資信託で決まり！

投資初心者には、投資信託とETFのどちらがおすすめでしょうか。投資信託とETFのどちらを選ぶべきか悩む方が多いですが、**投資初心者であれば投資信託を選べば間違いありません。**

投資信託のメリットで特に重要なのが次の点です。

- **最低100円から投資できる証券会社もあるので大金が必要ない**
- **外国株に投資する商品でも日本円のまま投資できる**
- **売買手数料のかからない商品が多い**
- **積立設定した後は毎月の入金以外に何もしなくてよい**

同じ日経平均に連動した商品でも投資信託とETFがあります。
どっちを選べばお得でしょうか？

もちろん、ＥＴＦにも投資信託にはないメリットがありますが、投資信託は簡便さという点では群を抜いており、より初心者向けと言えます。

2 サラリーマン投資家には投信積立が最適な理由

サラリーマン投資家の方にはＥＴＦよりも投資信託がおすすめです。

一番の理由は、投資信託であれば**毎月定額の投信積立ができる**からです。

仮に「毎月３万円」とルールを決めてコツコツ貯金をしている方がいるとします。

ＥＴＦの場合、１株単位でしか売買ができないため、毎月３万円ぴったりと金額を指定して購入することはできません。

一例として、バンガード社の主力ＥＴＦである**バンガード・S&P500 ETF（VOO）**に投資する場合、**1株で500ドル**以上が必要です。５００ドルは「1ドル＝１６０円」で換算すると「1株＝８００００円」となり、毎月３万円の貯金では1株も購入できないのです。

一方、**投信積立であれば多くの証券会社で最低100円から設定**でき、毎月３万円ぴったりに指定して積立注文することも可能です。

積立注文をしておけば、毎月決まった日に勝手に買い注文を発注してくれるので何もやることがありません。

このように、毎月貯金をしているのと同じ感覚で、毎月投資信託を自動的に積み立てられるのは大きなメリットになります。

3 分配金やリアルタイム取引ならETF

ETFを選ぶべきなのはどのような人でしょうか。

ETFを選ぶべき理由には主に3つあります。

- **定期的に分配金を受け取りたい**
- **投資信託では購入できない指数に幅広く投資したい**
- **個別株のようにリアルタイムで取引をしたい**

定期的に分配金を受け取りたい

個別株の中には、年に数回配当を支払って株主に利益を還元する企業があります。

投資信託やETFは個別株式の集合体ですから、当然その中には配当を支払う銘柄も含まれます。

よって、**投資信託やETFには分配金が支払われるも**

● **投資信託の積立にはメリットがいっぱい**

投資って、怖いイメージがあって、不安です……

まだ貯金が少なくて、投資に回すお金がない

いつ買っていいのか？毎月買うのも面倒！

積立ポイント❶	積立ポイント❷	積立ポイント❸
毎月定額で買う ドル・コスト平均法 （68ページ参照） ・高いときには少なく購入 ・安いときには多く購入することで、安定した成果を目指す！	毎月100円から 1円単位で積立できます！ ・多くの証券会社では100円から積立できます！（証券会社により異なる） ・1円単位で金額の変更もいつでも可能（証券会社により異なる）	一度、積立設定すれば あとは自動で買付 ・毎月指定した日付で、自動的に引き落としされます

のが多いのです。

ＥＴＦの場合、**分配金は所定の税金（日本国内は20・315％）が引かれた後、現金で支給**されます。

分配金を受け取って生活費の一部として使いたい方にはＥＴＦが向いていると言えるでしょう。

投資信託の場合も分配金は発生しますが、多くの商品では実際に現金で支給されることはなく、**分配金がそのまま自動で再投資**されます。

長期投資では、分配金を再び投資に回すことで利息が利息を生む流れを作り、資産を拡大していくことが重要です。

よって、現役でバリバリ働いており、分配金を受け取らなくても毎月の生活に支障がない方は、投資信託で分配金を自動再投資したほうが有利になります。

マイナーな指数にも投資できるＥＴＦ

米国ＥＴＦまで含めると、**ＥＴＦは投資信託よりも商品ラインナップが豊富**であり、投資信託では投資できな

● 投資信託、ETFの仕組み

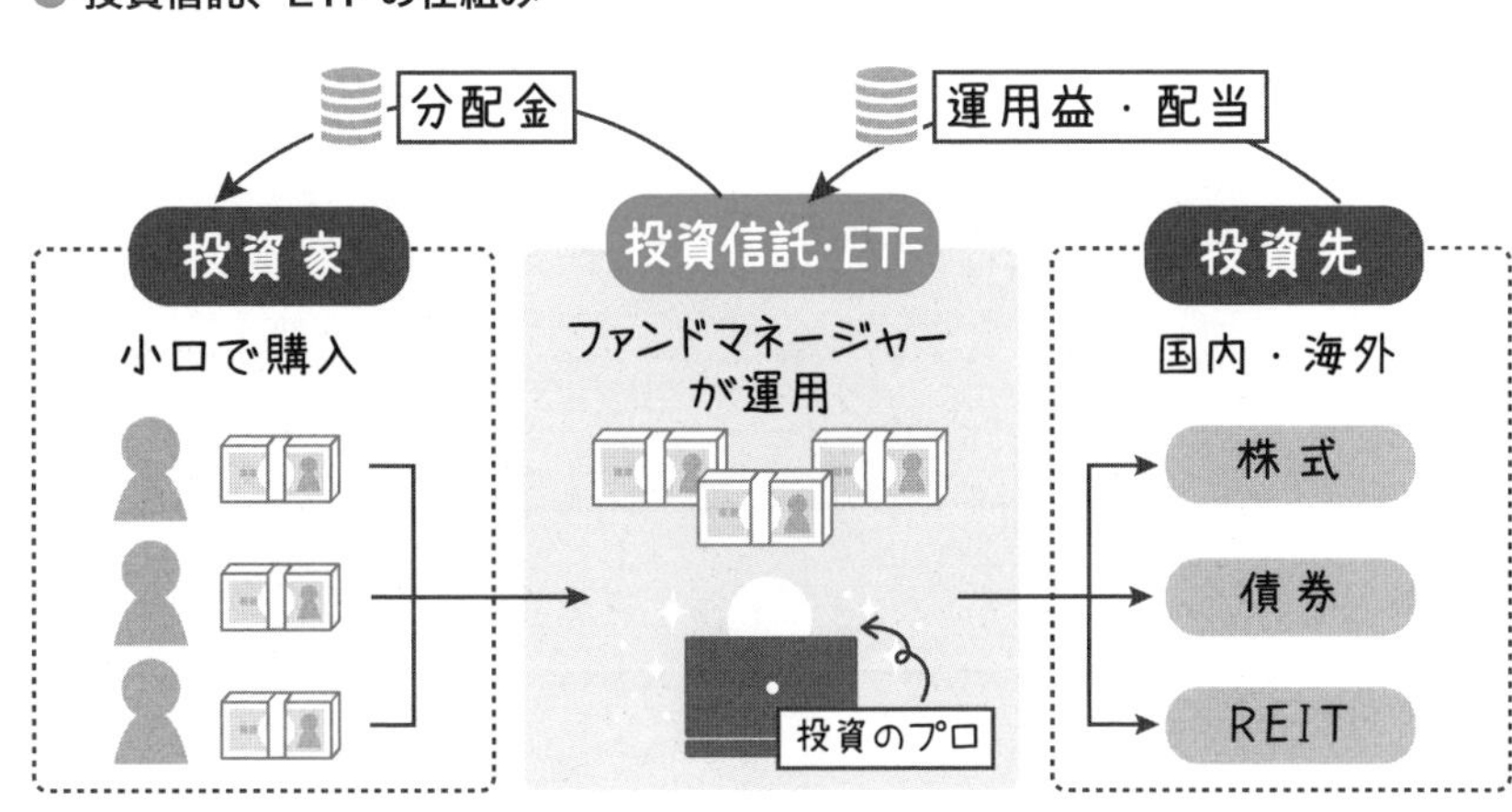

いマイナーな指数にも自由に投資することができます。

しかし、全世界株式や米国株式に連動する主な指数に投資するだけなら、投資信託でも対応可能です。

インデックス投資ならリアルタイム取引は不要

本書ではインデックス型投資信託の長期・積立投資をおすすめしており、**一度買った商品は基本的に売る必要がありません**（97ページ参照）。

インデックス投資では、刻一刻と変化する株価を見ながらリアルタイムでこまめに取引する必要はないのです。

よって、リアルタイム取引ができるという理由でＥＴＦを選ぶ必要はありません。

投資信託とETFの違い

投資信託
- 100円から投資
- 外国指数でも円のまま
- 自動積み立て
- 売買手数料がかからない

ETF
- リアルタイムで取引
- 商品が豊富
- 投資信託で購入できない指数に投資

4 分配金の再投資は ETF より投資信託が有利

ETFの場合、分配金が自動で再投資されません。分配金は所定の税金が引かれた後に現金で支給されます。国内ETFの場合、分配金にかかる源泉徴収税率は20・315％です。

米国ETFは米国で10％引かれさらに国内税20％がかかります

米国ETFの場合、米国内で先に10％の税率で源泉徴収され、その後日本国内でも20・315％の税率で源泉徴収されます。

たとえば、米国ETFから税引き前の金額で分配金が100ドルの場合、実際に受け取れる金額は、「100×0.9×0.8＝72ドル（国内の源泉徴収税率は20％として計算）」です。

米国と日本国内で二重に課税されることにより、実際に受け取れる分配金の金額は7割程度になってしまうのです。

実際には、米国と日本の二重課税を是正するため、確定申告の時に**外国税額控除**の手続きが可能です。

● 米国ETFの分配金にかかる二重課税

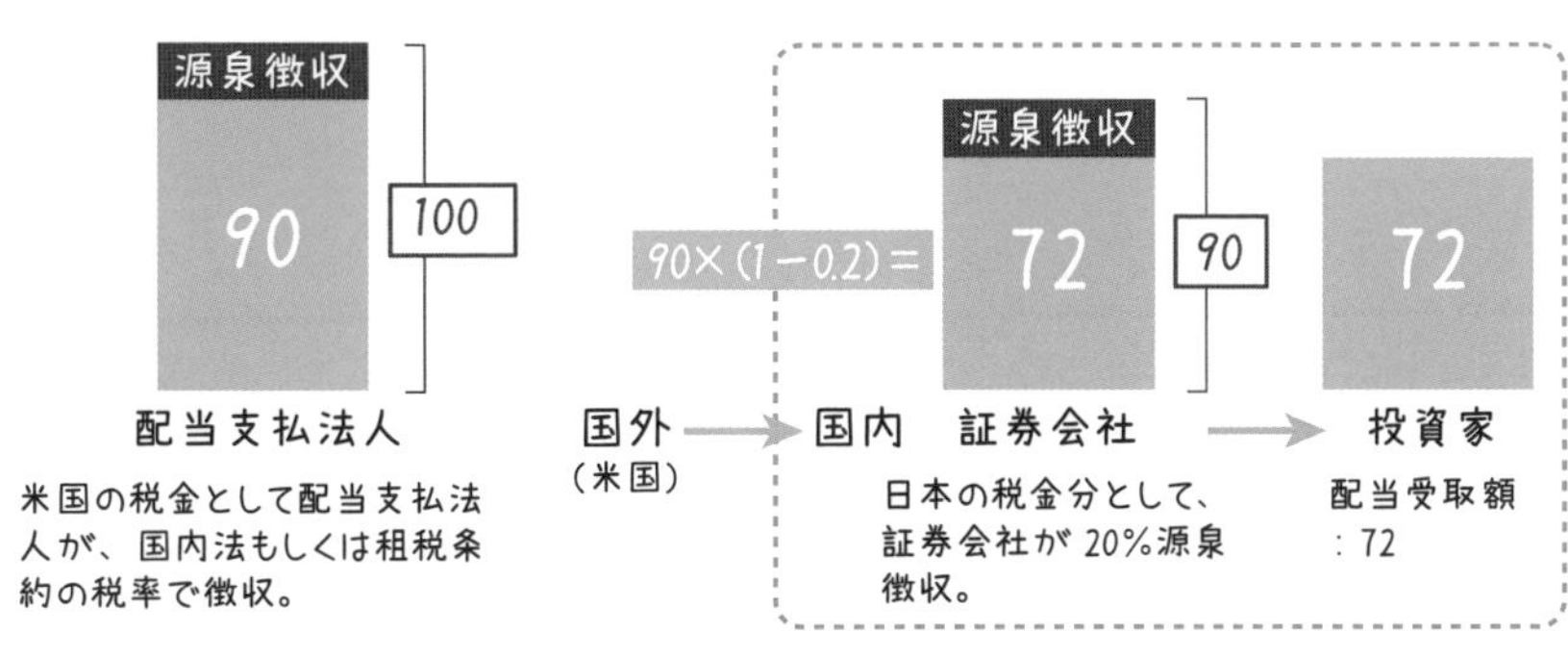

外国税額控除の手続きをすれば、外国で納付した税金を一定の限度額まで国内の所得税、住民税から控除してもらうことができます。

しかし、外国税額控除の手続きをしても、外国で支払った税金の全額が返ってくるわけではなく、分配金再投資の効率は落ちてしまうのです。

ＮＩＳＡでは配当課税なく配当金も増える

ＮＩＳＡ口座内であれば日本国内の配当への課税（20・315％）がありません。

二重課税されない分、課税口座と同じ米国ＥＴＦに投資したとしても、ＮＩＳＡ口座だと実際に受け取れる**配当金の金額が増える**のです。

ただし、ＮＩＳＡでは国内の配当課税が免除され、外国と国内の二重課税にならないため、外国税額控除の手続きはできないことに注意しましょう。

2時限目
投資の考え方の基本を学ぼう

投資信託やETFが
理解できたところで、
投資の世界に特有の
考え方について
みてみましょう！

01 投資でのリスクとリターンを理解しよう！

1 銀行にお金を預けても増えません！

みなさんが利用している銀行の普通預金や定期預金、他には国債などは、元本が保証されているため、基本的に価格は大きく変動せず、マイナスになることはありません。

これらの減ることもなければ、さして増えることもない資産を**無リスク資産**と呼びます。

日本の３大メガバンクである三菱ＵＦＪ銀行、三井住友銀行、みずほ銀行の普通預金金利はたったの０・０２％です。

普通預金よりも利率が高いとされる定期預金であっても、１年ものの金利は０・０２５％に過ぎません。

株式などのリスク資産について正しく理解し、リスクを背負いながらも安全に投資をしていきましょう！

現在の日本のような超低金利では、銀行にどれだけ長くお金を預けていてもほとんどお金は増えないのです。

2 損も得もどっちもあるリスク資産

銀行預金とは逆に、投資した（預けた）元本は保証されず損をすることもあるけれど、高い収益も期待できる資産を**リスク資産**といいます。

リスク資産の中には、株式や不動産のように**値動きが非常に大きいもの**と、債券のように**比較的値動きが小さいもの**があります。

- **値動きが大きい：株、不動産、金、銀、原油等**
- **値動きが小さい：債券**

リスク資産に投資する場合、損失を被ったとき**どの程度のリスクまで耐えられるか**を検討し、どの資産にいくら投資するか事前に計画を立てる必要があります。

● リスク資産と無リスク資産の例

リスク資産		無リスク資産（安全資産）
株式・投資信託 株券	社債 社債	現預金 （現金、普通預金、定期預金など）
不動産・REIT	コモディティ （金・銀・原油など）	国債 国債

出典：OECDより

3 投資でのリスクは「危険」ではありません

無リスク資産とリスク資産について正しく理解するためには、**投資の世界で使われるリターンとリスク**という言葉について理解しておきましょう。

リターンは資産運用を行うことで得られる**収益**のことを指します。

一方、**投資の世界で使うリスク**は、**危険という意味ではありません。**

一般にリスクと言ったとき、それは危険などの負の作用と理解されますが、投資の世界でリスクといった場合は、**損だけでなく利益も含めた意味**で使われます。

金融商品を購入したとき、**リスクとはその商品の価格変動の振れ幅**を示します。

リスクが大きい商品と言ったとき、その商品に投資した場合、大きく儲かるかもしれないし、逆に大損するかもしれないことを意味します。

● 投資におけるリスクの大小

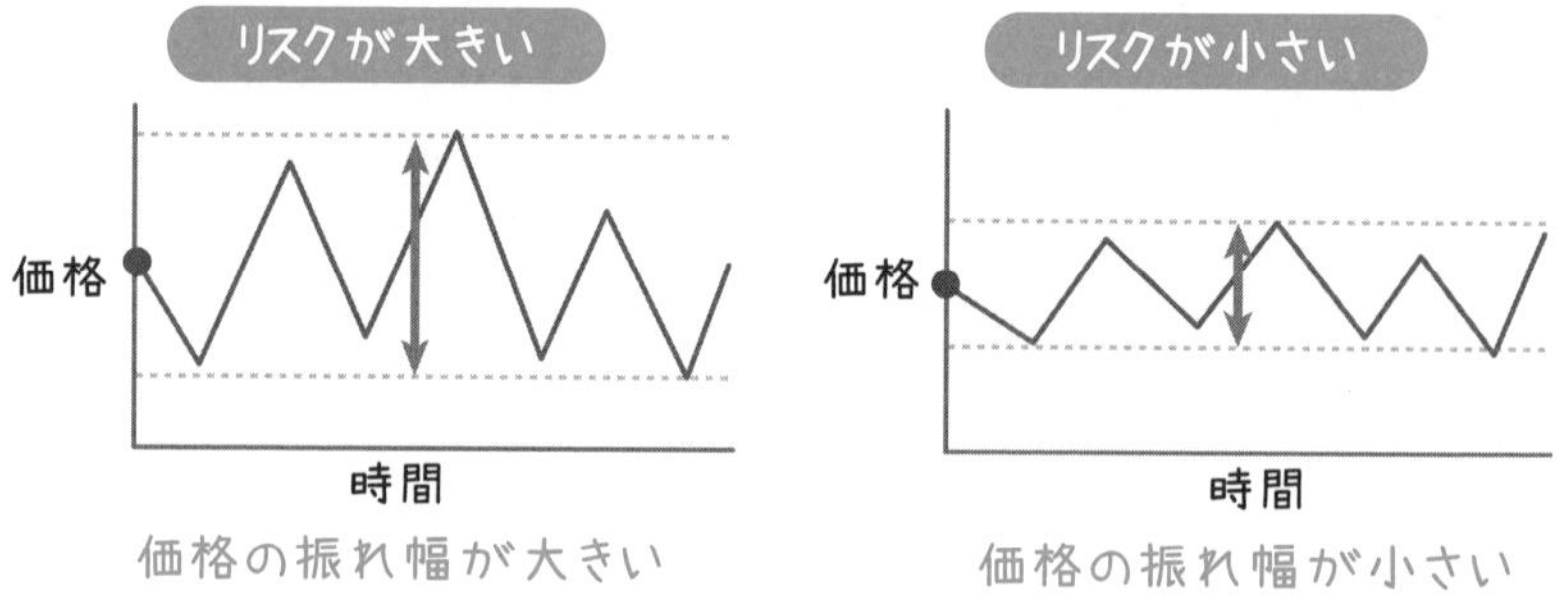

逆にリスクが小さいという場合は、損・得両方の可能性はあるがその振れ幅は小さいということになります。

一般的に、金融商品の**リスクとリターンはほぼ比例**します。

「ローリスクでハイリターン」な投資先があれば理想的ですが、残念ながらそのような都合のよい商品はありません。

投資で高い収益性（ハイリターン）を狙うならば、大損する可能性や値動きの大きさ（ハイリスク）に耐える忍耐力が求められるのです。

● 金融商品のリスクとリターンは比例する

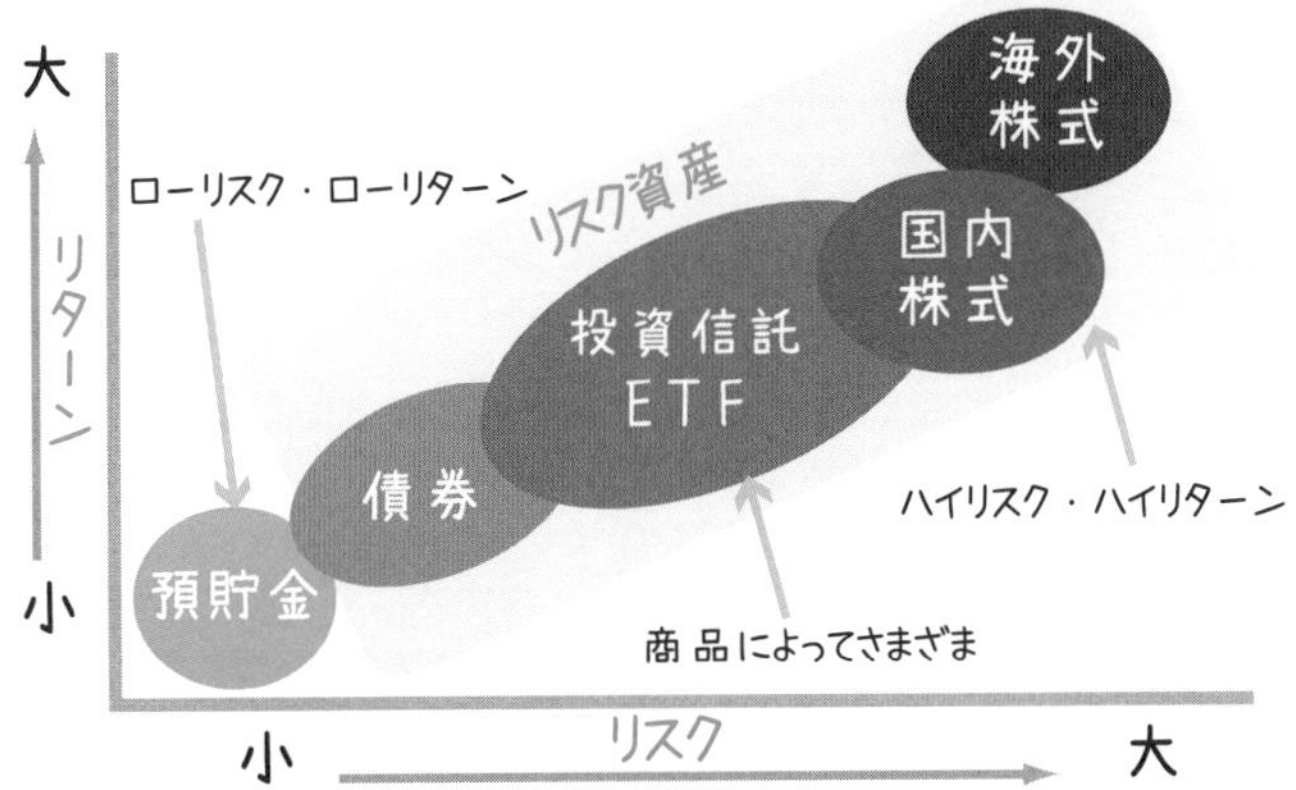

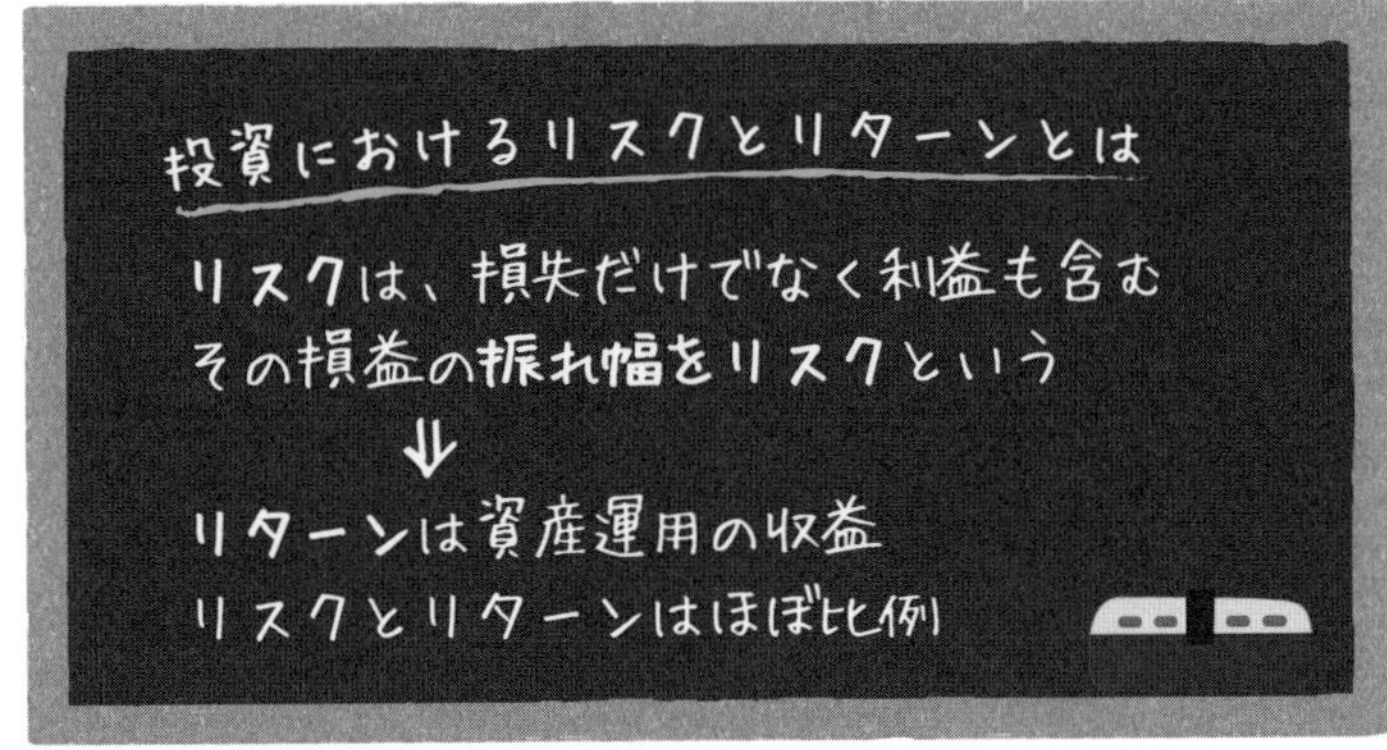

02 世紀の発明・複利効果が長期投資を加速させる

1 単利と複利でどれだけ違う?

長期のインデックス投資（86ページ参照）で成功する鍵は複利運用にあります。複利運用について理解するため、まずは単利と複利の違いについてご説明します。

単利とは、当初の元本の金額のまま運用して収益を得る方法です。単利では、運用で得た利益は再投資せず元本に乗せられないので、期ごとの利益が同額になります。

一方、複利とは、運用で得た利益を元本にプラスして再投資し、その合計金額をもとに収益を得る方法です。

複利は「利益がさらなる利益を生む」仕組みであり、「元本＋利益」を再投資し続けることにより、得られる利益が徐々に増加していくのが特徴です。これを複利効果と言います。

同じ年利５％でも、単利と複利では運用年数が長くなるほど得られる利益の差が大きくなります。

運用した利益は全部再投資する！

20代でインデックス型の長期投資を始めた場合、その後の運用期間は30年にも40年にもなり、単利と複利で生まれる利益は大きな差になります。

このように、長期投資で資産を大きくするためには、複利で運用することが欠かせません。

そのため、投資で得られた**運用益や分配金はすべて再投資に回すのが重要**になります。

2 複利効果がわかる「72の法則」

複利効果を身近に感じていただくため、**72の法則**を覚えておくとよいでしょう。

72の法則とは、**複利で運用した時にお金が2倍になるまでの年数**が分かる計算式です。

72 ÷ 運用利回り ＝ お金が2倍になるまでの年数

● 100万円を年利5%で運用すると（単利と複利の違い）

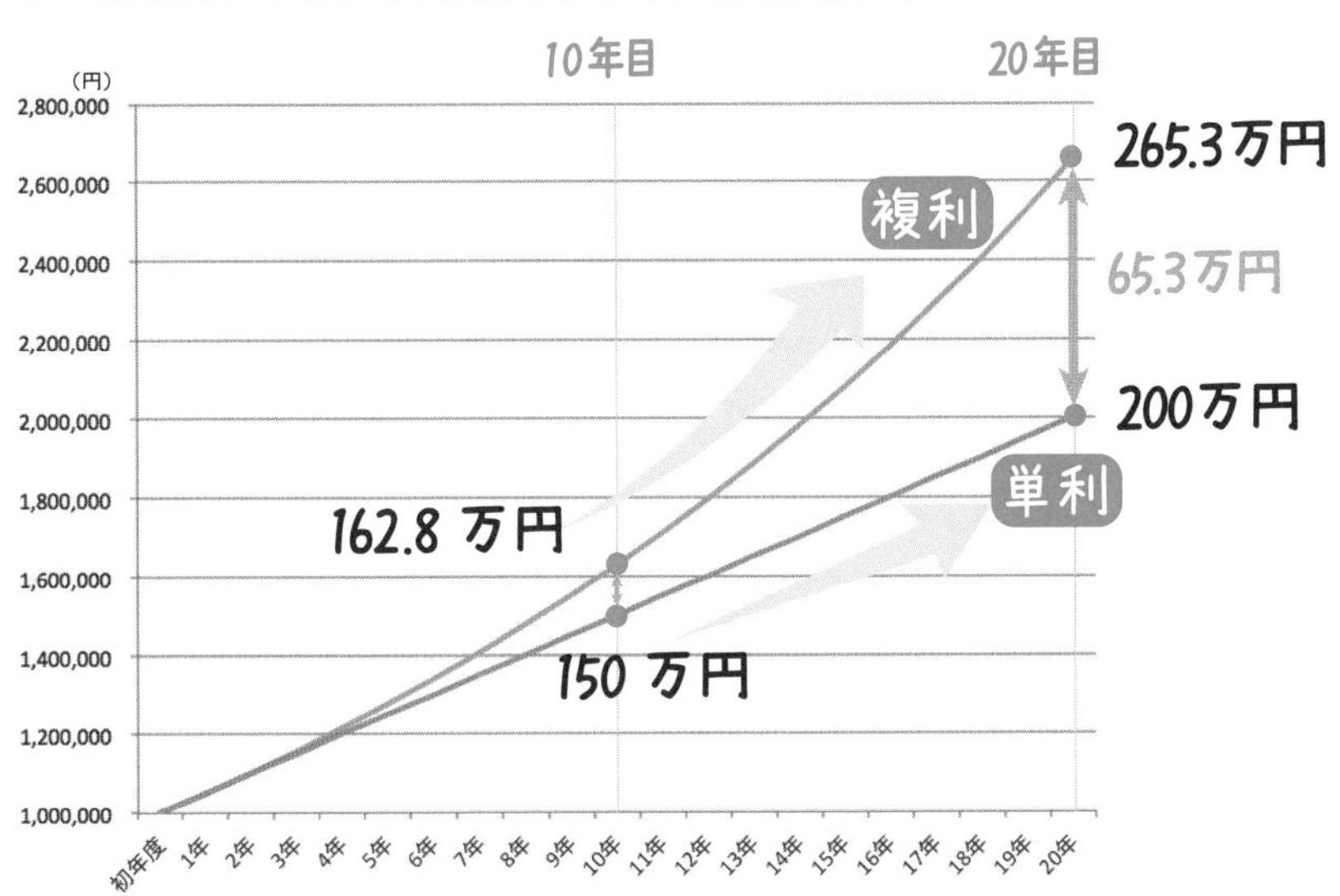

たとえば、S&P500の過去200年のインフレ調整後リターンは年率6・7%です（76ページ参照）ので、72の法則に当てはめると、次のように11年弱で倍になります。

「72÷6・7＝10・75年」

つまり、**S&P500へ投資した場合、約11年で資産が2倍に増える**ことを意味しています。

一方、日本のメガバンクの普通預金金利はたった0・02%です。これを「72の法則」に当てはめると、「72÷0・02%＝3600年」という途方もない年数になります。

日本の銀行にお金を預けておいてもお金は全然増えないことがよく理解できますね。

72の法則は借入にも当てはまる

また、**「72の法則」は借金にも当てはまる**ことに注意しましょう。

消費者金融やクレジットカードのリボルビング払いの金利は12%〜18%と非常に割高です。

仮に金利15%として72の法則に当てはめると、「72÷15＝4・8年」となります。

● 72の法則 =72÷運用利回り（%）

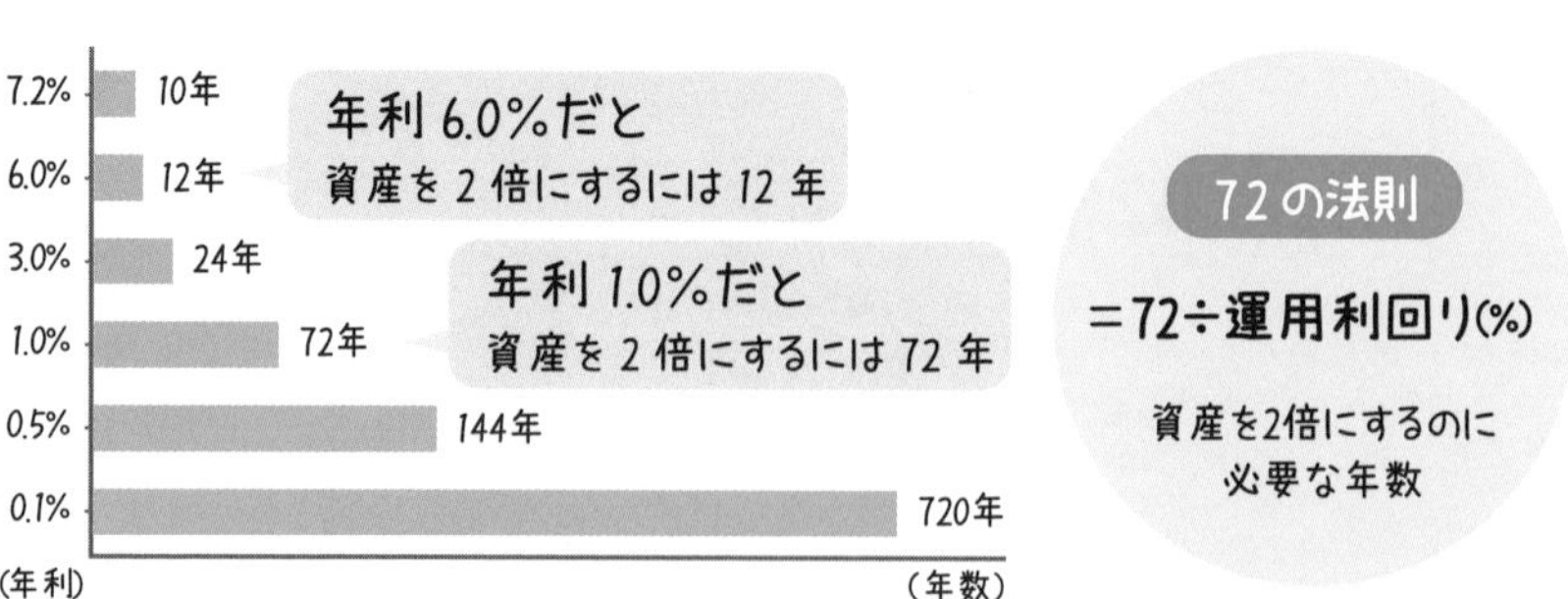

高金利の借金を抱えて返済が滞った場合、その借金は5年で2倍以上に膨らんでしまうのです。

このように、借金はマイナスの複利効果を生むため、借り入れがある方はその返済が最優先となります。

3 複利効果を活かすため投資はすぐに開始！

インデックス型の投資信託やETFでは、同じ指数（たとえばS&P500）に連動する商品を購入した場合、誰がやってもリターンには差が生じません。

個別株のように銘柄選択で差が生じない以上、投資リターンを高めるには**運用年数を長くして複利効果を大きくする**しかなく、できるだけ**若い時から投資を始めたほうが有利**なのです。

投資の必要性を感じた時点で、一日でも早く投資を始めたほうがよいと言えるでしょう。

投資を始めたばかりの頃は、毎日の株価変動によって自分の資産が増減するのに慣れず、右往左往してしまうかもしれません。

重要なのは数日～数週間といった短期の値動きではなく、**数十年という長期間投資した時に得られるリターン**です。

日々の株価変動に一喜一憂しても無意味であり、毎日のように自分の資産をチェックするのは害悪にすらなりえます。

もっと長期的な視点に立ち、多少株価が下がっても堂々としていればよいのです。

03 リスクを減らす分散投資

1 リスクを分散した投資が必要な訳

リスクを抑えながら投資を長く続けるには、**分散投資**が欠かせません。

分散投資の重要性は投資家の間で広く知られており、「**卵は1つのカゴに盛るな**」という有名な相場格言も存在します。

卵を1つのカゴに盛ると、そのカゴを落とした時に全部割れてしまう可能性があります。

しかし、卵を複数のカゴに分けて盛っておけば、そのうち1つのカゴを落としても、他のカゴに盛られた卵は守られ、やがてそこから鶏が育つ可能性があります。

投資でリスクを軽減させるには、分散投資が欠かせません。
分散には、資産の分散、時間の分散などいくつかの分散方法があります。

この例えは、投資の世界では

1つの個別銘柄、1カ国の市場、1つの資産だけに集中投資するのはリスクが高い

ことを意味します。

どんなに自信があったとしても、「この銘柄に投資すれば絶対に儲かる」と考えて**1銘柄に全財産をつぎ込むのは誤り**です。

万が一予想が外れて失敗した時、再起不能な状況に追い込まれてしまうからです。

自分の大事なお金を使って投資をするわけですから、投資のリスクを少しでも抑えるために分散投資を心がけることが重要です。

株式投資の場合、値動きが似た銘柄ばかり保有するのではなく、様々な**業種、国・地域の株式を幅広く組み合わせる**ことにより、リスクを分散できると言われています。

日本人だからといって日本市場にだけ目を向けるのでは

● **複数に分けておけば1つがダメでも他が残る**

1つのカゴにまとめると

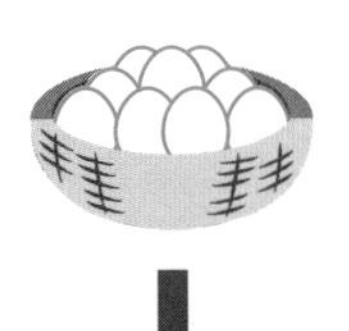

卵が全部割れてしまう

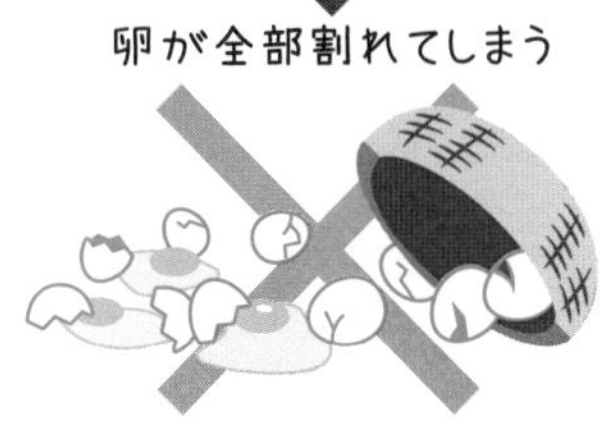

いくつかのカゴに分けると

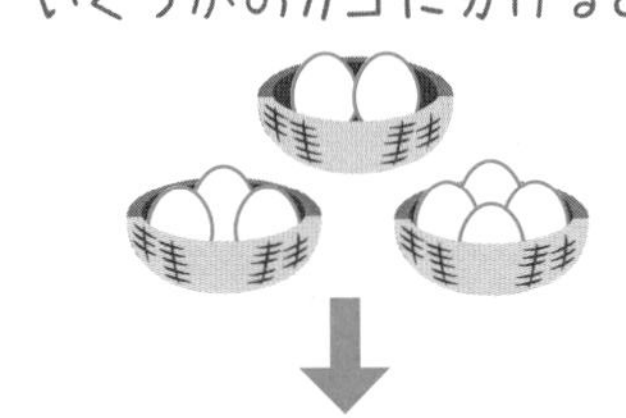

1つのカゴが割れても残りは助かる

なく、よりグローバルな視点を持って世界全体に分散投資する必要があるのです。

2 インデックス投資なら世界全体に分散できる

インデックス型投資信託やETFの大きなメリットは、S&P500などの指数そのものに投資をすることで、たった**1つの銘柄（投資信託）でも様々な業種の数百銘柄に簡単に分散投資**ができることです（23ページ参照）。

数多くの個別株での分散は管理が面倒

個別株投資でも様々な国や地域のあらゆる業種の銘柄を1つ1つ買い集めていけば、インデックス投資に似た分散投資は可能です。

しかし、個別株は1銘柄購入するだけでも数万円以上のお金が必要となることが多く、数十銘柄も一気に購入するのは現実的ではありません。

また、個別株の場合、ポートフォリオに組み込んだ銘柄に関し

● 値動きの違う資産に分けて投資すると低リスクに

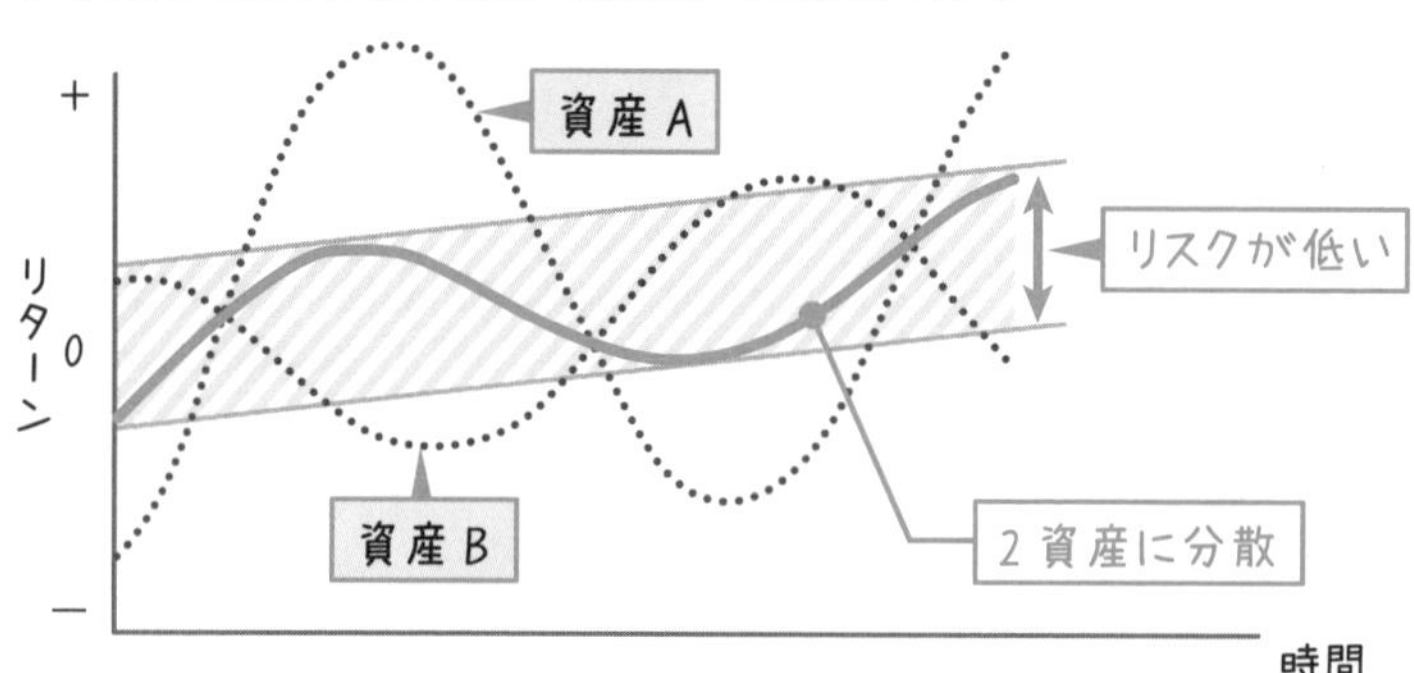

ては、株価や業績の状態をこまめにチェックし続ける必要があります。

２～３銘柄なら可能かもしれませんが、数十銘柄ともなると投資に相当な時間や労力を割ける人でなければ不可能です。

その点、インデックス型の投資信託やＥＴＦであれば銘柄選びの手間やコストを抑制しつつ、いとも簡単に分散投資が可能です。

近年では、こうしたインデックスファンドのメリットが機関投資家にも認識されるようになり、年々売り上げを伸ばし続けているのです。

● インデックス投資なら低コストで分散投資が可能

低コスト

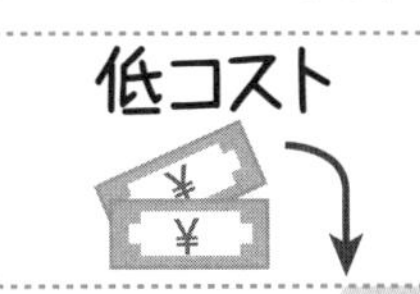

分散投資

インデックスファンド

安定してかつ好リターン

04 ドル・コスト平均法で定額で定期的に購入する

1 ドル・コスト平均法のメリット

ドル・コスト平均法とは、日々価格が変動する金融商品を**定期的に定額で積み立てる方法**です。定額で買い付けるので、株価が下がった時には多く買い、株価が上がった時には少なく買うことになります。積立投資を長く続けることで**購入価格が平均化**されるため、リスクを抑えながらコツコツ投資を続けたい方に有効な手法です。ドル・コスト平均法のメリットは以下のとおりです。

- **自動積立設定ができるので購入の手間がかからない**
- **株価の推移など相場の動向を気にする必要がない**
- **少額から始められる**
- **高値掴みによる退場リスクを低減できる**

投信積立サービスを使うことで、毎月何日にいくら買い付けるかを設定できるので、あらかじめ証券口座にお金を振り込んでおけば何もする必要がありません。

ETFや個別株の場合は1株（1口）あたりの取引になるため、数千円～数万円の購入費用がかかり、1株の単価は毎月変動するので、毎月の定額購入にはなりません。

投信積立であれば、多くの証券会社で**最低100円から積立設定ができる**ので、お金に余裕がない方でも少額から定額の積立投資を始めることができます。

2 ドル・コスト平均法のデメリット

ドル・コスト平均法のデメリットとしては、少額ずつコツコツと積み立てる手法なので、**短期で大儲けは狙えない**ことがあげられます。

また、株価は短期的には上下どちらに動くか予測できないため、**投資を始めてしばらくの間は含み損の状態が続く可能性**があります。

● ドル・コスト平均法の例

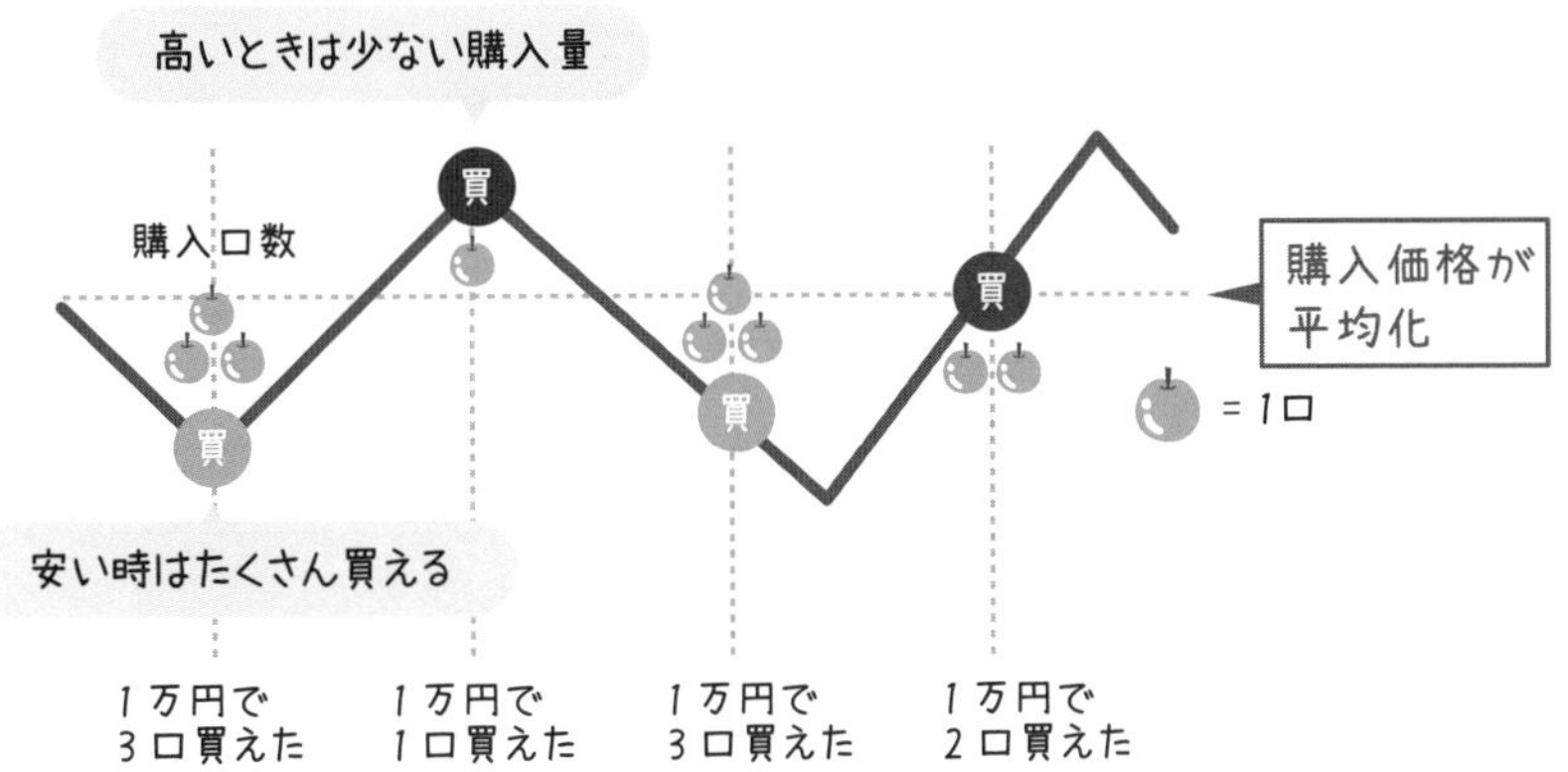

05 投資成績の9割を左右するアセット・アロケーションとは

1 アセット・アロケーションとポートフォリオの違い

ここでは、投資の成績を左右する「アセット・アロケーション」と「ポートフォリオ」という言葉と、それぞれの違いについて説明します。

アセット・アロケーションとポートフォリオはよく似ていますが、簡単にいうと次のようになります。

- アセット・アロケーション ＝ **資産配分**
- ポートフォリオ ＝ **投資商品の組み合わせ**

長期投資では、購入時期や銘柄の選択でなく、どの資産をどれだけもつかを決めることが一番重要なことになります。

アセット・アロケーションというのは**投資する資産クラス（株式、債券、不動産、現金など）**の配分のことです。

一方、ポートフォリオというのは、**アセット・アロケーションに基づいて具体的にどの銘柄に投資するか**を決めるプロセスを指します。

下図では、「国内株式に35％、米国株式に35％、国内債券に30％」という資産配分がアセット・アロケーションになります。アセット・アロケーションを決めた後、35％の国内株式の枠に、日経平均に連動する投資信託やトヨタ自動車といった具体的な銘柄を入れていくのがポートフォリオとなります。

2 投資成果の9割は資産配分で決まる

なぜアセット・アロケーションに注目することが重要なのでしょうか。

実は、**投資期間が長くなればなるほど、銘柄選択や売買タイミングではなく、資産配分がリターンに与える影響が大きくなる**ことが分かっています。

● アセット・アロケーションとポートフォリオの違い

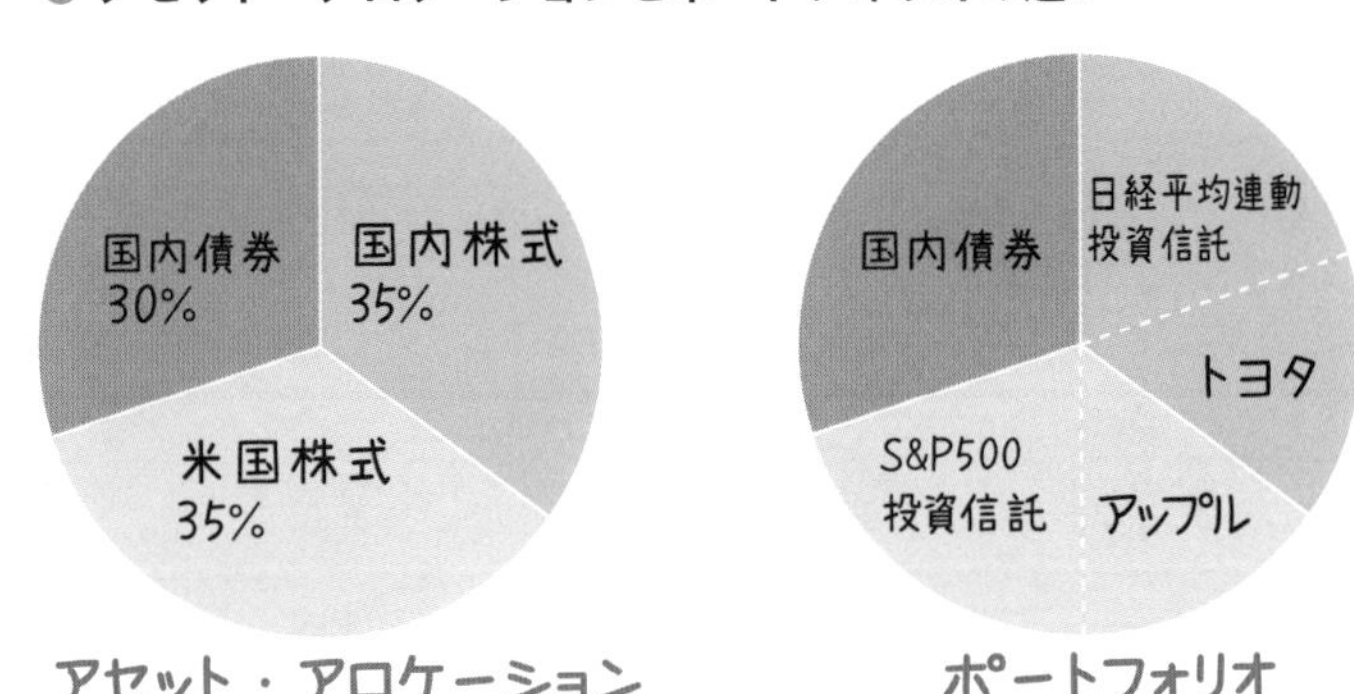

投資家が選択できる「資産配分」「銘柄選択」「売買タイミング」の3つの要素のうち、長期リターンに与える影響は**「資産配分」が85%～90%を占める**という研究成果が発表されているのです。

長期投資の場合、個人投資家はどの金融商品を買うか、いつ売買するかという点ではなく、**アセット・アロケーションをどう組み立てるかにもっと時間を割くことが重要**です。

3 最初は投資信託と現金だけでOK!

適切なアセット・アロケーションは**投資家の運用方針やリスク許容度**によって変わってきます。

最優先で考えなければならないのは、「無リスク資産とリスク資産を何で保有し、その保有割合をどうするか」です。

- **無リスク資産：元本が保証された安全資産**
  ↓ **預貯金（現金）や個人向け国債など**
- **リスク資産：投資した元本が保証されていない資産**

● **長期投資のリターンは資産配分で決まる**

⬇

株式、債券、不動産（REIT）、コモディティ（金など）

保有割合を決める前に、**無リスク資産とリスク資産をどの資産で保有するか**を考えましょう。

ここで重要なポイントは、投資初心者の方ほどアセット・アロケーションをシンプルに保った方が長続きしやすいということです。

初心者は現金と株式の投資信託で運用しよう

私は初心者の方には、次のように預貯金と株式インデックスファンドの２つの資産配分をおすすめしています。

- **無リスク資産＝預貯金だけ**
- **リスク資産＝株式インデックスファンドだけ**

無リスク資産には、預貯金以外に**個人向け国債**もあります。

２０２４年７月時点で、個人向け国債変動10年の金利が０・72％まで上昇しています。最低保証金利が０・05％と銀行預金より高く、変動金利なので国の基準金利が上がるにつれて金利が上昇するメリットがあります。

１年以内の中途換金ができないというリスクがありますが、一考に値します。

リスク資産は株式、債券、REIT、金など多岐にわたりますが、初心者の方がすべての資産の特性を理解して幅広く投資するのは困難です。

実は、投資期間が長くなればなるほど、債券や金など他のリスク資産と比べて、株式（S&P500など）のリターンが圧倒的に優れていることが分かっています（76ページ参照）。

もちろん、債券や金など、株式と値動きの異なる資産を保有することでポートフォリオ全体のリスクを抑える効果が期待できます。

しかし、リスクを抑えるだけならば、預貯金を多めに保有することである程度対応可能です。**長期投資で絶対に外せないのは、資産形成のエンジン役である株式だけ**と言えるのです

4 シンプルなポートフォリオが長続きの秘訣

ポートフォリオをシンプルに保つことは、次の2つのメリットがあります。

メンテナンスが容易で継続性が高い

投資の大原則の1つに、「**自分が理解できない金融商品には投資してはいけない**」というものがあります。

自分が理解できない金融商品に投資してしまうと、相場が好調な時は問題ありませんが、暴落した時にどうやって対処すべきか判断できないからです。

ポートフォリオをシンプルに保ち、預貯金と株式インデックスファンドだけに限定すれば、知識不足から来る判断ミスを防ぐことができます。

また、投資を長続きさせるためには、手間がかからずほったらかしにできるポートフォリオが理想です。

預貯金と株式インデックス型投資信託・ETFだけであれば、その2つの保有割合を確認するだけでよいため、リバランスを含めたメンテナンスが容易になります（80ページ）。

売買回数を減らしてコストが抑制できる

近年、インデックス型投資信託の中には売買手数料がかからない商品も増えてきていますが、一般的には個別株やETFの売買には毎回所定の手数料がかかります。

投資で勝つ確率を高めるには、**手数料の支払いを必要最小限に抑えることが重要**です。ポートフォリオが複雑になればなるほど構成銘柄数が増えるので、売買にかかるコストが増えてしまうのです。

逆に、ポートフォリオをシンプルに保てば、売買する回数も少なく済むため、コストをゼロに近づけることができます。

06 米国株インデックス投資の圧倒的な長期リターン

1 米国株インデックス投資のリターンは圧倒的

『株式投資の未来』を著したジェレミー・シーゲル教授による下の折れ線グラフは、私の投資人生を変えるきっかけになりました。

株式投資の必要性の本質が一枚に集約された図なのです。

この図でもっとも重要なことは、

- **米国株インデックス投資（S&P500など）の圧倒的な高リターン**
- **米ドル（現金）の価値が右肩下がりに減価**

● 過去200年にわたって右肩上がりの株式と右肩下がりの現金

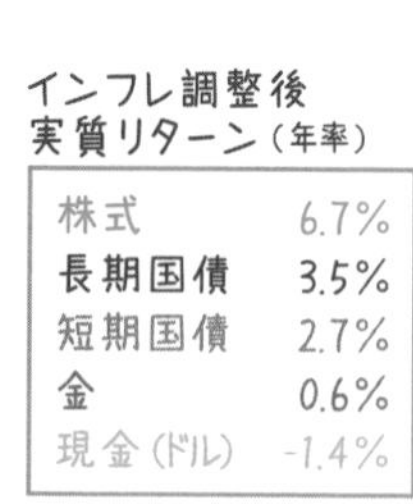

インフレ調整後
実質リターン（年率）

株式	6.7%
長期国債	3.5%
短期国債	2.7%
金	0.6%
現金（ドル）	-1.4%

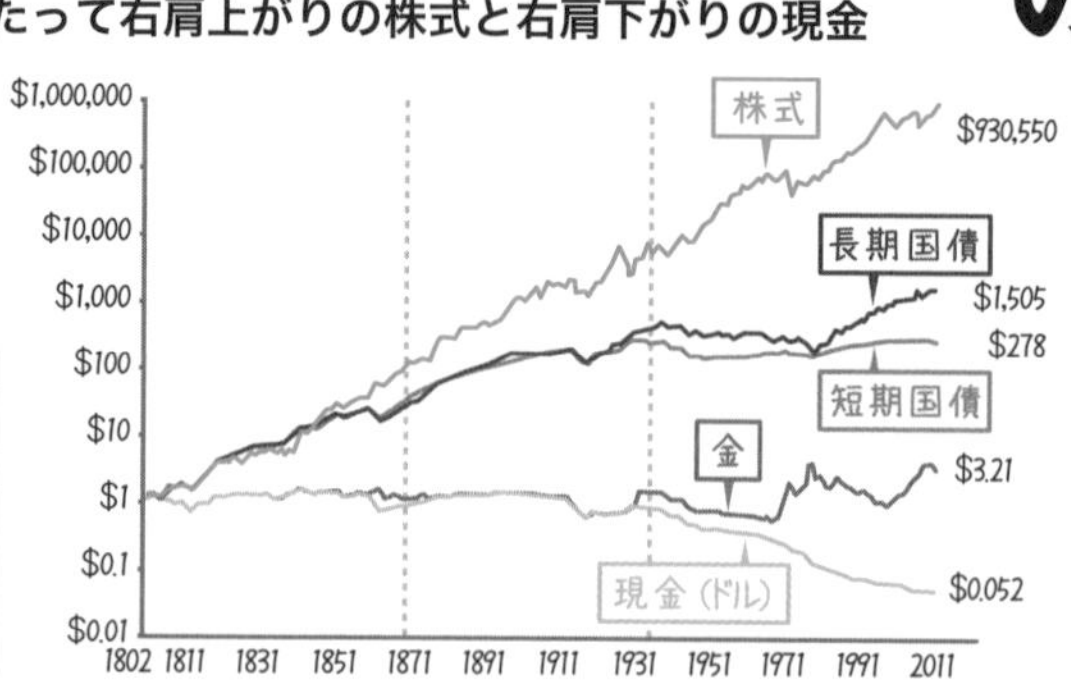

出典：ジェレミー・シーゲル著『株式投資の未来』（日経BP）

の2点です。

2 長期になるほど株式が最高の投資先

米国株インデックス投資は、200年以上の長期にわたって投資家に圧倒的なリターンをもたらしてきました。**200年前に投資した1ドルが約93万ドルに成長**したわけですから、まさに驚くべき数字ですね。

この間、**S&P500のインフレ調整後のリターン（配当込）は年率6・7%**となっており、驚くほどの安定性と持続性を示しています。

200年間の平均インフレ率が約1・4%なので、

株式リターン（8・1%／年）－インフレ率（1・4%／年）
＝インフレ調整後リターン（6・7%／年）

となります。

つまり、株式市場は過去200年のどの時代においてもインフ

● 米国株インデックス投資は15年以上で元本割れのリスクがほぼ消失

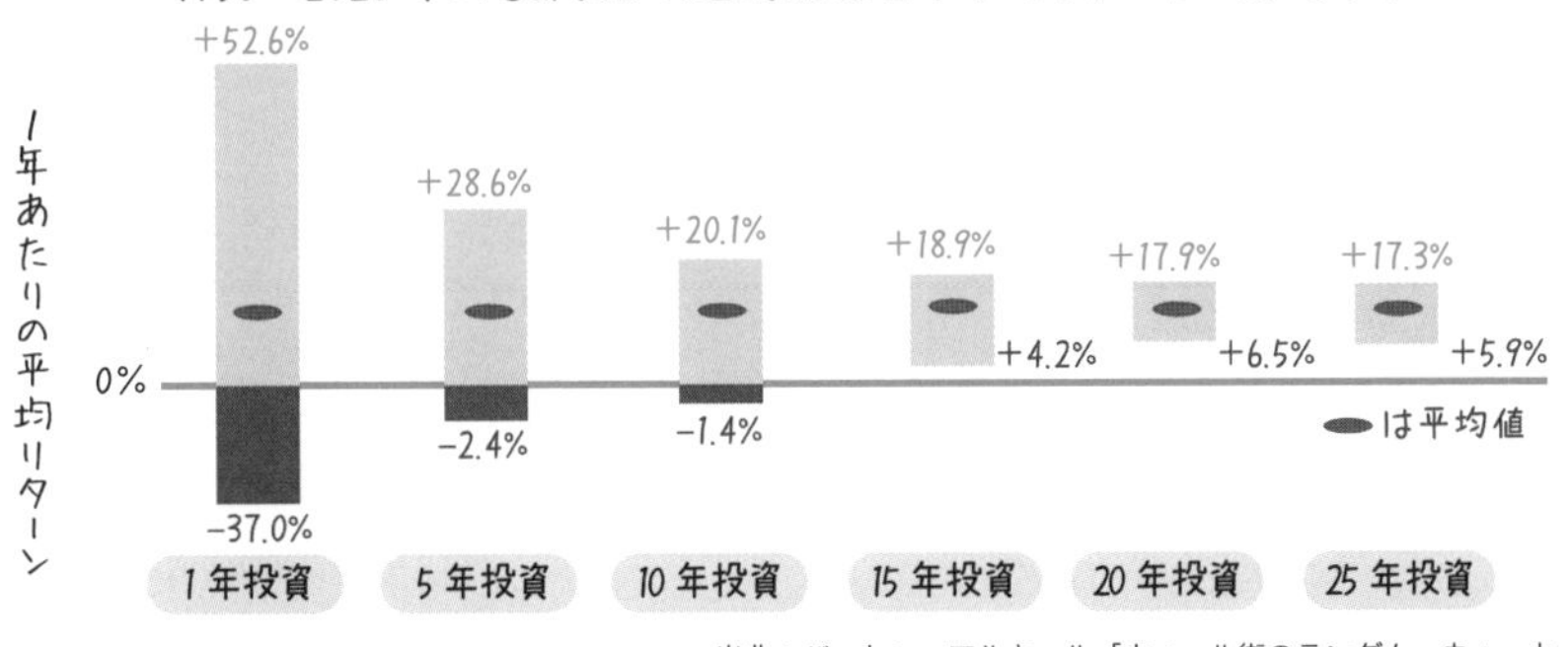

出典：バートン・マルキール「ウォール街のランダム・ウォーカー」

レ圧を跳ね返し、他のどの資産よりも力強く成長し続けてきたことになるのです。

もちろん、株式は日々の価格変動が大きいため、暴落に巻き込まれると短期的には大損する可能性があります。

しかし、15年～20年以上にわたって投資を継続すれば、リターンのばらつきが収斂し、元本割れのリスクが消失するというデータがあります（前ページ図）。

これらの事実から、**投資初心者の資産形成には「長期インデックス投資が最善」**と言えるのです。

3 現金の長期保有はダメです！

株式が圧倒的なリターンを見せる一方、**1ドルの実質的価値は200年の間に0・052ドルまで下がり、約20分の1の価値**になりました。

これが**インフレリスクの正体**です。

資本主義社会では、米ドルに限らず、現金を長期保有し続けるとインフレによって資産価値がどんどん減っていき

● 物価が上昇し続けるとこんなにお金の価値が下がってしまう

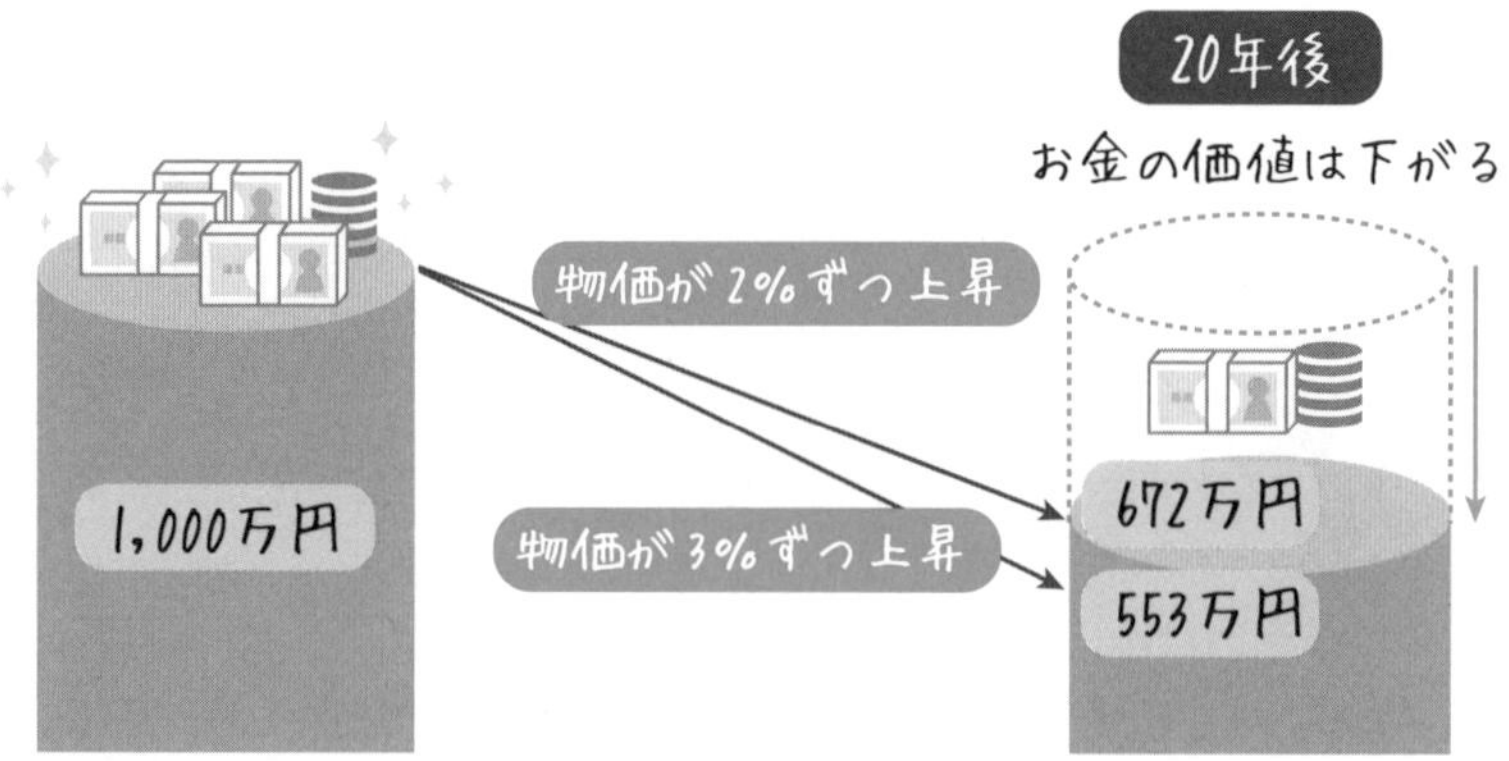

ます。

たとえば、今後**毎年2%ずつ物価が上昇**し続けるものと仮定します。

その場合、現在の1000万円の実質的な価値は20年後には672万円となり、その価値は**3割以上も目減り**してしまうのです。

銀行の預金残高自体は減らないので、インフレリスクは気が付きにくいのですが、これが昔から「貯金好き」と言われる日本の家計の弱点になります。

現金の大敵であるインフレに対抗するためには、最低でもインフレ率以上のペースで増えるリスク資産を組み入れる必要があります。

現金以外の株式、債券、ゴールドは200年間の長期リターンがプラスとなっているため、どれもインフレ抵抗性があると言えます。

しかし、その中でも株式が圧倒的なリターンをもたらしていることを忘れないようにしましょう。

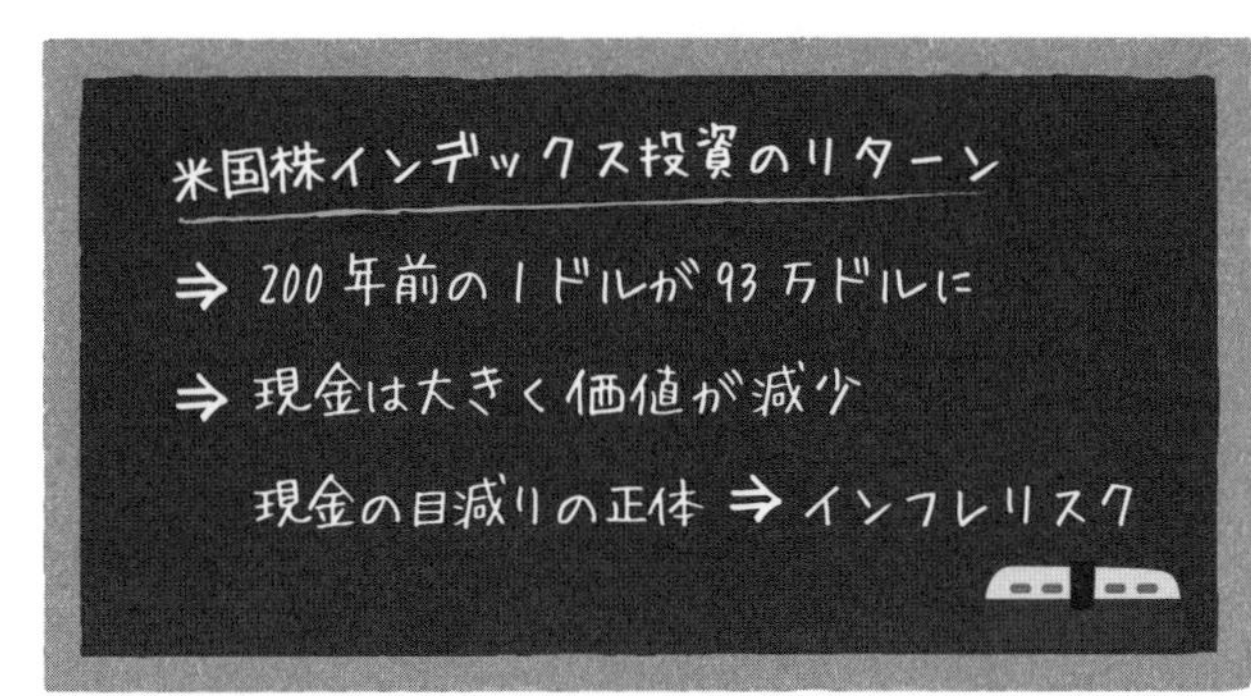

07 リバランスで崩れた資産配分を見直そう

1 リバランスはなぜ必要か？

長く投資を続けていると、**当初目標としていた資産バランスからずれが生じてきます**。

好調な相場が続いて株価が上昇すると、株式インデックスファンドの価格が上がり、相対的に現金の比率が小さくなります。逆に、暴落が発生して株価が大幅に下落すると、株式インデックスファンドの比率が下がりすぎてしまうのです。

こうした状態を放置すると、知らない間にインデックスファンド、現金のいずれかの比率が高くなりすぎて**リスクが高すぎる、もしくは低すぎる資産配分**になってしまいます。

投資信託と現金などの資産バランスは、株価の上下で常に変わります。
これを元の割合に戻すことをリバランスといいます。

崩れた資産バランスを修正し、本来の資産配分に戻すことを投資の世界では**リバランス**と言います。

下図では、値上がりした株式の一部を売却し現金にすることでリバランスを実施しています。

他に、保有資産を売らず、比率の下がった資産に対して追加投資することで資産配分を調整する「**ノーセルリバランス**」という方法もあります。

リバランスをすることで、最適な資産配分を保ち、リスクの取りすぎを防ぐことができます。

また、リバランスでは割高になった資産を売却し、割安になった資産を買い足すことになるため、リターン改善につながることもあります。

2 シンプルなポートフォリオだとリバランスは簡単！

株式インデックスファンドと現金の2つだけのアセットアロケーションの場合、リバランスを含めたメンテナ

● リバランスの一例

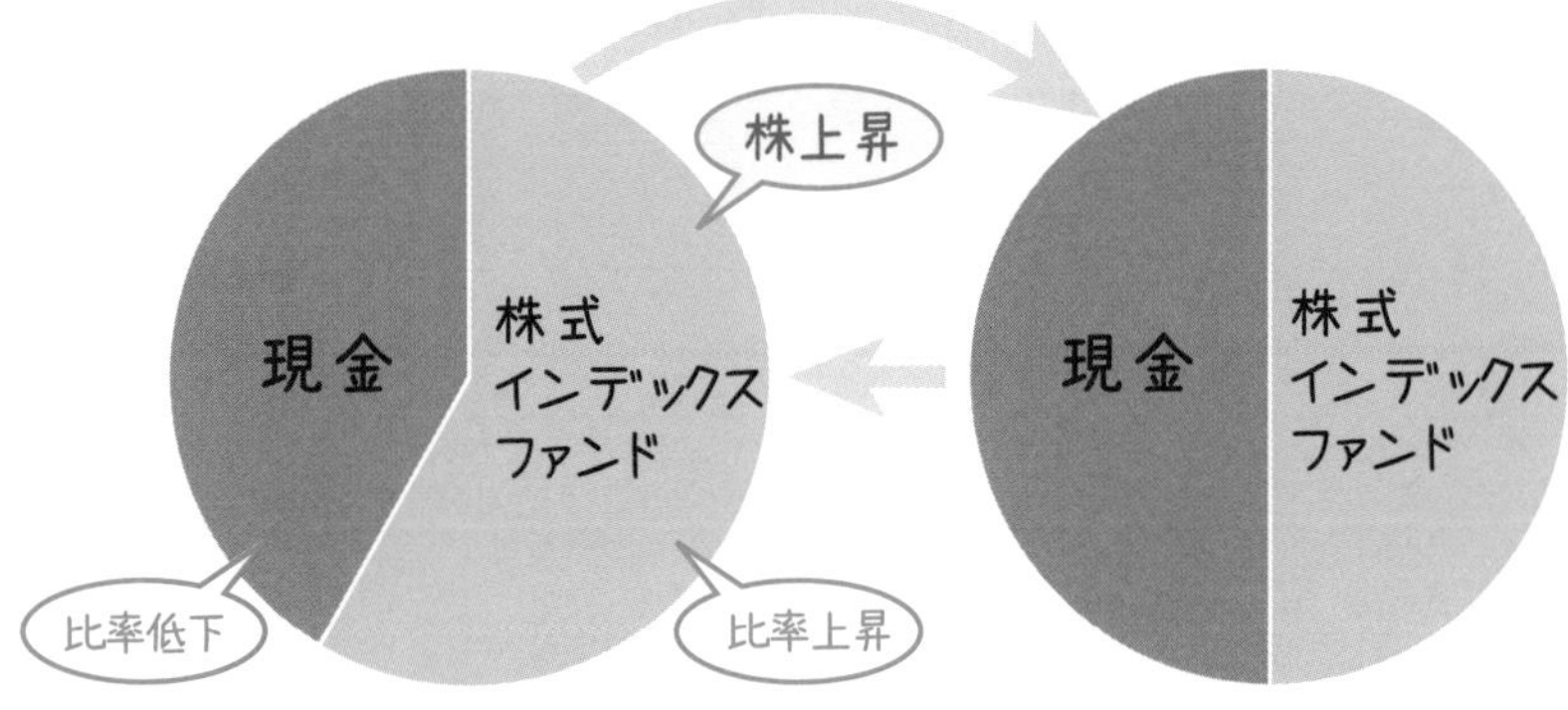

ンスがとても簡単です。

国内株式、海外株式、国内債券、海外債券、REITと5つの資産を組み入れた場合、各資産が別々の値動きを示すため、目標としている資産配分からどんどんずれが生じてきます。崩れてしまった資産配分を修正するために、どの資産を売却してどれを購入すべきか、選択肢が多岐にわたるため迷いが生じるのです。

その点、**預貯金と株式インデックスファンドだけのポートフォリオ**であれば、

- **株価が下がって株式比率が下がったら、値下がりした株を現金で買う**
- **株価が上がって株式比率が上がったら、割高になった株の一部を売る**

の2つだけでリバランスが可能です。

株価が上がりすぎ、下がりすぎというタイミングを正確に見極めることは困難ですが、リバランスをすれば株式市場が過熱した時期には投資を抑え、暴落時には割安株を買い足す仕組みができるのです。

3 どれくらいの頻度で行うべきか？

リバランスはいつ、どれくらいの頻度で行うべきなのでしょうか。

リバランスの適切なタイミングは次のようになります。

❶ ボーナスが支給される時期に合わせ年に1～2回行う
❷ 大暴落で短期的に株価が大きく動いた時に適宜行う

逆に言えば、**株価が大きく変動しなかった年は、年に1回か2回のリバランスで十分**ということです。

長期投資では資産配分がもっとも重要と言いながら、肝心のリバランスが年に1～2回で本当に大丈夫か心配になる人もいるでしょう。

リバランスの頻度によってポートフォリオのリスク・リターンがどのように変化したかを調べた研究では、「リバランスなし」と比べて、**「定期的なリバランスあり」の方がリスクは下がり、リターンは上昇**することが報告されています。

また、「毎月」「6ヶ月ごと」「1年ごと」「2年ごと」といった**頻度の差ではリバランスの効果に大差はありません**でした。

リバランスにかかる時間や労力を考えると、年に1～2回で十分と言えるでしょう。

● **リバランスはいつ行う？**

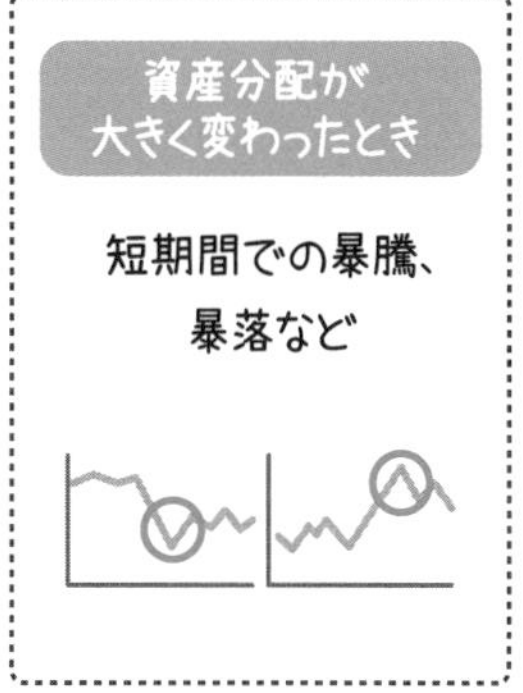

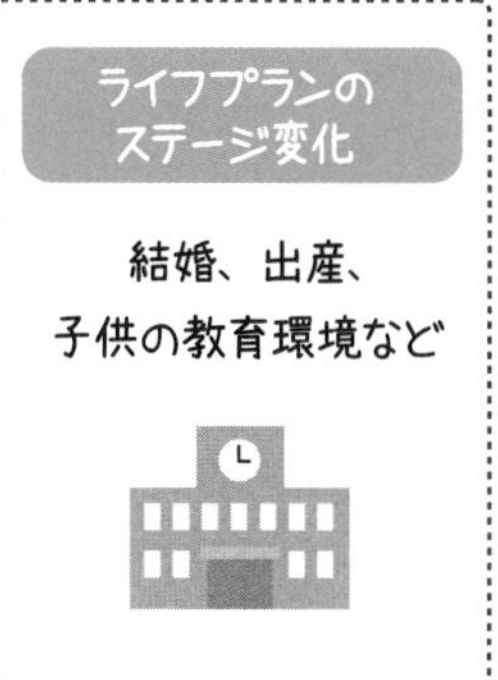

4 ノーセルリバランスが一番お得

リバランスの手法のなかでは、「**ノーセルリバランス**」をおすすめします。

ノーセルリバランスというのは、保有している資産を売らず、**比率が下がった資産に対して追加投資することで資産配分を調整**する方法のことでした。

通常のリバランスでは、株価が上がりすぎた場合、割高になった株を売って預貯金を増やすことで資産配分を調整します。

ところが、ＮＩＳＡなどの非課税口座を除けば、株を売却した時にはその利益に対して約20％の税金がかかってしまいます。頻繁にリバランスを行なうと、利益確定時の税金の支払いによって複利効果が下がってしまうのです。

一方、ノーセルリバランスでは追加投資のみで資産配分を調整しますので、税金の支払いは生じません。

資産売買に伴うコストを抑えながら効率よくリバランスができるのです。

なぜ**ボーナス支給月に合わせたリバランス**をおすすめしたかと言うと、ボーナスが支給された月は自由に使えるお金が多く、「ノーセルリバランス」がしやすいからです。

ただし、運用総額が大きくなってくるとノーセルリバランスだけでは対応できなくなることには注意してください。

3時限目 インデックス投資はどこがスゴいのか？

01 インデックス投資のインデックスとは？

1 インデックス投資って何？

インデックス投資とは、**株式市場の全体的な動きを表す指数（インデックス）そのものに投資する方法**です。

株価指数と聞くと難しく感じるかもしれませんが、投資経験がない人でも、**日経平均株価やNYダウ**（ニューヨークダウ）という言葉はニュースで聞いたことがあるのではないでしょうか。

個別銘柄のように倒産や低迷リスクがない

トヨタやアップルといった個別銘柄への投資は、企業の決算情報などをチェックしたりと難易度が高く、初心者向けではありません。

● 個別株とインデックス投資

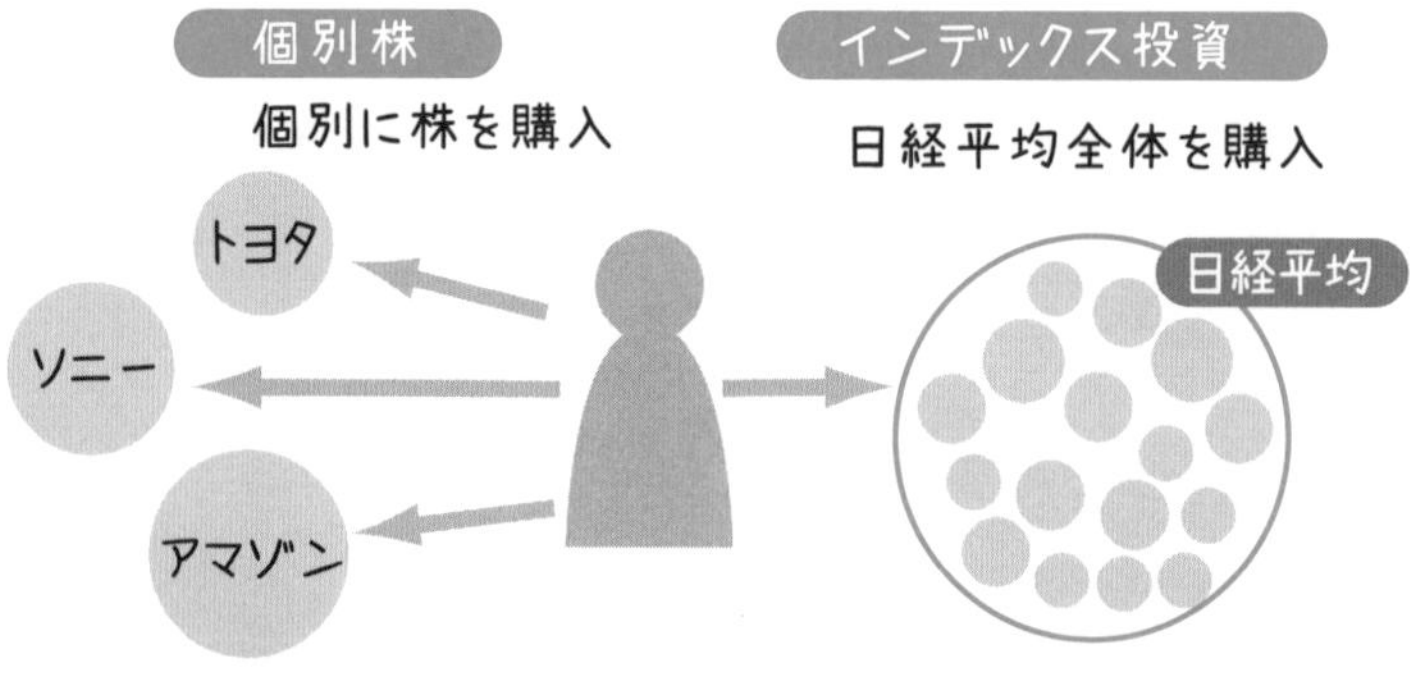

どんなに将来性があって有望に見える投資先でも、株価が伸び悩んだり、たった1つの不祥事から倒産に至るリスクがあるからです。

本書でおすすめするインデックス投資では、1つ1つの銘柄を選んで投資する代わりに、日経平均やNYダウといった指数に投資をします。

日経平均は225銘柄、NYダウは30銘柄で構成されており、株価指数自体が数十~数百の株式の集合体なので、**個別銘柄のように倒産するリスクはありません。**

指数であっても景気が冷え込めば暴落する可能性がありますが、指数自体がゼロになる可能性はなく、景気回復とともにいずれは回復が期待できます。

インデックス投資は株式市場の平均点を狙う投資法なので、**個別株と比べて値動きが穏やかに**なります。

短期間で大儲けは期待できませんが、**若い頃からゆっくりと時間をかけてお金を増やすには最適な方法**です。

このように、インデックス投資はリスクを抑えながら投資できる点で初心者向けと言えるのです。

● 市場平均の指数に連動した値動きをするインデックス投資

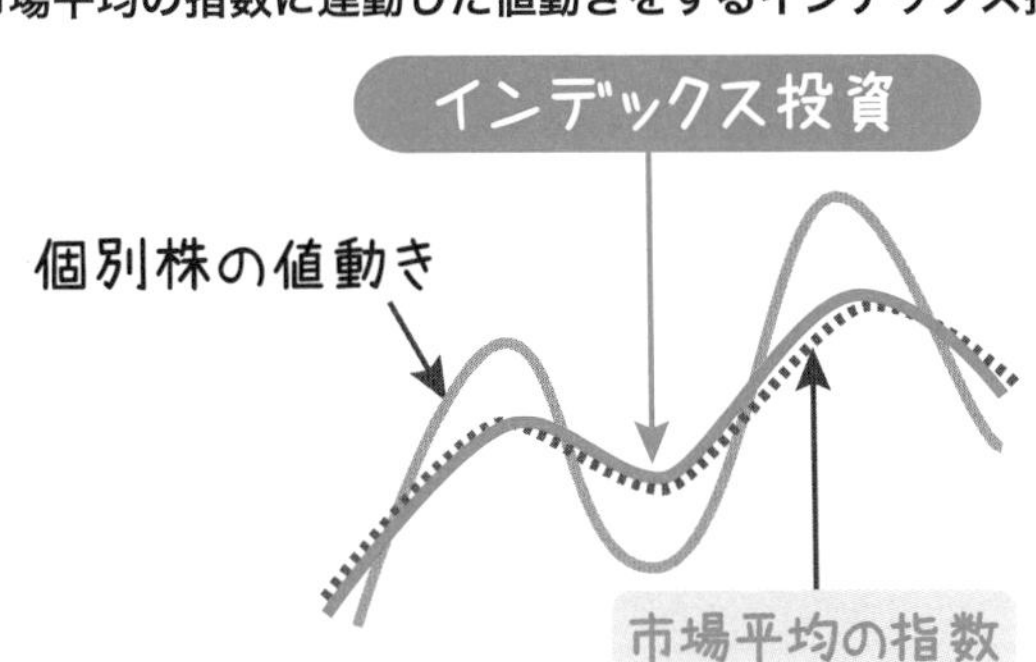

2 代表的な株価指数を覚えよう

インデックス投資は様々な株価指数に投資する方法です。

インデックス投資を実践するのに1つ1つの個別銘柄の細かい情報を覚える必要はありませんが、代表的な株価指数については知っておく必要があります。

数ある株価指数の中で特に重要なのが、次の5つの株価指数です。

- 日本株 ⇩ 日経平均・TOPIX
- 米国株 ⇩ NYダウ・S&P500・NASDAQ総合指数

3 日本の代表的な株価指数

日経平均は東証プライム225社の平均株価

「日経平均株価」とは、日本経済新聞社が、東証プライム市場に上場する約2000銘柄の中から、業種などのバランスを考慮して選んだ225社の平均株価です。

日経平均や**日経225**と呼ばれることもあります。

日経平均を構成する225銘柄の中には、トヨタ自動車、ソニーグループなど、日本人なら誰でも聞いたことがあるような有名企業が多く含まれています。

日経平均が上がっていれば多くの企業の株価が上がっており、日経平均が下がっていれば多くの企業の株価が下がっていることになるため、**日経平均を見ることで日本市場全体の大まかな値動きを知ることができます。**

ＴＯＰＩＸは東証プライムの全企業平均

ＴＯＰＩＸは、東証プライム市場に上場している原則すべての銘柄を対象とした株価指数で、別名「東証株価指数」とも呼ばれます。

日経平均は選別された225銘柄の平均株価をもとに算出されますが、ＴＯＰＩＸは**東証プライム市場に上場している2000銘柄以上の時価総額を指**

● 日米の代表的な株価指数

市場	指数	特徴
国内株式市場	日経平均株価（日経225）	日本経済新聞社が公表する日本の代表的な株価指数。東証プライムの主要225銘柄の平均株価。
	東証株価指数（TOPIX）	東証プライム銘柄や旧一部に上場のスタンダード市場銘柄を対象とし、JPX総研が算出・公表。
米国株式市場	NYダウ（ダウ工業株30種平均）	米国を代表する30銘柄をS&Pダウ・ジョーンズ・インデックス社が算出する平均株価。
	S&P500指数	NASDAQやニューヨーク証券取引所に上場する代表的な500銘柄で構成される株価指数。
	NASDAQ総合指数	米国のナスダック市場に上場している全ての銘柄で構成される株価指数。

数化したものなので、日経平均よりも東証市場全体の動きを反映した指数と言えます。

4 米国の代表的な株価指数

米国を代表する株価指数には次の3つの指数があります。

- **NYダウ**
- **S&P500**
- **NASDAQ総合指数**

NYダウとは？

NYダウ（ダウ工業株30種平均）は、ダウ・ジョーンズ社が、**ニューヨーク証券取引所やナスダック市場に上場している主要30銘柄をもとに算出する株価指数**です。

NYダウを構成する30銘柄の中には、アップル、マイクロソフト、ナイキ、マクドナルド、ビザ、コカ・コーラなど、日本人の生活にも欠かせない超有名企業が並びます。

NYダウは30銘柄の株価の平均をベースとしているため、株価が高い銘柄の影響を受けやすいです。日経平均と同じ株価平均型の指数と言えます。

S&P500とは？

S&P500はNYダウと並んで最も有名な米国株価指数です。

ニューヨーク証券取引所やNASDAQに上場している**米国企業の株式から選出された500銘柄の時価総額をベースにした指数**です。

一般的に、米国株インデックス投資と言えば「S&P500」を指すほど重要な株価指数です。

その理由として、次の2点があげられます。

- **米国を代表する大型株500銘柄で構成され、米国株市場の広範囲をカバーしている**
- **時価総額荷重型の指数であるため、NYダウよりも米国市場全体の動きを反映しやすい**

実際に、S&P500を構成する500銘柄だけで、米国株式の時価総額の約80%をカバーしています。

NASDAQ総合指数とは？

NASDAQ総合指数は、**NASDAQに上場する全ての銘柄**（3000銘柄以上）を対象とした、時価総額をベースとした指数です。

NASDAQに上場している企業には、マイクロソフトやアップルなどの大型ハイテク企業や、インターネット関連の新興企業が多く含まれています。

NASDAQ総合指数とは別に、**NASDAQ100指数**というものが存在します。

NASDAQ上場企業のうち、金融セクターを除いた時価総額上位約100銘柄だけを指数化したものです。

NASDAQ100を対象としたインデックスファンドは、米国IT企業の雄であるGoogle、Amazon、Facebook、Apple、Microsoftの5社の頭文字を取った呼び名である**GAFAM**(ガーファム)と呼ばれる米国株を牽引してきた大型テック企業に投資したい方から人気を集めています。

S&P500は米国株市場を広くカバー

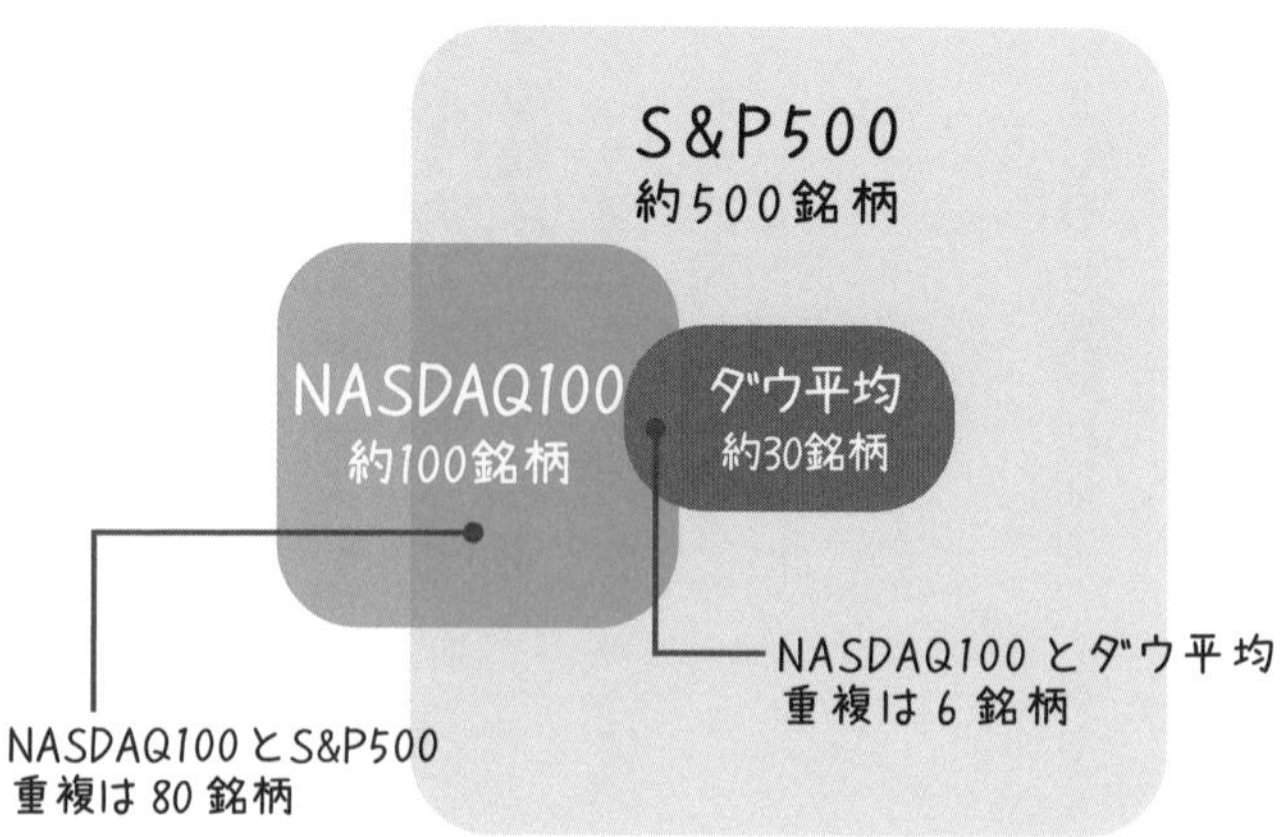

02 投資初心者にはインデックス投資が最適な理由

1 買った瞬間、努力なしで「平均点」

インデックス投資の素晴らしいところは、インデックスファンドを購入するだけで「今すぐに誰でも投資で平均点がとれること」です。

「平均点なんてたいしたことない」と思われるかもしれませんが、それは誤りです。

学校の勉強や仕事を考えた場合、何も努力しなければ落第して当然であり、**努力なしで平均点がとれる**ことはありえません。

しかも、インデックス投資の場合、優秀なファンドマネージャーが運用する指数以上の収益を目指すアクティブファンドでも、その**8割以上がインデックス運用に勝てない**ことが証明されています。

● アクティブファンドとインデックスファンドの違い

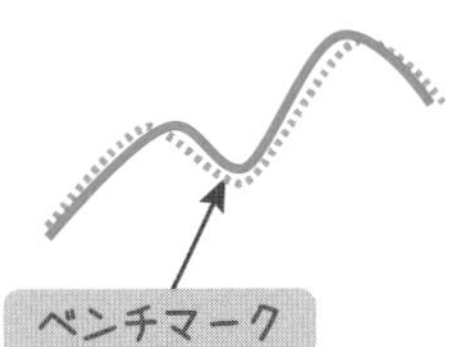

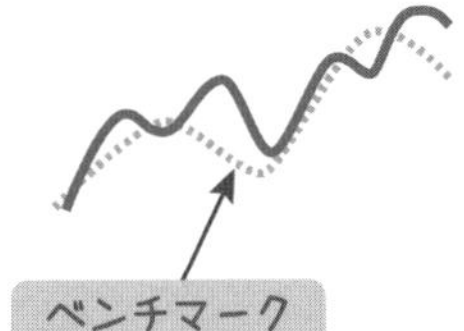

インデックス投資で得られる「平均点」というのは、株式市場の最前線で戦うファンドマネージャーたちの売買によって生まれた「平均リターン」ですので、ものすごく優秀だからです。

投資経験や知識がゼロの初心者でも、**インデックスファンドを買って保有し続けるだけで大半のプロに勝てる**というのは夢のような話ではないでしょうか。

過去の研究成果から世界中の主要な国・地域において、

- **アクティブファンドの成績は短期・長期ともに市場平均インデックスを下回る傾向がある**
- **一時的に市場平均インデックスを上回る投資成績をあげたとしても、長期間にわたって勝ち続けることはほぼ不可能である**

ことが分かっているのです。

また、アクティブファンドは銘柄の調査や分析に人的コストがかかるため、**手数料が高くなりやすい**というデ

● インデックスファンドとアクティブファンドの違い

	アクティブファンド	インデックスファンド
運用方針	特定の指数以上の収益をあげる	特定の指数に連動して運用
組入銘柄	ファンドマネージャーが市場・企業を調査して選定	指数の構成銘柄と同じ
手数料	比較的高い	比較的安い
その他の特徴	・ファンドマネージャーのスキルで運用成績が左右される ・テーマや目的ごとに商品の種類が豊富	・市場平均を超えるリターンを得るのは難しい ・市場全体に投資できるので、リスク分散がはかれる

メリットもあります。

2 積立投資による「バイ&ホールド」なので手間いらず

インデックス投資で選ぶのは指数なので、個別株投資のように銘柄選択にかける手間や時間を節約できます。

また、インデックス投資では投資タイミングを計る必要もありません。下手にタイミングを狙った投資をすると、株価が急激に上昇する瞬間を取り逃す可能性があり、かえってリターン低下につながります（98ページ参照）。

一度買ったら保有し続ける「バイ&ホールド」戦略が最適なので、投資初心者の方でも簡単に実践できます。

後ほど142ページで詳しく説明しますが、はじめに「毎月定額の積立設定」さえしてしまえば、自ら注文する必要すらないのです。

ドル・コスト平均法による毎月定額の積立を続ければ、投資タイミングが分散されるので、株価が高値にある時に一気に買ってしまい、暴落に巻き込まれて大損する可能性を避けることができます。

3 非課税制度（NISA、iDeCo）との相性が抜群

インデックス投資は、NISA（少額投資非課税制度）やiDeCo（個人型確定拠出年金）など、国が用意している非課税制度との相性が抜群です。

NISAやiDeCoでは「長期・分散・積立」に適した金融商品を買うことが勧められており、商品ラインナップにはインデックス型が多くなっています。

インデックス投資は株式市場の平均点を狙う投資法なので、大きな運用成果を上げるにはどうしても長い年月がかかります。

特定口座などの課税される口座でインデックス投資を長く続ければ続けるほど、複利効果によって利益の金額が大きくなるので、利益確定時に支払う税金も多額となります。

このように、利益確定時の税金の支払いは投資リターンを引き下げる大きな要因になりますが、NISAやiDeCoの口座内ならば運用益にかかる税金がゼロになるのです。

若い時から30年~40年かけてコツコツと運用してきた大切なお金なので、利益確定時に税金を支払わずに済むならそれに越したことはありません。

インデックス投資を長く続けるならNISAやiDeCoといった非課税制度の利用は必須と言えるでしょう。

なお、NISAやiDeCoについては6時限目以降で詳細に解説します。

03 インデックスファンドは買ったらそのまま放置が正解！

1 売買のタイミングを見極めるのは不可能

インデックス投資の古典的名著の1冊にチャールズ・エリスの『敗者のゲーム』という本があります。

『敗者のゲーム』の中で、エリスは「**インデックス投資をメインに、タイミングを計らず、長期投資を続けること**」の重要性を繰り返し説いています。

一般的に、株式投資で儲けると言えば、株価が下がった時期に株を買い、株価が上がったタイミングで売却して利益を得る方法を想像する方が多いのではないでしょうか。

しかし、現代の株式市場は、投資のプロである機関投資家たち

インデックスファンドを購入するタイミングは早いほどOK！そして買ったらそのまま保有し続けましょう！

が、最先端のテクノロジーと情報を駆使して駆け引きする場になっています。

私たち個人投資家がプロと同じ土俵に上がっても互角に戦えるわけがなく、**銘柄や売買タイミングを適切に見極めて利益を得続けることはほぼ不可能**です。

はじめの数回はたまたま利益を上げられるかもしれませんが、それはビギナーズラックの域を出ず、タイミング投資で大きな利益を上げることはできません。

2 「稲妻の輝く瞬間」を取り逃すな

『敗者のゲーム』では、株式投資で成功するためには、**投資タイミングを狙わず、長期間にわたって株式投資に参加し続ける**ことが重要と説明されています。

その根拠となるデータを紹介しましょう。

1980年1月1日から2016年4月1日までの36年間の間、S&P500の平均リターンは年率11・4%でした。

ところが、36年のうちS&P500が最も上昇したベスト10日を逃すだけでリターンは年率9・2%へ低下してしまうのです。

ベスト20日を逃した場合は年率7・7%、ベスト30日を逃した場合は年率6・4%まで低下します。

このように、36年間（1万3000日以上！）という長い投資期間のうち、**たった30日を逃す**

だけで投資リターンが半減してしまうのです。

株価が急上昇するわずかな期間のことをエリスは「**稲妻の輝く瞬間**」と例えています。

そして、「稲妻が輝く瞬間」がいつ訪れるかは誰にも予想できず、一瞬で過ぎ去ってしまうので、株式投資でリターンを確実に得るには株式市場に参加し続けることが何よりも重要です。

よって、私たち個人投資家が取るべき戦略は、インデックスファンドを一度買ったら持ち続ける「**バイ&ホールド**」が**最善**なのです。

● **S&P500が上昇したベスト何日を逃した場合に失う投資リターン**

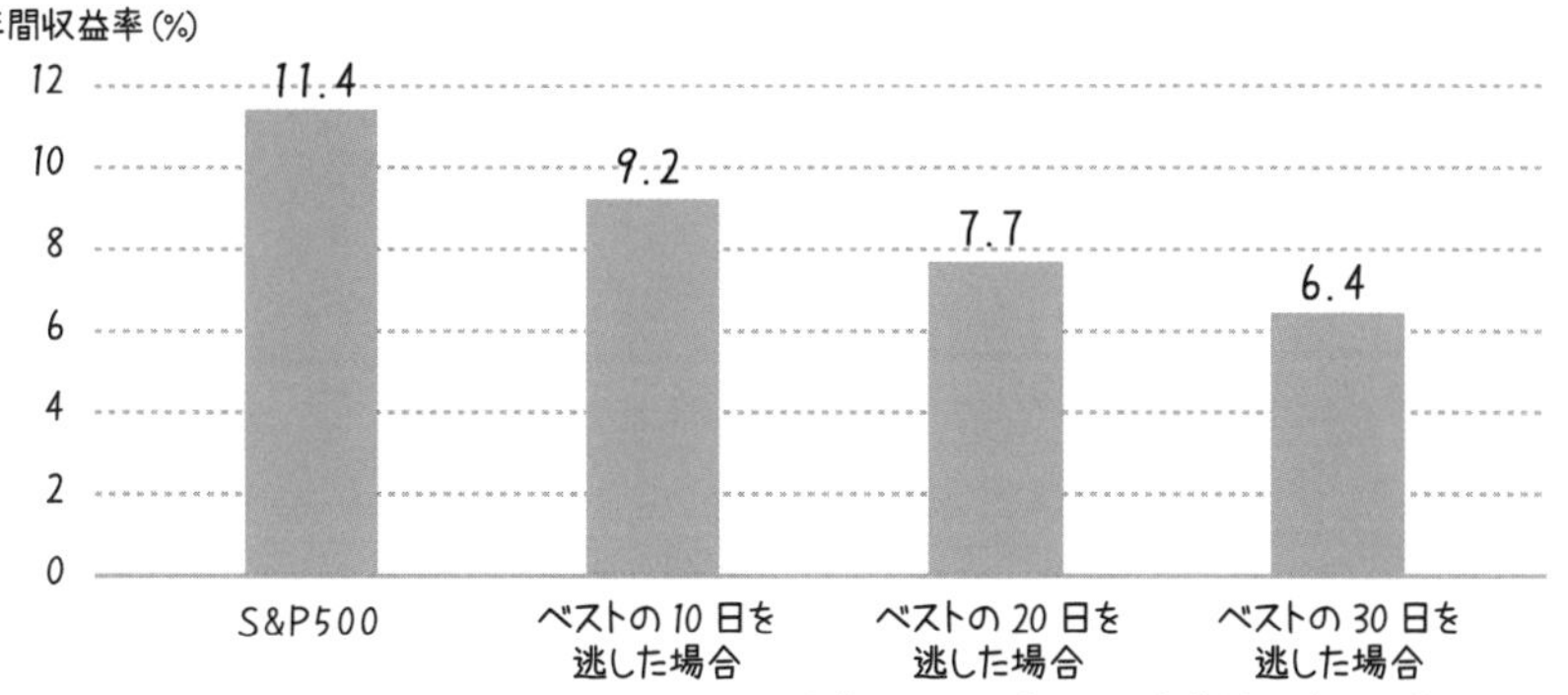

出典：チャールズ・エリス著『敗者のゲーム』第8版より

04 インデックス投資の注意点

インデックス投資は私たち個人投資家にとってメリットが大きい投資法ですが、実際に始める前に知っておきたい注意点がいくつかあるので紹介します。

1 元本割れのリスクがあります

インデックス投資に限った話ではありませんが、インデックス投資の最大の注意点は、**元本割れのリスクがある**ことです。

現金や国債などの無リスク資産は元本が保証されていますが、株式や債券、ＲＥＩＴなどのリスク資産に投資する場合はいずれも元本割れのリスクがあるのです。元本割れのリスクを恐れていては投資ができず、ただ現金をコツコツと貯め続けるしかありません。

しかし、**現金の価値はインフレによって長期では必ず下がる**という致命的な弱点があります（78ページ参照）。

元本割れのリスクを恐れて投資から逃げるのではなく、投資のリスクを正しく理解し、無理のない範囲で取り組む姿勢が重要です。

また、インデックス投資は短期では損をする可能性がありますが、**投資期間を15年～20年まで伸ばすことで元本割れのリスクがほぼ消失する**というデータも紹介しました（77ページ参照）。

伝説の投資家ウォーレン・バフェットは、「**リスクは自分の行動に対する無知から生じる**」という名言を残しています。

インデックス投資について正しく理解したうえで実践すれば、過剰に恐れる必要はないのです。

2 短期間で大儲けはできません

インデックス投資はＴＯＰＩＸやＳ＆Ｐ５００など、市場平均に近い投資成績を目指す方法です。

株式市場は上昇や下降を繰り返しながら、**ゆっくりと時間をかけて長期的に成長していく**性質を持つため、短期間

● **インデックス投資のメリットとデメリット**

メリット	デメリット
・インデックス（株価指数）に連動するのでリスクが小さくなる。 ・買った瞬間、努力なしで「平均点」がだれでもとれる。 ・投資信託の中でも信託報酬などの運用にかかるコストが低い。 ・積立による「バイ&ホールド」なので手間いらず。 ・少額（100円）から始められるので、無理せずに投資できる。	・インデックス（株価指数）以上の大きなリターンは望めない。 ・個別株と違い、一定の信託報酬のコストがかかる。 ・短期間で大きなリターンが得られない。 ・短期では元本割れの可能性もある。

に大儲けすることはできません。

たとえば、TOPIXの場合2000銘柄以上に分散して投資するので、1銘柄あたりの割合は低くなります。仮にTOPIXの中に株価が短期で10倍になる急成長株が含まれていたとしても、その株価上昇の恩恵はほとんど受けられません。

資産運用においてリスクとリターンは比例します。短期で大儲けできる可能性がある投資法というのは、短期で大損する可能性もあるということです。

インデックス投資では投資リスクを抑えるために分散投資を徹底するので、大儲けできないのは当たり前なのです。

3 期待リターンは約年5%

それでは、インデックス投資で期待できるリターンはどのくらいでしょうか。**期待リターンとは、その資産を保有した時に、長期的に期待されるリターン（年率）**のことです。一般的に、市場平均を狙った株式投資から得られるリターンは年率5～6%と言われていますので、私は年率5%程度のリターンを期待してインデックス投資を実践しています。

その根拠となる数値をいくつか紹介します。

1つ目は、**米国S&P500指数の過去200年における実質リターンが年率6・7%**であったという事実です（76ページ参照）。この6・7%という数値はインフレ率（1・4%／年）を調整した後の数字ですので、名目リターンでは年率8・1％となります。

投資環境は時代とともに変化しますので、過去のデータが必ずしも未来を約束するわけではありません。

しかし、株式市場が過去２００年以上にわたって年率６％以上のペースで成長し続けてきたというのは心強いデータです。

ここでもう一度77ページの**S＆P５００の運用期間別のリターンのばらつき**を示した図を見てみましょう。

投資期間が1年だと短期的な相場の変動を強く受けますので、リターンは－37・０％～＋52・６％と非常に大きなばらつきがあります。

投資期間が長くなるにつれてリターンのぶれ幅が小さくなり、15年を超えると元本割れのリスクが消失し、20年では年率リターンが＋６・５％～＋17・９％とかなり安定してきます。

仮に最悪の時期に投資をしてしまっても、**インデックス投資を20年続ければ年率６％のリターンが得られる**というのは力強いデータだと思います。

これらの事実から、

- **インデックス投資で期待できるリターンは厳しめに見積もって年率５％**
- **最低20年間は積立投資を継続すること**

を心がけて投資することが重要だと考えています。

4 信託報酬という保有コストがかかる

投資信託やETFには、**信託報酬という保有しているかぎり継続して支払わなければならないコスト**があります（147ページ参照）。

個別株の場合、購入時や売却時に手数料が発生することはありますが、一度買ってしまえば保有中にはコストはかかりません。

コストの高い投資信託を保有してしまうと、借金と同様に**マイナスの複利効果**が働き、資産形成の効率が下がってしまいます。

よって、長期投資ではできるだけ信託報酬の低い商品を選ぶことが重要です。

幸いなことに、近年では国内で販売されているインデックスファンドのコストがどんどん引き下げられています。

以前は、外国株に投資するインデックスファンドの信託報酬は0・5%〜1・0%が当たり前でしたが、**最近では0・1%前後まで下がっている**のです。

コストの安い商品をきちんと選ぶことができれば、保有コストに関してはほとんど気にしなくてよい時代になってきています。

4時限目 投資計画、資金計画を立てよう！

01 投資の目的、ゴール設定から始めよう

1 ライフプラン表を作成しよう

投資を始める前に、

- **そもそもなぜ自分には投資が必要なのか**
- **何歳までにいくらのお金が必要なのか**
- **自分が将来やりたいことは何で、そのためにいくら必要なのか**

といった投資の目的、さらには**将来設計を明確にする**必要があります。

将来設計を明確にするためには「ライフプラン表」を作るのがお

すすめです。

ライフプランとは「人生設計」のことで、結婚や出産、マイホームの購入、子どもの進学、転職などの人生における大きなイベントを**ライフイベント**と呼びます。

ライフイベントの多くは、学費などの教育費用、住宅購入、結婚・出産など多額の出費を伴います。

ライフプラン表とは、ライフイベントごとに必要な金額や、家計の収支などを一枚の表に落とし込んだものです。ライフプランを考えることなく、やみくもに投資を始めてしまうと、

- **投資でお金は増えたけれど、増えたお金で何がやりたいか分からない**
- **資金計画が甘く、お金が不足してやりたい目標にチャレンジできない**
- **教育費の見込みが甘く、子どもを大学に進学させられない**

● **ライフプランを立てて人生の費用を把握しましょう**

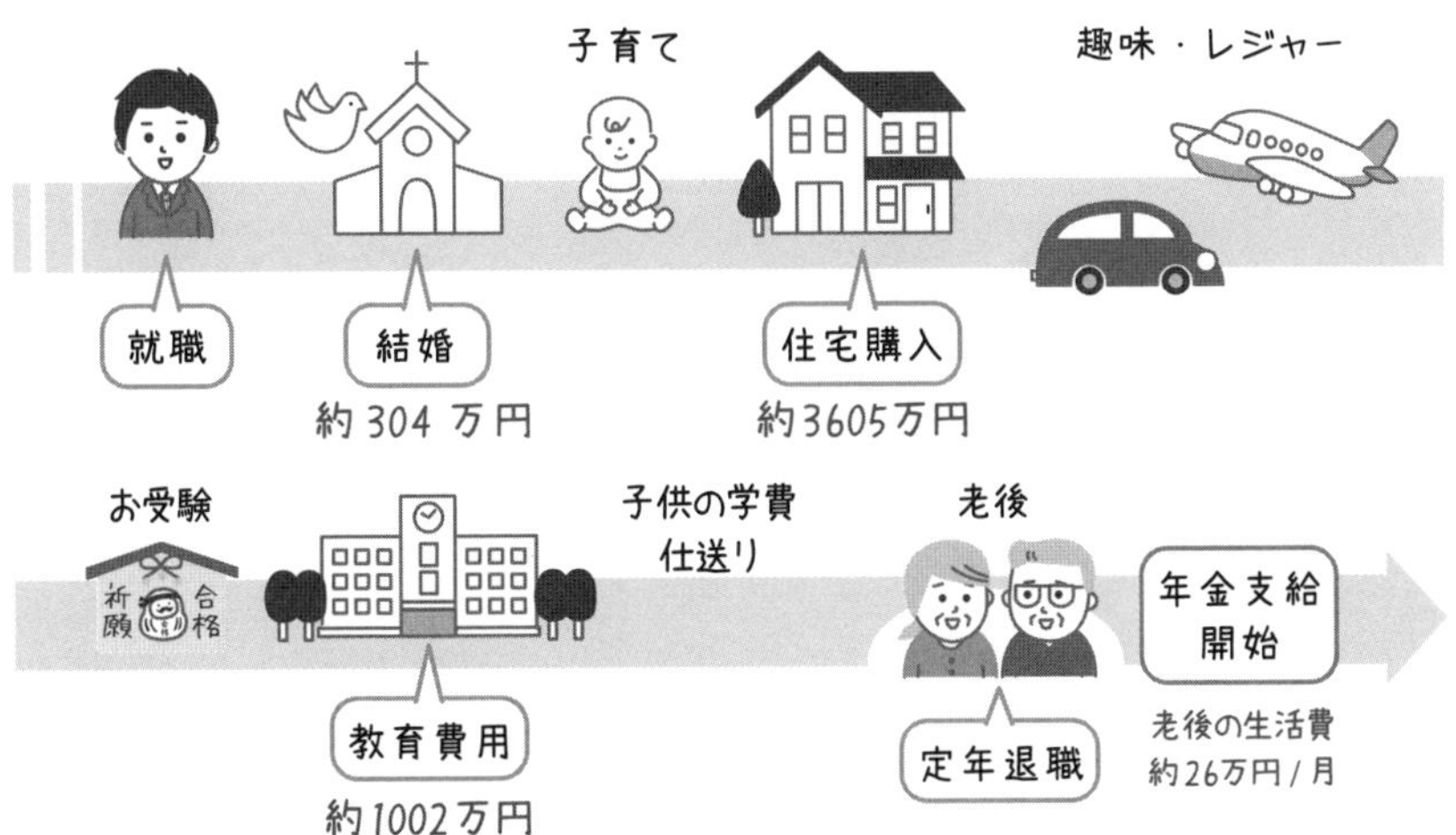

各費用の金額は日本FP協会HPより https://www.jafp.or.jp/know/lifeplan/indication/

といった事態が起こりえます。もちろん、

- **何歳で結婚して子どもは何人欲しい**
- **子どもは大学まで進学させ、できれば留学させたい**
- **マイホームはいくらの物件を何歳の時に購入したい**

といったライフイベントの多くは、想定通りに進みません。

しかし、おおまかでもよいので、**自分の理想とするライフプランをできるだけ具体的に考えてみる**ことが重要です。そして、ライフイベントごとに大体どれくらいの出費が必要なのかを書き出し、それを実現できる**資金計画を練ってみましょう。**

「自分でライフプランを作る」というと難しく感じるかもしれませんが、今ではインターネット上で無料のライフプラン表やシミュレーションツールを利用することができます。

2 ライフプラン表作成のポイント

次に、ライフプランを作成するうえで特に注意すべき点をまとめておきます。

マイホームは購入する？それとも賃貸？

持ち家と賃貸のどちらがよいかというのは意見が分かれますが、多くの人にとって住宅関連費用は人生における最大の支出になります。

特にマイホームを購入する場合、大半の方は**住宅ローン**を組むことになります。住宅ローンは条件が良いですが、借金であることには変わりがないため、マイホームの購入時期や、頭金をいくら用意しておく必要があるかなどを考えておきましょう。

転職や退職のことも考慮して余裕をもった資金計画を

終身雇用が約束されている職場であれば、

「大体何歳で課長になって、その時の年収は○○円」

「60歳で退職して、その時の退職金は○○円」

といった**生涯年収の予測**が立てやすくなります。

最近は終身雇用制度が崩壊しつつあり、転職や起業が当たり前の時代になってきています。個人の持つスキルや市場価値によって生涯年収は大きく変動しますし、計画通りに進まないことも多いはずです。転職や起業を考えている方は余裕を持った資金計画を立てたほうがよいでしょう。

結婚や出産の時期、子どもの人数

何歳の時点で結婚するのか、結婚した後は共働きで家計を支えるのかも重要です。

子どもが欲しい場合、出産前後はフルタイムで働けなくなるため、共働きであれば一時的に家計収入が下がることになります。

子どもが生まれると育児関連費用が増えますが、逆に収入は減る可能性が高いので注意しましょう。

また、教育費は住宅費用とならび人生で最大の支出のひとつです。

国公立に進学するか私立に進むかでだいぶ変わりますが、オール国公立でも1人あたり1000万円、私立ならば3000万円とも言われています。

自動車と保険も多額の出費です!

住宅と教育費とならんで、多額の出費になるのが自動車と保険です。

自動車に関しては、東京都心など公共交通機関が発達しており、自動車保有のコストが高額な地域に住んでいる場合は持たない選択肢も考えましょう。

保険に関しては、日本人は「加入しすぎ」なことが多いです。保険は「めったに起こらないけれど、万が一発生したら自分のお金では対処できない事柄」にだけ備えればよいのです。

自分にとっての必要最小限がどの程度かよく考えて加入しましょう。

3 投資の目的とゴールを書き出そう

ライフプラン表を作成することで、自分の人生で実現したいことや、そのために必要な費用が見えてきたのではないでしょうか。

次に考えるべきことは、「**そのお金を用意するのにどの程度リスクを負う必要があるか**」です。

極端な例ですが、ものすごく高収入かつ倹約家で、毎月の貯金だけで将来のお金がすべて用意できる方であれば、わざわざリスクを背負って投資をする必要はありません。

ところが、多くの日本の家計は実質賃金の低下、インフレの進行によってお金の余裕がないはずです。

毎月の貯金だけではライフプラン表に書いた資金計画が実現できない場合、**不足分は投資で増やす必要**があります。

投資をすると言うと、いきなり「どんな金融商品をいくら買うか」というポートフォリオレベルの話を始めてしまう方が多いです。

しかし、実際には**自分のライフプランに合った運用方針をきちんと定める**ことの方がはるかに重要であり、運用方針なくして投資の成功はありえないのです。

運用方針の確立が最重要

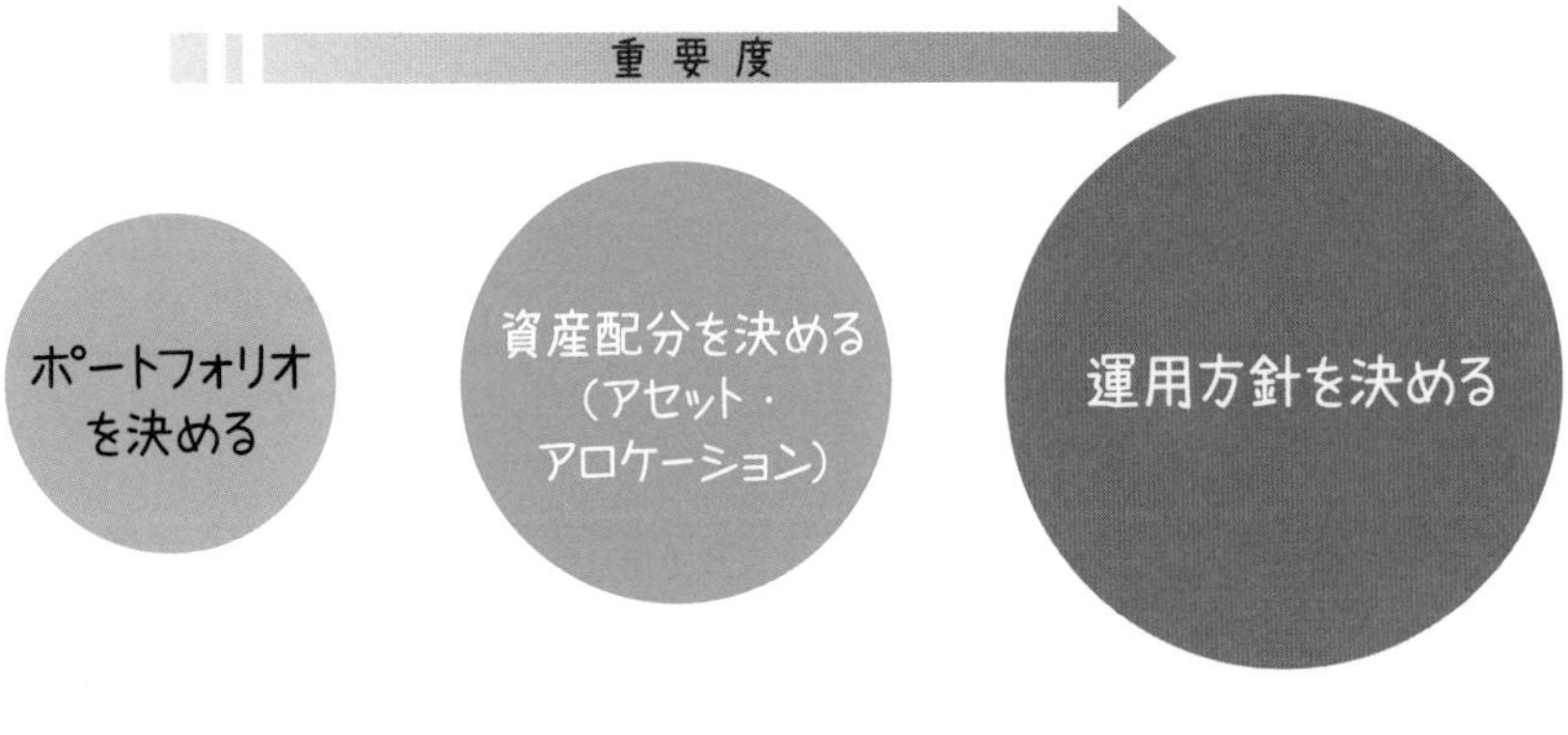

4 積立投資シミュレーターで実現可能性を検討しよう

運用方針を策定したら、次は様々な金融機関がネット上で無料で提供している積立投資シミュレーションを使って実現可能性を検討しましょう。主な入力項目は次の４つです。

❶ **初期投資金額**
❷ **毎月の積立金額**
❸ **積立期間**
❹ **年率リターン（運用利回り）**

この中で、「年率リターン」の項目を何％にするか迷うと思います。

インデックス投資の場合、米国株や全世界株インデックスの過去のリターンを参考に、**「年率5％」でシミュレーション**するとよいでしょう（１０３ページ参照）。

実際にシミュレーションしてみると、予想以上に「毎月積立額」や「積立期間」が必要なことに驚くかもしれません。

ここまでの過程で、自分の人生ではライフステージごとにいくらお金が必要で、そのために毎月いくら積立投資する必要があるのかが見えてきたのではないでしょうか。

02 投資の前に生活防衛資金を用意しよう

1 生活防衛資金とは

運用方針が決定したら、次にやるべきことは生活防衛資金を貯めることです。

生活防衛資金というのは、予測不能な事態が発生して急な出費が必要になった時のために貯めておくお金のことです。

具体的には、

- 急な病気や怪我で働けなくなってしまった
- 災害に巻き込まれて家や車を失った
- 勤め先が倒産して失業した

といった事態のことを指します。

生活防衛資金を確保しておくことで、予期せぬ事態が発生した時も落ち着いて対処することができます。

生活防衛資金と貯金の違いは、次の点にあります。

●生活防衛資金：万が一の時のためにずっと使わずに取っておくお金
●貯金：将来の目的に向け、必要な金額を貯める行為

貯金は結婚や子どもの教育費、マイホームや車の購入、老後資金の準備など、ある目的に向けてお金を貯める行為です。教育目的であれば学資保険に入る、老後まで使う予定のないお金ならば投資に回すといった柔軟な発想が求められます。

一方、生活防衛資金は万が一の時のために用意しておくお金です。

生活防衛資金で重要なのは「**必要な時にいつでも引き出せること**」なので、銀行の普通預金口座に預けておくのがよいでしょう。

もし可能であれば、毎月の生活費を管理する銀行口座とは別に、生活防衛資金専用の銀行口座を作っておくことをおすすめします。

お金の目的別に銀行口座を分けておくことで、各口座に入っているお金の用途が明確になり、簡単には引き出せなくなるからです。

2 生活費の3ヶ月～2年分が目安

生活防衛資金の必要金額は、毎月の収入や家族構成、共働きかどうかなどの要素によって大きく変わります。

一般的には「**毎月の生活費の3ヶ月～2年分**」が目安とされています。

独身で実家暮らしの場合、生活防衛資金はほとんど必要ないといったケースもあります。

子どもの人数が多く、収入源が1つというケースでは生活防衛資金は多めに確保しておく方がよいでしょう。

最終的には、家族の健康状態や給料の安定性、毎月の平均的な支出などを考慮して生活防衛資金の金額を決めるしかありません。

家族全体に関わるお金なので、配偶者がいる場合はパートナーともよく相談した方がよいでしょう。

● 生活防衛資金の目安

世帯人数	目安	生活防衛資金の目安
1人暮らし（独身）	生活費の3ヶ月分程度	約45万円程度（16万円×3カ月） ※16万円＝平均消費支出
2人暮らし（夫婦）	生活費の6ヶ月分程度	約168万円程度（28万円×6カ月） ※28万円＝平均消費支出
子供のいる家庭（3人暮らし以上）	生活費の1年分程度	約336万円程度（28万円×12カ月） ※28万円＝平均消費支出

平均消費支出は2022年 総務省統計局調べ

3 生活防衛資金を貯めるコツ

生活防衛資金は万が一の時の備えなので、**最優先で貯める必要**があります。そこで、生活防衛資金を効率よく貯めるコツをお伝えします。

給与から天引きして先取り貯金

生活防衛資金を貯めるため、毎月の給料からあらかじめ貯蓄額を差し引いて、残った金額の範囲内で生活するようにしましょう。

毎月の手取り収入の10%～20%を目安にするとよいでしょう。

先取り貯金を成功させるためには、給料が振り込まれる口座とは別に、生活防衛資金用の口座を作っておくことが大切です。そして、給料が振り込まれた日に自動的に生活防衛資金用の口座にお金が振り込まれるように設定しておくとよいでしょう。

ボーナスの一部を生活防衛資金に回す

ボーナスは一回の金額が大きいうえ、毎月の給料と異なり支給されなくても生活には支障がでないお金です。ボーナスを使って旅行を計画したり贅沢したくなる気持ちも分かりますが、**ボーナスの一部は貯蓄に回す**のがおすすめです。

目安として、ボーナスの半分を楽しみに使い、残りを生活防衛資金に回すとよいでしょう。

固定費の見直し

生活防衛資金を効率よく貯めるには、支出の見直しが重要です。
毎月の支出は「固定費」と「変動費」に大別されます。

●固定費：毎月一定額で発生する支出
⬇家賃、住宅ローンの返済費用、保険料、スマホなどの通信費、水道光熱費、サブスクリプションサービスなど。

●変動費：毎月変動する支出
⬇食費、日用品費、交際費、服飾費、レジャー費など。

このうち、金額が大きく、毎月必ず支払わなければならない「固定費」を見直すと節約効果が高くなります。
具体的には、次のような項目の料金を見直してみましょう。

- **賃貸の場合、引っ越しを含めた賃料の見直し**
- **保険の加入内容、保険料の見直し**
- **スマホの通信会社、加入プランの見直し**
- **動画配信などサブスクリプションの見直し**

03 預貯金と株式インデックス投資の割合は？

1 リスク許容度を考えよう

預貯金（無リスク資産）と株式インデックス投資（リスク資産）の保有割合はどう決めればよいのでしょうか。

預貯金の割合が大きいほどリスクの低いポートフォリオになりますが、株式比率が低いため期待リターンが低くなってしまいます。

逆に、株式インデックスファンドの割合が大きいほどリスクが高いポートフォリオになり、暴落時の損失が大きくなります。

このバランスを見て資産配分を決定する必要があります。

そこで重要になるのが「リスク許容度」という考え方です。

リスク許容度とは、最大でどのくらいの損失まで受け入れられるか

インデックスの投資信託と残りの現金をどの割合にすべきでしょうか？
年齢などのリスク許容度で決めてみましょう！

という度合いのことです。

リスク許容度が高い方は株式比率を高めて高リターンを狙い、リスク許容度が低い方は預貯金の比率を高めて防御を固めるのがおすすめです。

一般的には、**若い人、独身の人、収入や資産額が大きい人はリスク許容度が高くなります。**

年齢が若いほど長期運用が可能となりリターンが安定しますし、収入や資産額が大きければ、多少の損失が出ても自分の給料や貯金からカバーすることが可能だからです。

また、独身で実家暮らしの人であれば、毎月の支出が抑えられ、出産や育児など大きなライフイベントが発生しないため、よりリスクをとった投資が可能になります。

● リスク許容度に影響する要因

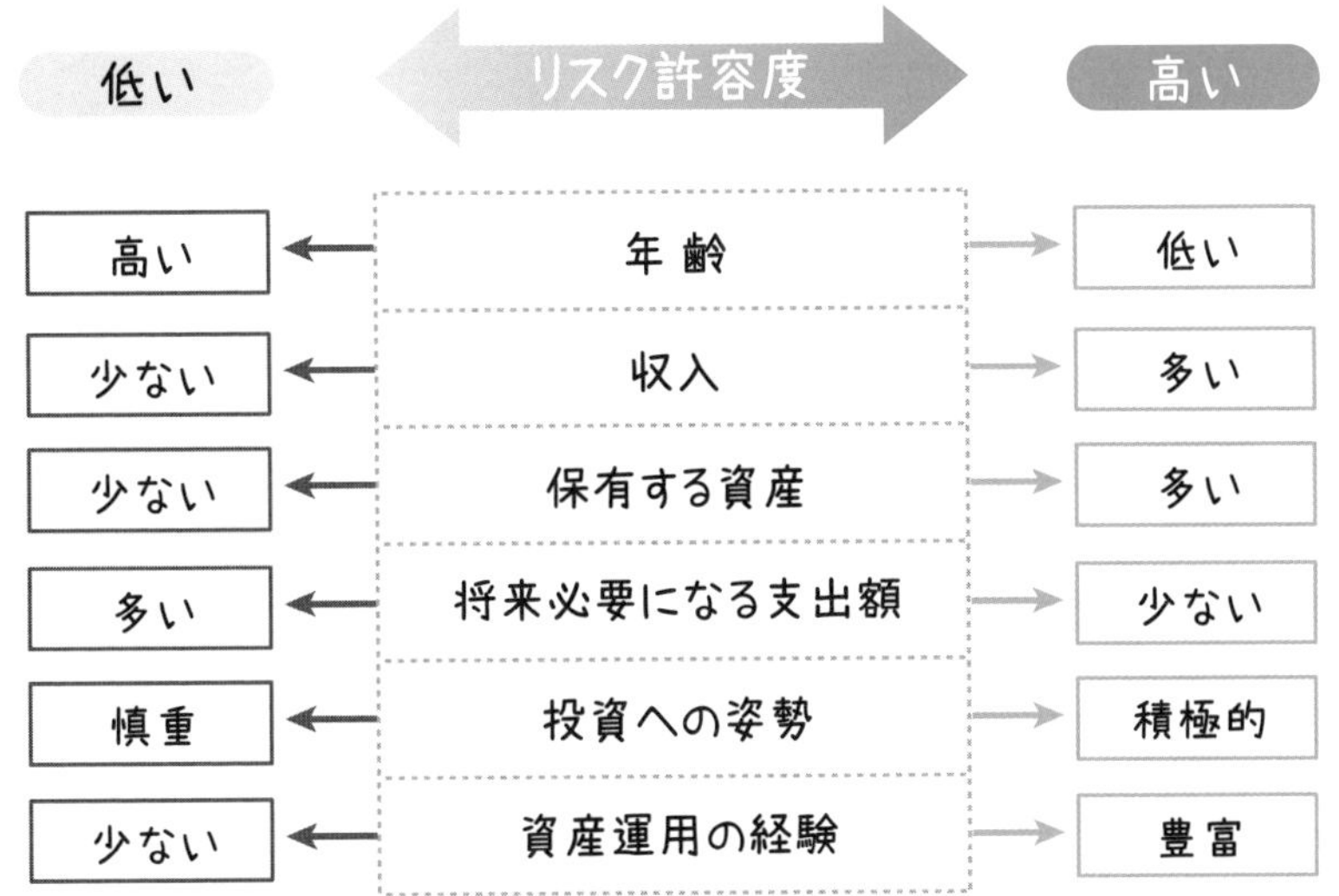

2 インデックスファンドでも暴落は避けられない

インデックスファンドを使えば世界中の銘柄に分散投資ができますが、それでもリーマンショックやコロナショックのような**世界規模の大暴落は避けられません。**

インデックスファンドによって全世界市場に幅広く分散投資をすれば、倒産や上場廃止などの個別株リスクは抑えられます。

しかし、**株式市場には上下動を繰り返しながら長期的に成長していくという性質**があり、市場全体の上下動すなわち市場リスクだけは避けられません。

1つ1つの個別銘柄の下落幅などの動向は予測困難ですが、市場リスクであれば、過去の大暴落時に日経平均やS&P500などの株価指数がどの程度下がったかを参考にすることができます（左ページ図）。

1929年の世界大恐慌ではマイナス83％という下落率を示していますが、世界情勢や金融情勢が今と大きく異なるためあまり参考になりません。

参考にしたいのは、2000年以後のITバブル崩壊、世界金融危機（リーマンショック）、コロナショックの3つで、それぞれマイナス45％、マイナス50％、マイナス20％という下落率を記録しています。

次ページの図からは次のことが読み取れます。

- インデックスファンドでも最大で50％程度の損失が発生しうること
- 暴落時に売らずに保有し続ければ、株価は必ず回復してきたこと

実際には、日本人が外国株に投資する場合、株価だけでなく円高・円安といった為替レートの影響も考慮する必要がありますが、おおまかには「最大で50％の損失」という理解でよいでしょう。

3 預貯金50：インデックス50が基本

これまでのデータから、株式インデックスファンドに投資する場合、最大で50％程度の暴落を想定すればよいことが分かりました。

これをもとに、自分の資産や生活状況からリスク許容度を考え、預貯金とインデックスファンド

●過去の主な大暴落時の最大下落幅

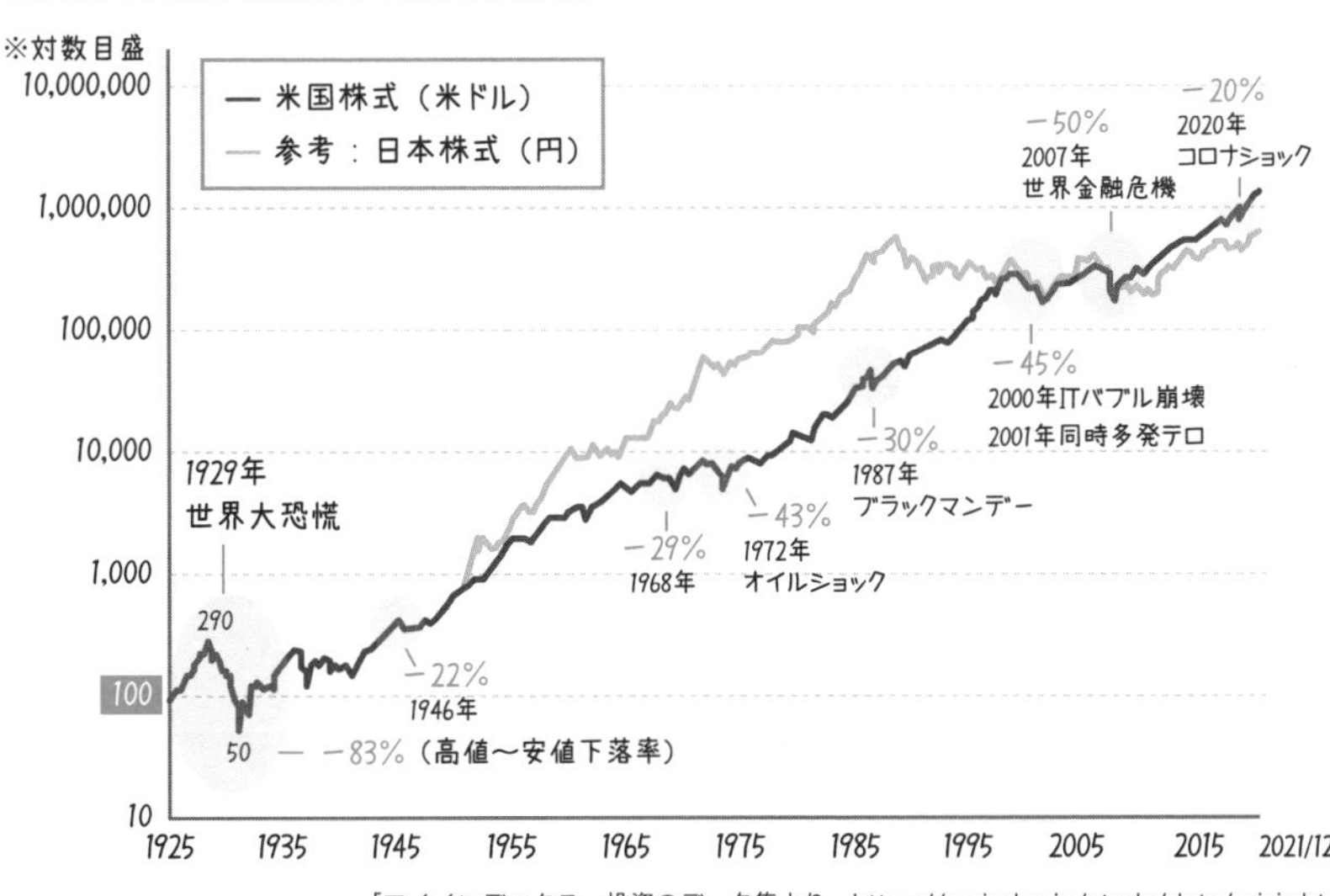

「マイインデックス」投資のデータ集より https://myindex.jp/study/data/crisis.html

の割合を決めていくことになります。

これまで投資経験がゼロの人は、「預貯金が100%」という状態になっているはずです。この状態からインデックスファンド（リスク資産）の比率を上げていきましょう。

最初の目標として、私は「**預貯金：インデックスファンド＝50：50**」をおすすめしています。預貯金とインデックスファンドをバランスよく保有することで、暴落局面では預貯金がクッション役を果たし、株価が上昇する局面ではインデックスファンドがエンジン役を果たしてくれます。

どのような景気サイクルが来ても柔軟に対応できるのが大きなメリットです。

4 株式比率は100－年齢（%）を目安に

投資初心者の方は、「預貯金50：インデックスファンド50」という基本形でしばらく投資を続けてみましょう。はじめのうちは、日々の株価の変動によってインデックスファンドの価格がかなり動くことに慣れないかもしれません。

実際に投資を始めてみて、「もう少しリスクをとっても問題なさそうだ」と感じた人は、少しずつ株式インデックスファンドの比率を上げていきましょう。

77ページで紹介したとおり、20年～30年と長期保有する場合、株式が最高の投資先であり、現金はインフレに対応できず価値がどんどん下がってしまいます。

投資を20年〜30年と長く続けていくのであれば、預貯金ではなく株式インデックスファンドの比率を高めたほうが合理的です。

株式比率の決め方には次の有名な考え方があります。

株式比率＝（100－年齢）％

この法則に基づくと、30歳の人ならば預貯金を30％、株式インデックスファンドを70％の割合で保有することになります。

一般的に加齢とともにリスク許容度は下がりますが、この法則に従えば年齢が上がるにつれて株式の比率が下がることになりますので、自分が高齢になった時にはリスクの低い資産配分となり、理にかなっています。

5 投資対象は全世界株式インデックス一本

株式インデックスファンドといっても、日経平均、TOPIX、NYダウやS&P500など、投資対象となる指数は数多く存在します。

その中でどの指数を選ぶかですが、**基本的にすべて全世界株式インデックスファンド**でよいと思います。

その理由は次のようになります。

- **インデックス投資では、広く分散投資するほど個別株リスクやカントリーリスクを下げることができる**
- **特定の国や地域の成長を予測することより、世界市場全体の成長に賭けたほうが実現可能性が高い**

現時点でもっともおすすめできる全世界株インデックスファンドは、**eMAXIS Slim全世界株式（オール・カントリー）（通称オルカン）**です。

もっともシンプルな資産形成法は、預貯金とオルカンの保有割合を各家庭の資産状況やリスク許容度に合わせて決めるだけです。

インデックス投資は短期的には全然儲からないので、もっと魅力的な投資先を探して失敗してしまう方も多く見かけます。

インデックス投資を正しく理解し、より高いリターンを狙うのであれば、オルカン以外の投資先を探すのではなく、預貯金の比率を下げてオルカンの比率を上げるのが正しい方法だと分かるはずです。

5時限目

投資信託・ETFを実際に買ってみよう

それでは、実際に
投資信託やETFを
購入する手順を画面
付きで解説しましょう！

01 取引口座はどの金融機関がいいですか？

1 銀行と証券会社、どこで買ったらいいですか？

投資信託やＥＴＦは、銀行や証券会社で取引口座をつくってから、Ｗｅｂサイトやスマホアプリ、店舗などで購入することができます。これから投資を始める方は、どこの金融機関に口座を開設すべきでしょうか。

銀行と証券会社はどこが違う？

銀行と証券会社の違いから見ていきましょう。

銀行の主な業務（固有業務）は「預金」「貸出」「為替」の３つと決められています。

投資信託など金融商品の販売は「固有業務の遂行を妨げない限度において」のみ行うことができます。銀行では投資信託や外貨預金など比較的低リスクな商品だけを取り扱っており、ETFや株式には投資できません。

証券会社の固有業務は「有価証券の売買仲介」です。

私たち投資家と、お金を集めたい国や企業の仲介をするのが本業であり、取引が増えれば増えるほど証券会社に入る手数料収入が増えるのです。

証券会社は魅力的な金融商品をたくさん用意し、取引を増やすことを常に目指しています。

広く投資するなら証券会社を選ぶ！

投資信託だけでなく、日本株、米国株、国内ETF、米国ETFなどに広く投資するのであれば、銀行ではなく証券会社に口座を開設する必要があります。

● 銀行と証券会社の違い

	店頭証券	ネット証券	銀行・信用金庫
金融商品の種類・数	◎ 投資信託・株	◎ 投資信託・株	△ 投資信託のみ
注文手段	◎ 窓口・電話・オンライン	○ オンライン	○ 窓口・電話
株の売買手数料	△ 高い	◎ 安い	× 株は購入不可
特徴	相談できるプロが対応	初心者向けに情報が豊富	店舗対応で相談できる

資産が安全に保護されるのは証券会社です！

銀行にお金を預けるのは安心だけれど、証券会社にお金を入れるのはなんとなく怖いといったイメージがあるかもしれません。

証券会社には会社のお金と投資家のお金を分けて管理（分別管理）することが義務付けられており、仮に**証券会社が倒産した場合も私たち個人投資家の資産は守られます。**

一方、**銀行の預金保護制度では保護の範囲が１０００万円まで**と決められています。銀行が破綻した場合、１０００万円を超える部分は失われる可能性があり、資産保護の観点で安全性が高いのは証券会社なのです。

2 証券会社ならネット証券で取引しよう！

証券会社には、店舗で対人で取引を行なう「店頭証券」とスマホやパソコンで取引ができる「ネット証券」があります。

店頭証券は、

- 窓口で投資や資産運用の相談ができる
- 口座開設や商品の売買などの手続きを担当者に任せることができる

などのメリットがありますが、その代わりに**手数料がかなり高くなる**点に注意が必要です。

普段スマホを使いこなしている方であれば、商品ラインナップや手数料の安さなどを考慮すると、銀行や店頭証券ではなく**「ネット証券」がもっともおすすめ**です。

ネット証券を利用するメリットとして、

- **スマホで自分の好きなタイミングで取引ができる**
- **購入できる金融商品の種類や数が多い**
- **銀行や店頭証券と比較して手数料がかなり安い**

といった点が挙げられます。

ネット証券では口座開設や商品売買などの手続きをすべて自分でやる必要がありますが、その分コストが抑えられています。

手続き自体は決して難しいものではなく、はじめに少し勉強すれば誰にでも実践できますので、これから投資を始める人はぜひネット証券に挑戦してください。

● 店頭証券とネット証券の違い

	ネット証券	店頭証券
店舗	なし	あり（担当営業がつく）
取引手数料	安い	高い
投資信託	扱い本数 多い	扱い本数 限定的
外国株	扱い多い	会社によって異なる
証券会社	楽天証券、SBI証券 マネックス証券、松井証券 auカブコム証券	野村証券、大和証券 みずほ証券、SMBC日興証券 ゴールドマン・サックス証券

ネット証券では、ＳＢＩ証券、楽天証券、マネックス証券の３社が大手で、商品ラインナップや顧客サービスの充実度で常に競争しています。

この３社であれば、主要な投資信託、国内外のＥＴＦや個別株の全てに安価な手数料で投資することができるので間違いありません。

3 証券口座の開設を申し込もう

口座開設の手続きは、証券会社に足を運ばなくても、申し込みから本人確認書類の提出まで、すべてスマホを使って**オンラインで完結**できる会社が増えてきています。

運転免許証または**マイナンバーカード**があれば、**スマートフォンで撮影してアップロードして郵送手続きなしに手続きを完了**できます。

証券会社で審査が完了すれば、ログインＩＤがメールで送付されてきます。

● ネット証券の口座開設の流れ

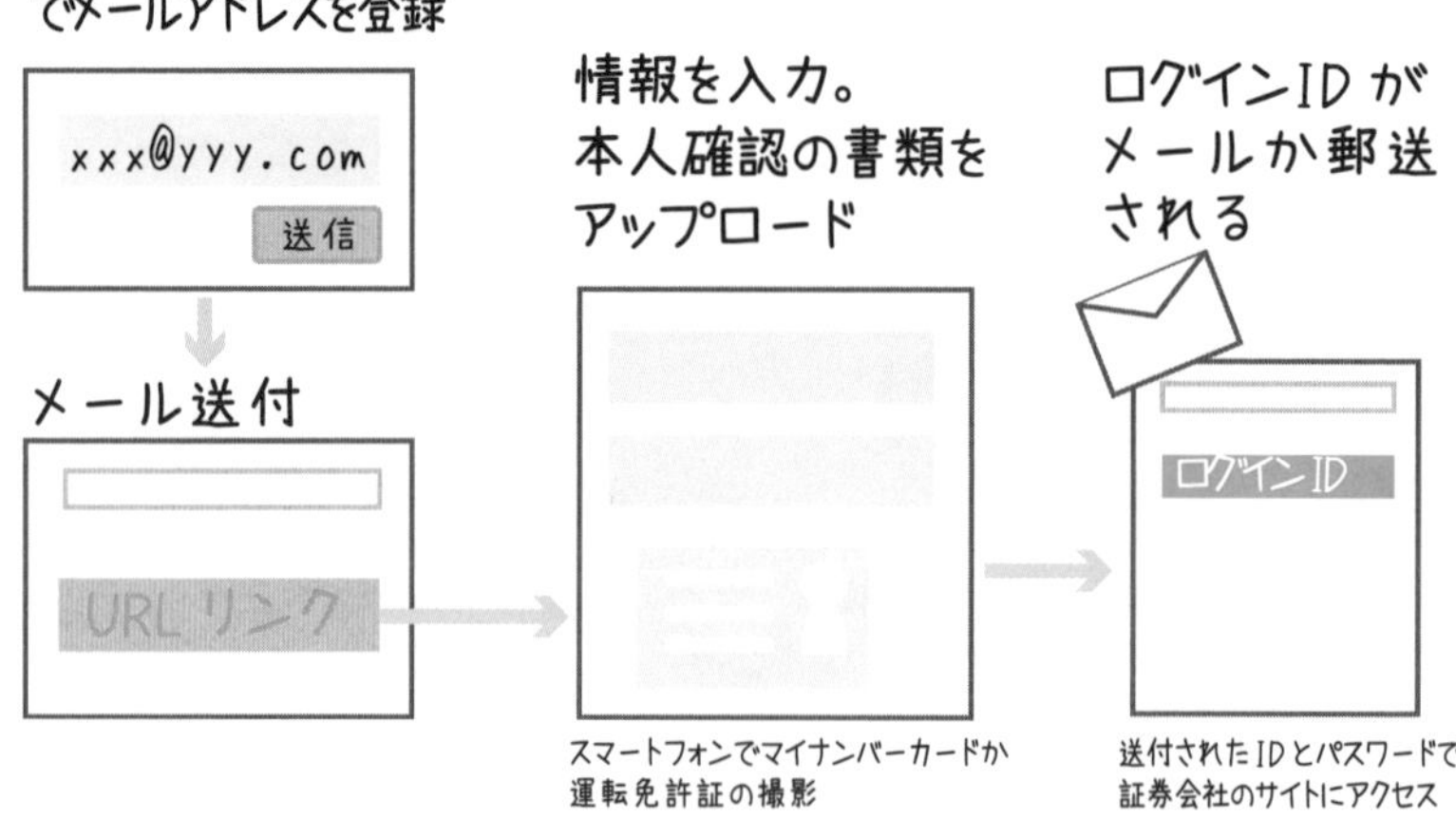

もちろん、従来の書類郵送による口座開設手続きも可能です。

準備ができたらログインIDと設定したパスワードで証券会社の取引サイトにアクセスしてみてください。

4 特定口座と一般口座の違い

証券口座を開設する際には、**特定口座**か**一般口座**の2種類から開設する**口座の種類を選択**する必要があります。

投資初心者は特定口座を選びましょう！

特定口座と一般口座の違いは、**年間取引報告書を証券会社が作ってくれるか否か**です。

年間取引報告書というのは、ある年に行った株や投資信託等の取引をまとめた書類のことで、確定申告の時に添付する必要があります。

特定口座を選ぶと**年間取引報告書を証券会社が作成**してくれますが、**一般口座の場合は自分で作成**しなければ

● **証券口座の種類**

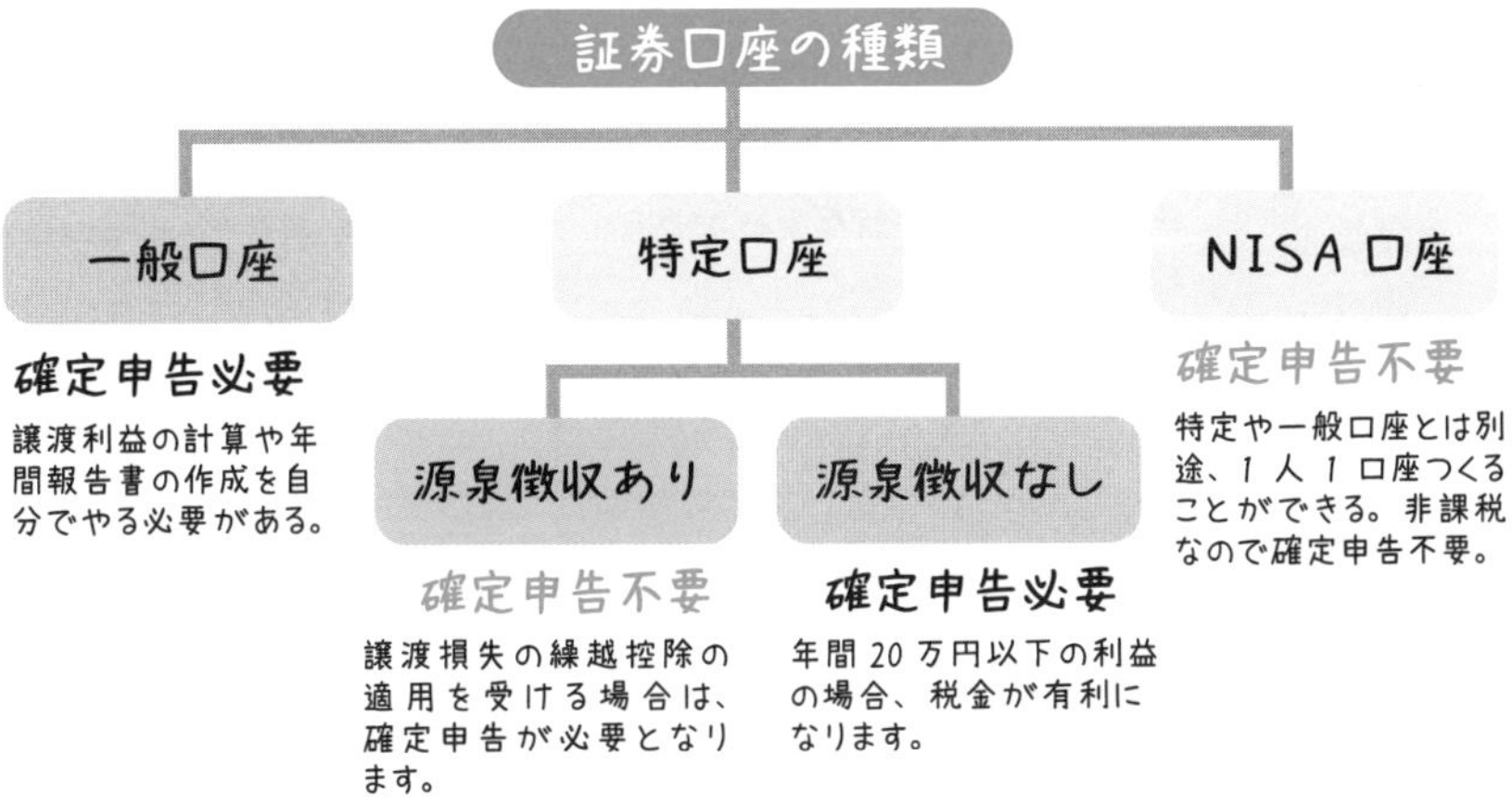

なりません。

投資初心者の方には手間がかからない特定口座がおすすめです。

なお、楽天証券のように証券会社によっては、口座開設の申込み時に両方が作成され、注文時に口座を選ぶ形式をとる会社もあります。

源泉徴収「あり」と「なし」はどう違う？

特定口座を選んだ場合は、**源泉徴収ありと源泉徴収なし**のどちらかを選ぶ必要があります。

「源泉徴収なし」を選択した場合は、証券会社が作成した年間取引報告書の内容をもとに、**確定申告時に自分で申請する**必要があります。

「源泉徴収あり」を選択した場合は、確定申告をする必要はありません。

利益確定時の税金（約20％）を証券会社が源泉徴収し、税金を差し引いた金額だけが投資家の口座に入金されるからです。５万円の利益が出た場合、源泉徴収ありの特

● 特定口座の源泉徴収あり・なしの違い

	メリット	デメリット
源泉徴収あり	・確定申告が不要です。 ・年間取引報告書を証券会社が作成し確定申告で使えます。 ・配偶者控除などの適用に影響がありません。	・確定申告が必要ない場合でも源泉徴収されてしまいます。
源泉徴収なし	・年間20万円以下の利益の場合は原則として確定申告が不要です（住民税は要申告）。 ・年間取引報告書を証券会社が作成し確定申告で使えます。	・年間20万円以上の利益が出た場合は確定申告が必要です。 ・確定申告をした場合は、扶養控除などの適用に影響があります。

定口座では、税金の1万円が差し引かれた利益4万円だけが入金されます。

一般口座や源泉徴収なしの特定口座の場合、いったん5万円の利益すべてが振り込まれ、後ほど確定申告時に1万円を納めることになります。

これらの理由から、初心者の方には確定申告の手間がかからない**「特定口座・源泉徴収あり」がもっともおすすめ**です。

確定申告をしたほうがいい場合とは？

確定申告は手間ですが、あえて確定申告をした方が有利になるケースもあります。

それは、**株式投資で損失が出ているケース**です。

損失の場合は税金がかからないため、本来確定申告の必要はありません。

しかし、**株式投資の損失は3年間にわたって繰り越すことができる**ため、翌年以降の利益と相殺して税金を減らすことができます（182ページ参照）。

よって、損失が出ている場合は翌年以降の税金を減らすために確定申告した方が有利です。

また、年収2000万円以下のサラリーマンで、**株式投資など給与所得以外の所得が20万円以下の場合**、その分の納税は不要とされています。

しかし、源泉徴収ありの特定口座では、利益確定時に自動的に税金が差し引かれてしまい、確定申告をしても支払った税金は戻ってきません。

よって、**利益の少ない少額投資家にとっては源泉徴収なしの特定口座を選んだ方が有利**になるケースがあります。

5 NISA、iDeCoは専用の口座開設手続きが必要

NISAやiDeCoといった非課税制度を利用するためには、**専用の口座開設手続きが必要**です。

総合口座が開設済みの方は、NISA口座を追加で開設することができます。

また、総合口座とNISA口座を同時に開設するサービスも広く普及していますので、NISA口座を開設する金融機関を決めている人はぜひ利用しましょう。

総合口座は複数の証券会社に開設して併用できますが、**NISAやiDeCoは1人1口座しか保有できない**ことに注意が必要です。

他の会社に口座を移し替えるには所定の変更手続きが必要になり、書類審査に日数がかかりますので、日にちに余裕を持って手続きしましょう。

また、NISAの口座移管は無料のことが多いですが、iDeCoの口座移管に関しては移管手数料がかかる会社が多いです。

楽天証券、SBI証券、マネックス証券の場合、iDeCoの口座移管料は4400円かかります。

02 投資信託を購入してみよう

証券会社に総合口座の開設が完了したら、実際に投資信託やＥＴＦを購入してみましょう。

本書を読みながら実際に手を動かしていただいた方が早く理解できると思います。

まずは、ＥＴＦより注文方法が簡単な**投資信託の買付方法**から解説します。

1 投資信託を検索して選んでみよう

ここからは、楽天証券の取引画面を見ながら投資信託の注文方法を解説します。

楽天証券の**総合口座にログイン**し、画面上部の**「投資信託」ボタンをクリック**すると、**「投資信託トップ」画面**が表示されます。

● 楽天証券のホーム画面

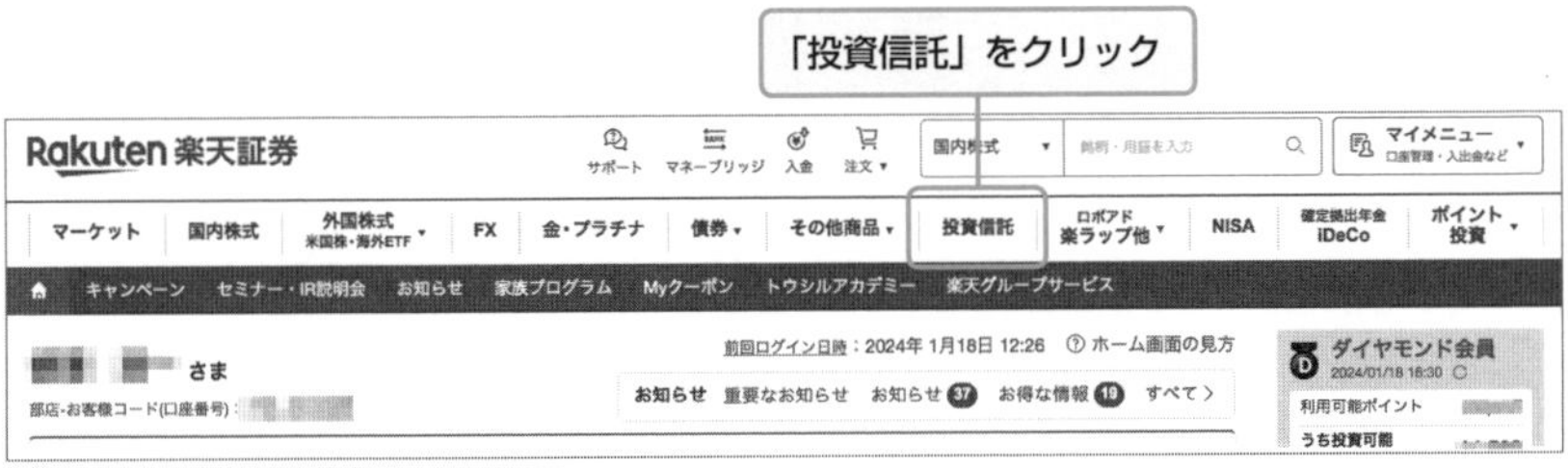
「投資信託」をクリック
Rakuten 楽天証券
サポート
マネーブリッジ
入金
注文
国内株式
マイメニュー
口座管理・入出金など
マーケット
国内株式
外国株式
米国株・海外ETF
FX
金・プラチナ
債券
その他商品
投資信託
ロボアド
楽ラップ他
NISA
確定拠出年金
iDeCo
ポイント
投資
キャンペーン
セミナー・IR説明会
お知らせ
家族プログラム
Myクーポン
トウシルアカデミー
楽天グループサービス
さま
部店・お客様コード(口座番号)：
前回ログイン日時：2024年 1月18日 12:26
ホーム画面の見方
お知らせ
重要なお知らせ
お知らせ 37
お得な情報 19
すべて
ダイヤモンド会員
2024/01/18 18:30
利用可能ポイント
うち投資可能

購入方法（スポット購入）を選ぶ

投資信託は「スポット購入」と「積立注文」のいずれかの方法で注文します。

- **スポット購入：自分が好きなタイミングで、好きな金額の投資信託を一括購入する方法**
- **積立注文：毎月決まった日に、決まった金額で投資信託を自動的に買い付ける方法**

今回は「スポット購入」のボタンを押して次に進みます。

投資信託を検索する

次に、「ファンド名」を検索する画面が表示されます。

自分が買いたい投資信託がすでに決まっている場合、**「ファンド名」のところに商品名を入力して検索**しましょう。

今回は「eMAXISSlim」と入力し「検索」ボタンをクリックします。

● 投資信託のトップ画面（楽天証券）

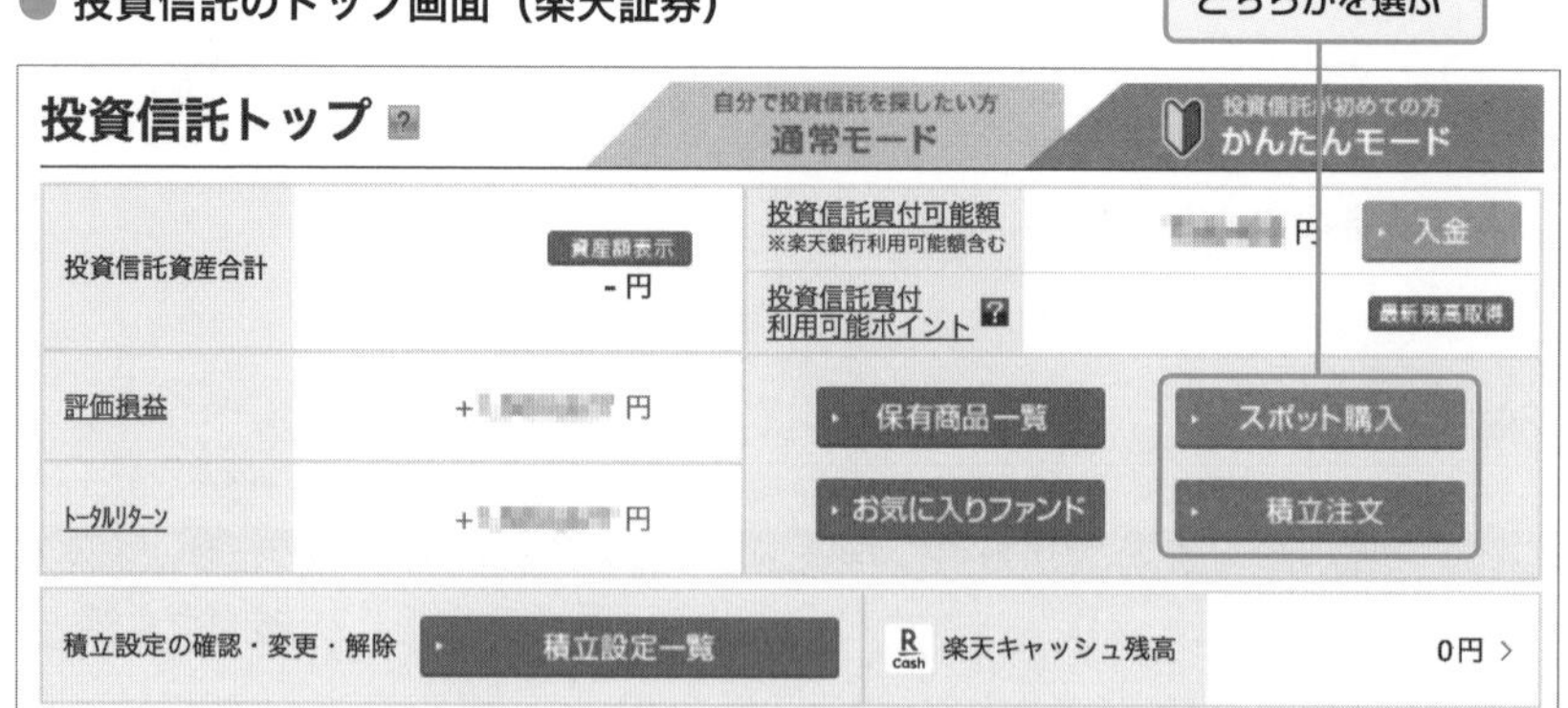

買いたい投資信託を選ぶ

次の画面で、eMAXIS Slimシリーズの**投資信託一覧が表示**されます。

この中から自分の好きな商品を選択すると、ファンド情報を見たり注文画面へ進むことができます。

今回は、「eMAXIS Slim全世界株式（オール・カントリー）」をクリックし注文画面へ進んでみます。

商品名をクリックすると、商品のページが表示されます。

商品ページには、**基準価額、純資産額、分配金、買付手数料、管理費用などが表示**されています。

注文画面で購入する

「**購入**」を選ぶと単発のスポット購入ができ、「**積立設定**」を選ぶと積立注文をすることが可能です。

● 投資信託の検索画面（楽天証券）

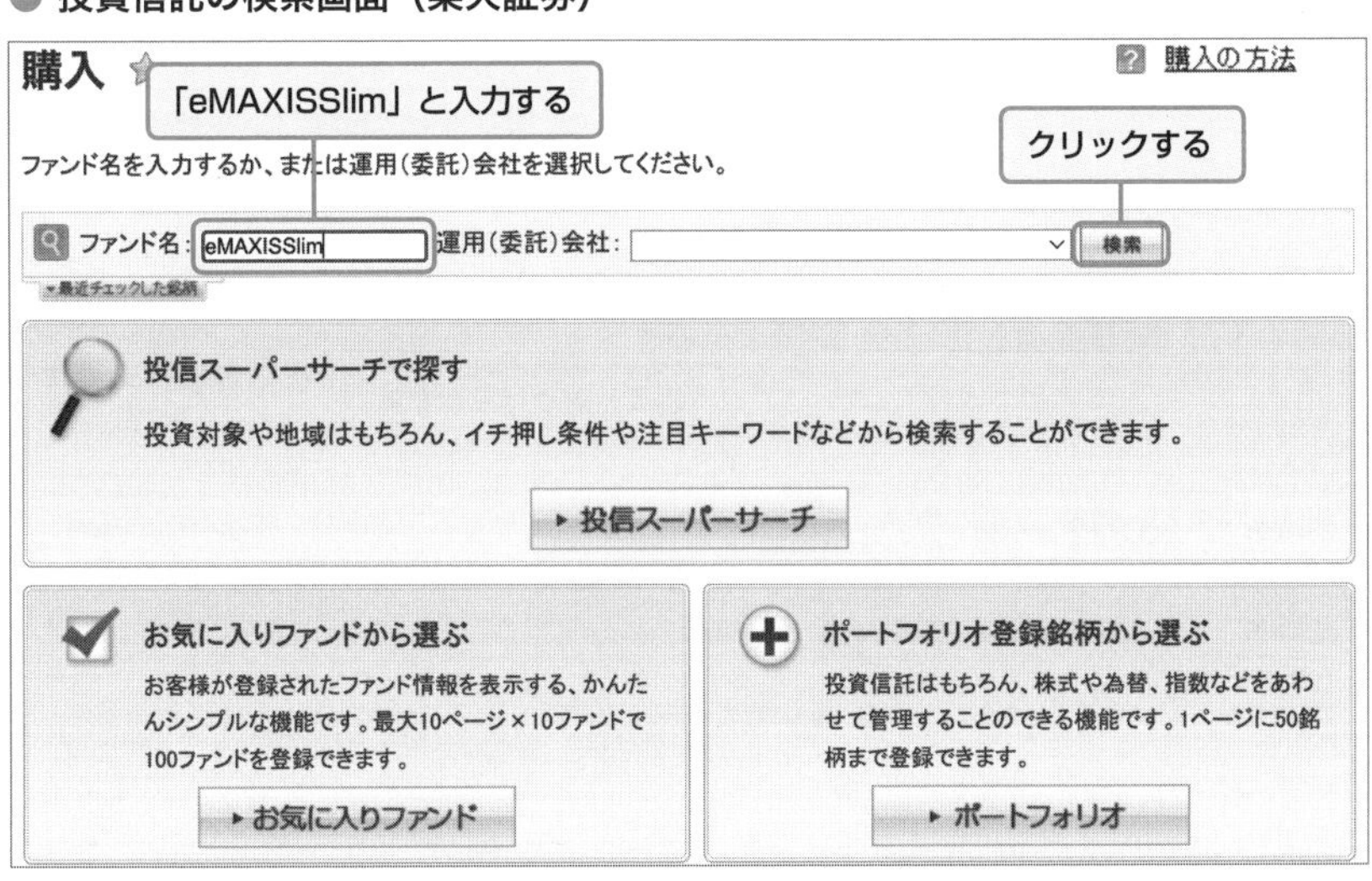

● eMAXIS Slimシリーズの投資信託が表示される

ファンド名を入力するか、または運用(委託)会社を選択してください。

ファンド名：eMAXISSlim　運用(委託)会社：　検索

商品名をクリックする

13件中

注文	ファンド名(愛称) 運用(委託)会社	基準価額[円]	目論見書 閲覧	目論見書 最終閲覧日	ファンドスコア(3年)	登録
買い	eMAXISSlim先進国株式インデックス 三菱UFJアセットマネジメント	25,271	閲覧	未閲覧 –	★ 5/5	✓
買い	eMAXISSlim全世界株式(除く日本) 三菱UFJアセットマネジメント	21,147	閲覧	未閲覧 –	★ 5/5	✓
買い	eMAXISSlim全世界株式(オール・カントリー) 三菱UFJアセットマネジメント	20,972	閲覧	未閲覧 –	★ 5/5	✓
買い	eMAXISSlim国内株式(TOPIX) 三菱UFJアセットマネジメント	18,021	閲覧	未閲覧 –	★ 5/5	✓
買い	eMAXISSlim米国株式(S&P500) 三菱UFJアセットマネジメント	24,342	閲覧	閲覧済 2023/12/19	★ 5/5	✓
買い	eMAXISSlim先進国リートインデックス 三菱UFJアセットマネジメント	13,534	閲覧	未閲覧 –	★ 5/5	✓
買い	eMAXISSlim国内リートインデックス 三菱UFJアセットマネジメント	9,493	閲覧	未閲覧 –	★ 4/5	✓
買い	eMAXISSlim先進国債券インデックス 三菱UFJアセットマネジメント	12,999	閲覧	未閲覧 –	★ 4/5	✓
買い	eMAXISSlim全世界株式(3地域均等型) 三菱UFJアセットマネジメント	17,144	閲覧	未閲覧 –	★ 3/5	✓
買い	eMAXISSlimバランス(8資産均等型) 三菱UFJアセットマネジメント	15,272	閲覧	未閲覧 –	★ 3/5	✓
買い	eMAXISSlim新興国株式インデックス 三菱UFJアセットマネジメント	13,932	閲覧	未閲覧 –	★ 3/5	✓
買い	eMAXISSlim国内債券インデックス 三菱UFJアセットマネジメント	9,676	閲覧	未閲覧 –	★ 3/5	✓
買い	eMAXISSlim国内株式(日経平均) 三菱UFJアセットマネジメント	15,865	閲覧	未閲覧 –	★ 2/5	✓

● 投資信託の商品ページ

2 買う前に「目論見書（もくろみしょ）」をチェックしよう

投資信託を購入する前に、自分が投資する商品の内容やコスト、これまでの運用状況を必ずチェックすべきです。

投資信託の概要については目論見書にまとまっています。

投資信託の商品ページの下部の「詳細・目論見書」タブには、基準価額の推移、ランキングなどが掲載され、その下に「**目論見書**」のリンクがあります。

ここをクリックすると過去の目論見書のリストがあるので、**最新版をクリック**して開き、目を通しておきましょう。

● 目論見書へのアクセス方法

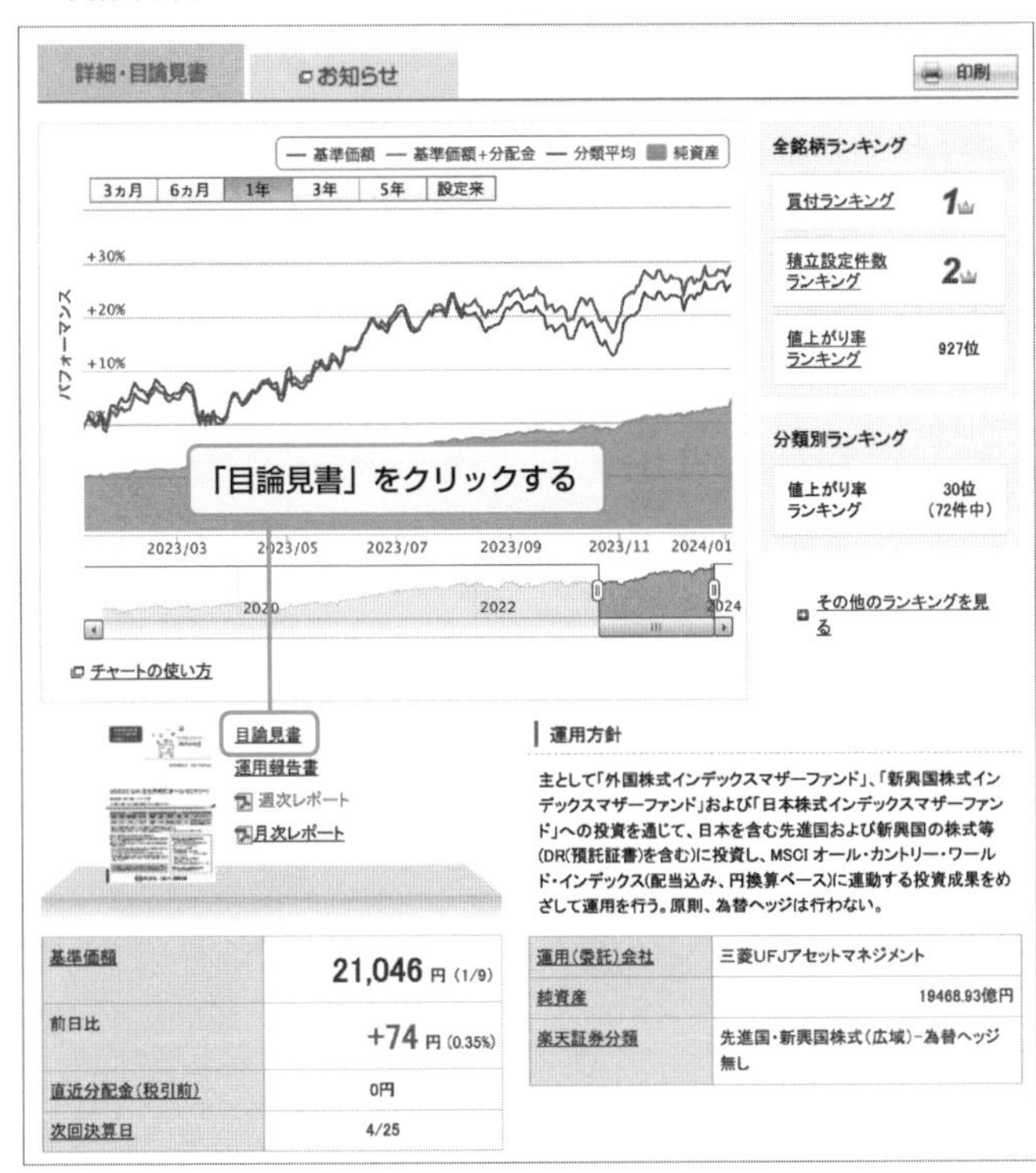

投資で失敗しないためには、自分が投資する商品のことを理解しておくことが重要です。特に、**ファンドの特色、投資リスク、運用実績、手数料**の項目は購入前に必ずチェックしましょう。

● eMAXIS Slim 全世界株式 (オール・カントリー) の目論見書

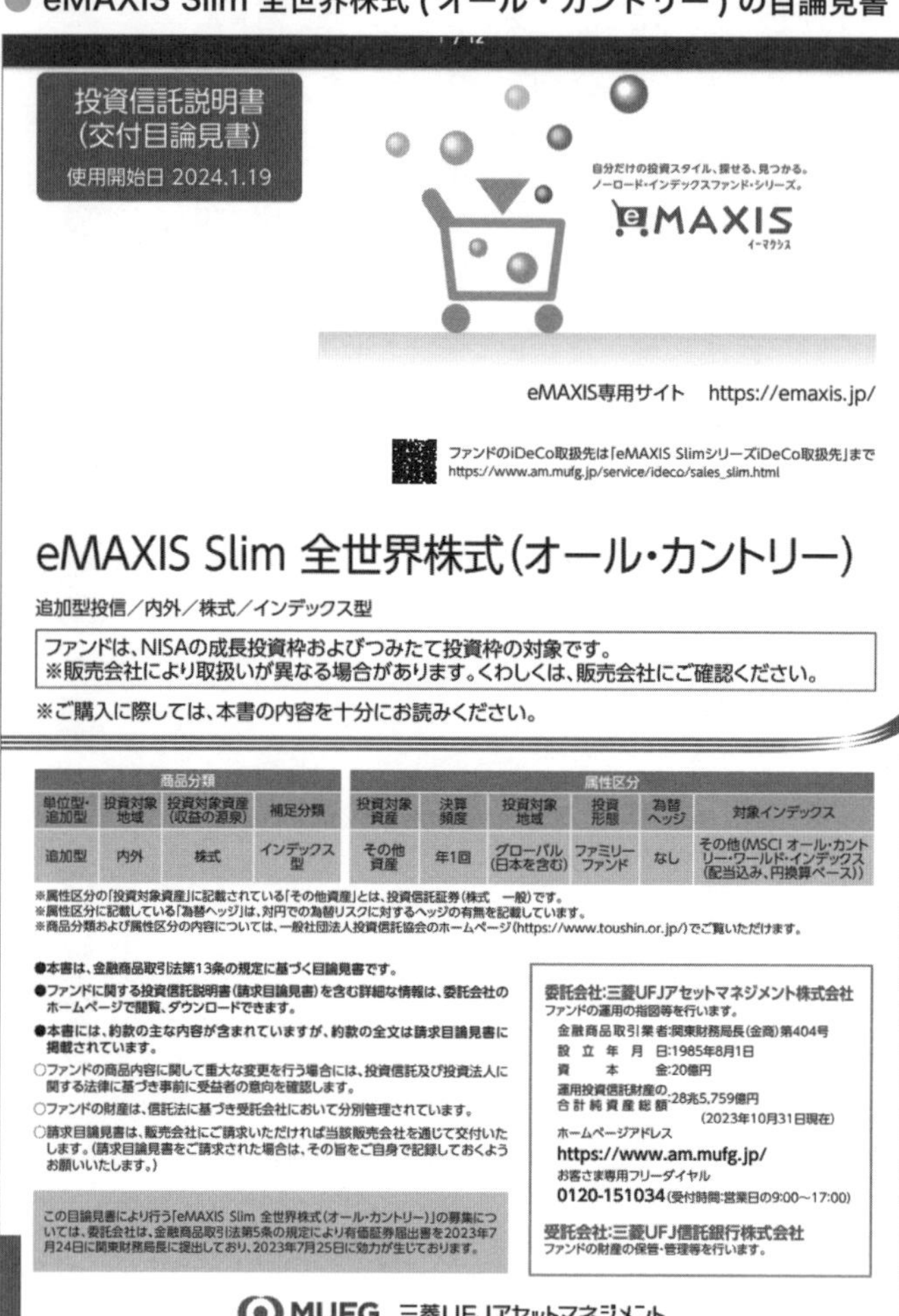

1 / 12

投資信託説明書
(交付目論見書)
使用開始日 2024.1.19

eMAXIS専用サイト　https://emaxis.jp/

ファンドのiDeCo取扱先は「eMAXIS SlimシリーズiDeCo取扱先」まで
https://www.am.mufg.jp/service/ideco/sales_slim.html

eMAXIS Slim 全世界株式(オール・カントリー)

追加型投信／内外／株式／インデックス型

ファンドは、NISAの成長投資枠およびつみたて投資枠の対象です。
※販売会社により取扱いが異なる場合があります。くわしくは、販売会社にご確認ください。

※ご購入に際しては、本書の内容を十分にお読みください。

商品分類				属性区分					
単位型・追加型	投資対象地域	投資対象資産(収益の源泉)	補足分類	投資対象資産	決算頻度	投資対象地域	投資形態	為替ヘッジ	対象インデックス
追加型	内外	株式	インデックス型	その他資産	年1回	グローバル(日本を含む)	ファミリーファンド	なし	その他(MSCI オール・カントリー・ワールド・インデックス(配当込み、円換算ベース))

※属性区分の「投資対象資産」に記載されている「その他資産」とは、投資信託証券(株式　一般)です。
※属性区分に記載している「為替ヘッジ」は、対円での為替リスクに対するヘッジの有無を記載しています。
※商品分類および属性区分の内容については、一般社団法人投資信託協会のホームページ(https://www.toushin.or.jp/)でご覧いただけます。

●本書は、金融商品取引法第13条の規定に基づく目論見書です。
●ファンドに関する投資信託説明書(請求目論見書)を含む詳細な情報は、委託会社のホームページで閲覧、ダウンロードできます。
●本書には、約款の主な内容が含まれていますが、約款の全文は請求目論見書に掲載されています。
○ファンドの商品内容に関して重大な変更を行う場合には、投資信託及び投資法人に関する法律に基づき事前に受益者の意向を確認します。
○ファンドの財産は、信託法に基づき受託会社において分別管理されています。
○請求目論見書は、販売会社にご請求いただければ当該販売会社を通じて交付いたします。(請求目論見書をご請求された場合は、その旨をご自身で記録しておくようお願いいたします。)

この目論見書により行う「eMAXIS Slim 全世界株式(オール・カントリー)」の募集については、委託会社は、金融商品取引法第5条の規定により有価証券届出書を2023年7月24日に関東財務局長に提出しており、2023年7月25日に効力が生じております。

委託会社:三菱UFJアセットマネジメント株式会社
ファンドの運用の指図等を行います。
金融商品取引業者:関東財務局長(金商)第404号
設立年月日:1985年8月1日
資本金:20億円
運用投資信託財産の合計純資産総額:28兆5,759億円
(2023年10月31日現在)
ホームページアドレス
https://www.am.mufg.jp/
お客さま専用フリーダイヤル
0120-151034(受付時間:営業日の9:00〜17:00)

受託会社:三菱UFJ信託銀行株式会社
ファンドの財産の保管・管理等を行います。

MUFG 三菱UFJアセットマネジメント

◇MKM-253425-0000-20240119◇

3 投資信託のスポット注文

ここからは投資信託の注文方法について解説します。スポット購入の場合、以下の画面へ移り変わります。

買付金額

ご希望の「**買付金額**」を入力しましょう。

楽天証券の場合、投資信託は**100円以上であれば1円単位で細かく買付金額を決める**ことができます。

ポイント利用の有無

楽天証券の場合、「**楽天ポイントコース**」を事前に設定しておくと、貯めた楽天ポイントを使って投資信託を購入することができます。

楽天市場など楽天系のサービスを頻繁に利用される方は、ぜひポイント連携をしておきましょう。

SBI証券では**Vポイント投資**、マネックス証券では**マネックスポイント投資**という同様のサービスを提供しています。

● **投資信託のスポット購入画面**

買付金額	100 円（申込単位：100円以上1円単位） 買付金額の内訳：概算投資額 100 円 概算手数料 0 円
ポイント利用 ?	利用可能ポイント ： 175 ポイント(円) ポイント利用の注意事項 楽天ポイントコース設定済 R SPU! 当月合計30,000円以上のポイント投資で当月の楽天市場でのお買い物がポイント＋0.5倍！ ご利用には楽天ポイントコースおよびマネーブリッジの設定が必要です。ポイント↑UP 設定状況はこちら 詳しい条件はこちら ○ 一部使う ○ すべて使う ◉ 使わない ポイント(円) ポイント利用： 0 ポイント(円) ※期間限定ポイント及び他ポイントから交換した楽天ポイントは利用できません。
分配金コース ?	◉ 再投資型 ○ 受取型
口座区分	◉ 特定 ○ 一般 ○ NISA
目論見書	☑ 以下の書面に同意し、内容を承諾しましたので、投信通常注文を申込みます。 ・投資信託説明書（交付目論見書）

分配金コース

「再投資型」と「受取型」から選ぶことができます。

ただし、eMAXIS Slim全世界株式（オール・カントリー）の場合、ファンドの成長を優先するため、原則として分配金の支払いを抑制する方針で運用されています。

分配金なしの商品の場合は、「受取型」と「再投資型」のどちらを選んでも変わりません。

口座区分

「特定口座」「一般口座」「NISA口座」の中から口座区分を選びます。

源泉徴収ありの特定口座を開設している場合、必ず「特定口座」を選んでください。

ここでうっかり「一般口座」を選んでしまうと、1年間で売買した利益と損失を自分で計算し、自分で確定申告をするという膨大な手間が発生します。

ＮＩＳＡ口座で取引する場合は「ＮＩＳＡ」を選びましょう。

4 投資信託の積立注文

引落口座を選択する

「積立設定」→「特定口座／一般口座」を選択した場合、楽天証券では引落方法を選ぶ画面が表示されます。

証券口座からの引落しが基本ですが、楽天証券の場合は楽天キャッシュ（電子マネー）決済やクレジットカード決済も選ぶことができます。

楽天証券だけでなく、SBI証券やマネックス証券でも、クレジットカードを使って投信積立をすることでポイント還元が受けられるサービスを提供しています（202ページ参照）。

投信積立をするだけで毎月ポイントがもらえるお得なサービスなので、ぜひ利用しましょう。

積立金額を入力する

次に毎月の**積立金額を入力**します。

「**クレジットカード決済**」を選んだ場合、ここで指定した金額が毎月のクレジットカードの利用額に追加されることになるため注意し

● 投資信託の積立注文画面

● 投資信託の積立注文画面

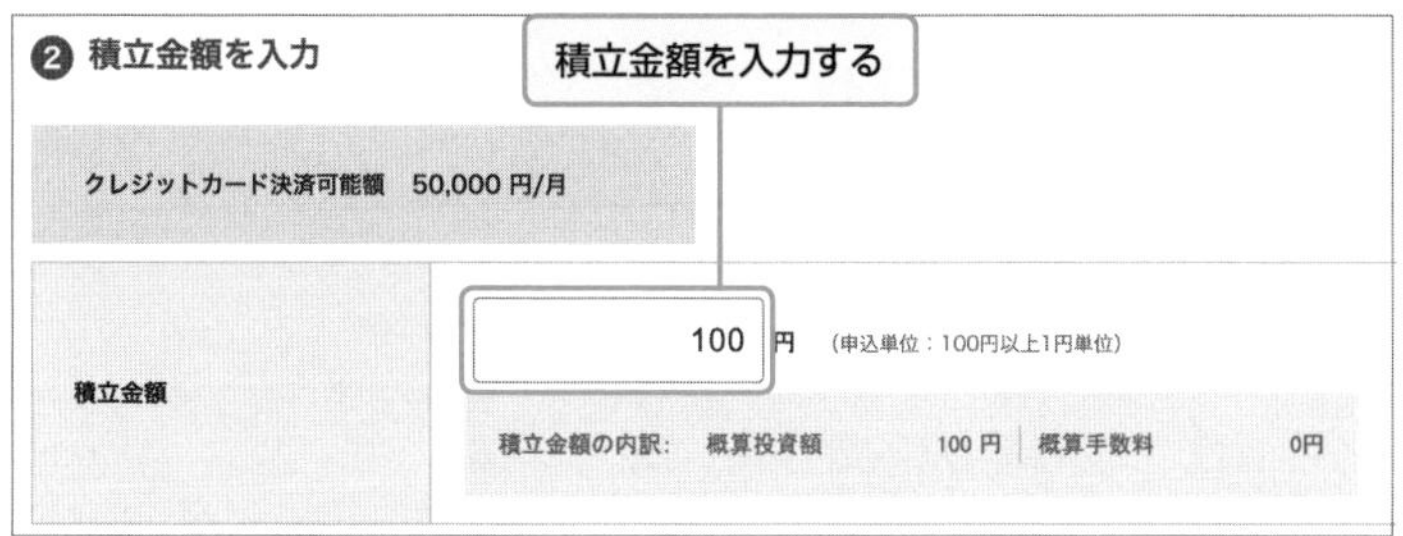

ましょう。

「**証券口座**」を選んだ場合、証券口座内の残高が不足しないように注意してください。

分配金コースや口座区分に関してはスポット注文の時と同じなので割愛します。

5 スポット購入と積立注文はどう使い分ける？

サラリーマンの方であれば、「積立注文」を活用して**毎月の給料から一定金額を毎月必ず投資する方法がおすすめです。**

「スポット購入」だと忙しくて注文し忘れてしまう心配がありますが、「積立注文」ならば設定後は自動的に投資信託を買い付けてくれるので便利です。

また、投資タイミングを考えなくても自動的に毎月積立してくれることにより、購入価格を平均化し、極端な高値掴みを防ぐことができます（**ドル・コスト平均法**）。

リバランスの時や、ボーナス支給などでお金に余裕がある月は「スポット購入」を併用しましょう。

このように、**「積立注文」を毎月継続しながら、必要な時だけ「スポット購入」**を適宜組み合わせる方法がおすすめです。

03 投資信託はコストと純資産額を必ずチェック

投資信託を選ぶ時には**コストに注意**することが重要です。

投資信託にかかる主なコストには、

- **販売手数料（購入時手数料）**
- **信託報酬**
- **信託財産留保額**

の3つがあります。

このうち、投資信託を購入する際にかかる「購入時手数料」と、保有中は毎年継続してかかる「信託報酬」が特に重要で、これらを低く抑えることが投資成績を上げる鍵になります。

投資信託を選択するには、何を基準にしたらいいでしょうか。
第一にコスト、第二に純資産額で比べてみましょう！

1 購入時手数料がゼロの商品（ノーロード型）を選ぶ

投資信託は購入するたびに「購入時手数料」がかかります。

購入時手数料は商品によって大きく異なりますが、投資信託の購入金額に対して０％から最大で３％（税込３・３％）かかります。

たとえば、購入時手数料が３％の投資信託を１００万円購入した場合、買っただけで３万円もの手数料を支払う必要があります。

一方、投資信託の中には**購入時手数料がかからない「ノーロード投資信託」**も存在します。

本書でおすすめするインデックスファンドは、大半が購入時手数料ゼロの商品ですので安心して購入することができます。

● ノーロード投資信託がおすすめ

投資金額 20 万円 ノーロード投資信託	投資金額 20 万円 購入手数料がかかる投資信託
投資金額は元金だけ 20万円のみ！ 購入時の手数料がかからない！	20万円 ＋ 4,400 円 購入手数料 2% （税込み 2.2%） 購入手数料がかかる！

2 毎年かかる信託報酬は低く抑えよう

信託報酬は投資信託を保有中に**毎年継続してかかるコスト**です。

信託報酬は毎年の運用益から自動的に引かれるため、支払っているという意識が希薄になります。

しかし、投資信託を保有している間は毎年必ず発生するコストなので、**信託報酬を低く抑えることが投資信託の運用成績向上に直結**します。

たとえば、S&P500や全世界株式インデックスなどの場合、多くの運用会社が同じ指数に連動する投資信託を発売しています。

投資対象の指数が同じならば、投資信託のリターンも当然似通ったものになります。

期待できるリターンが同じであれば、コストが高い商品を選んでしまうとその分不利になってしまいます。

目安として、**米国株や全世界株式インデックスファン**

● 信託報酬の低い投資信託を選ぶことが重要

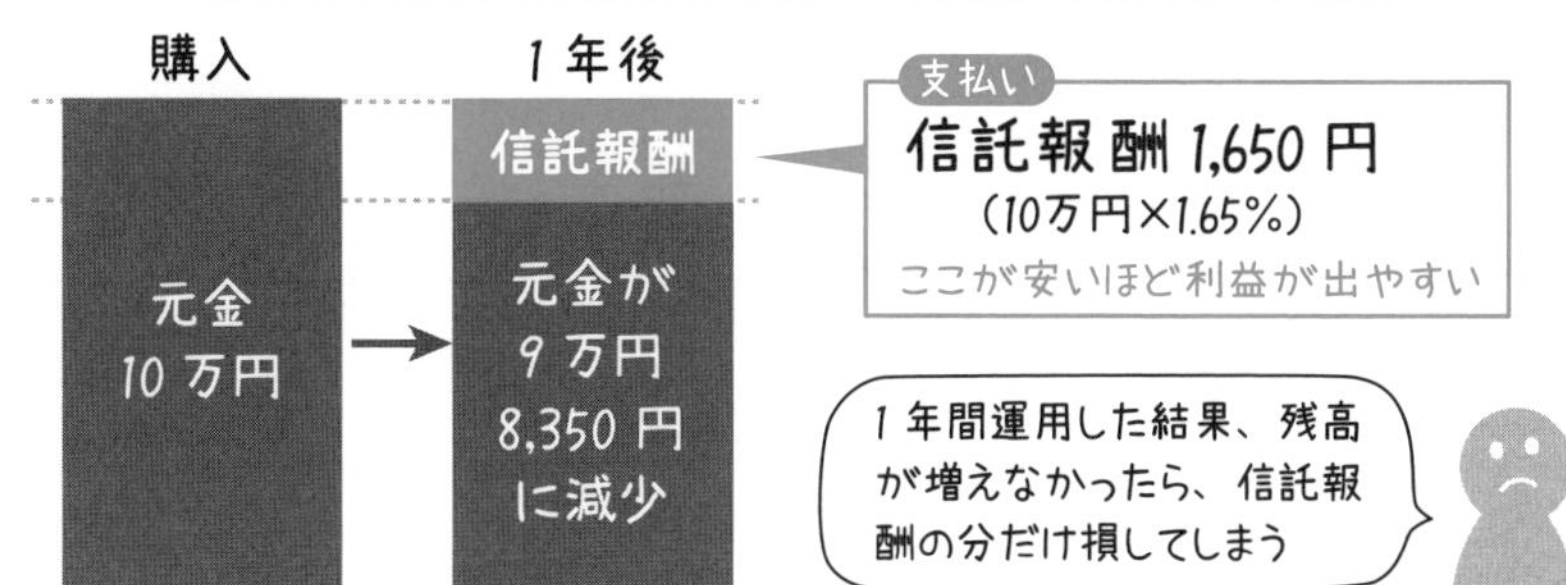

ドの場合、**信託報酬が0・1%以下の商品を選べば間違いない**でしょう。

3 純資産額の推移を見る

投資信託を選ぶうえで、**投資信託の大きさを表わす「純資産額」**も必ずチェックしましょう。

どんなに優れたコンセプトの投資信託であっても、それが実際に多くの人に購入されて資金を集められなければ意味がありません。

投資信託の商品ページには、「純資産額」の数値と推移のグラフが掲載されています。

純資産額は現在だけでなく、**過去数年間の推移**を見ることも重要です。

発売直後は勢いよく売れて純資産額

● 画面上部で「純資産額」が確認可能

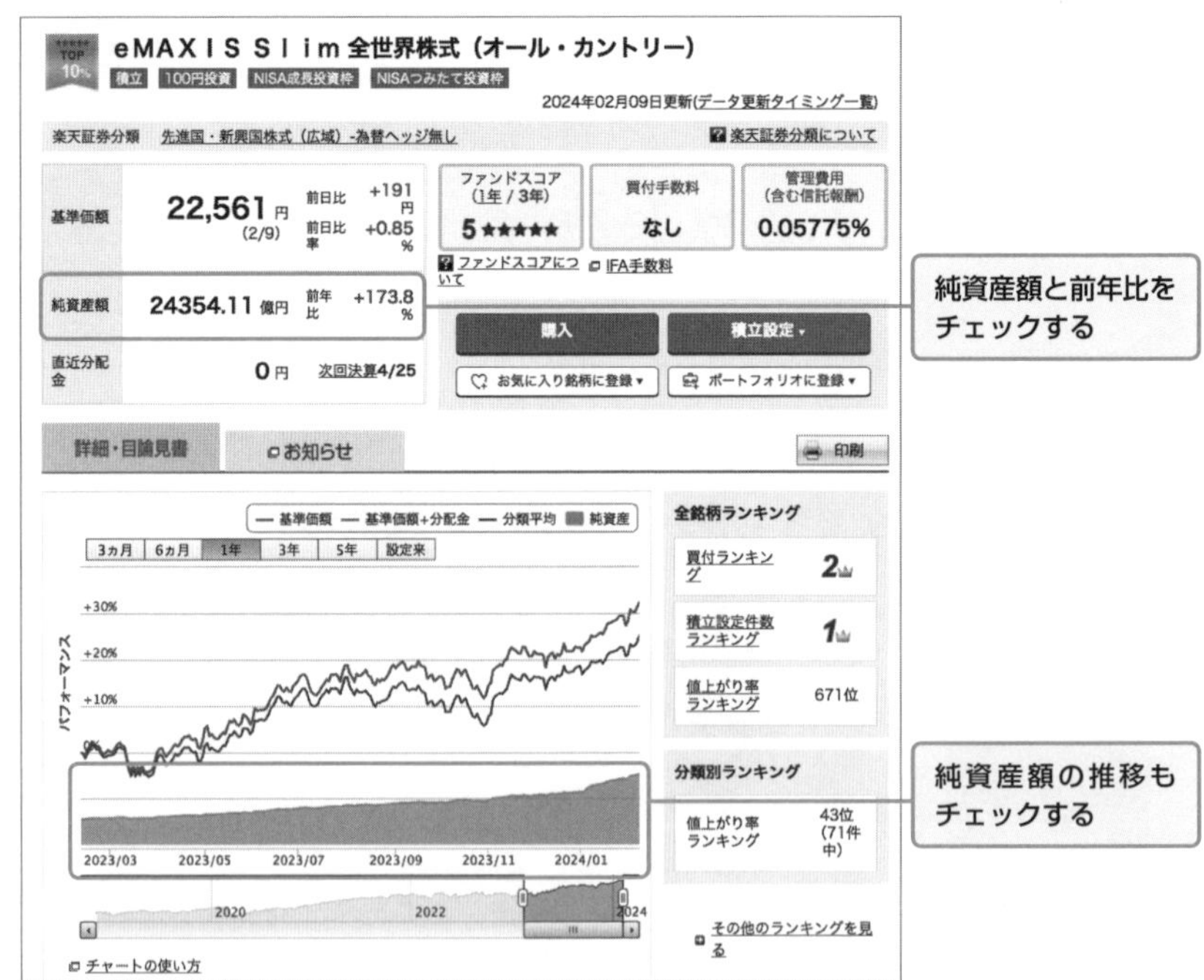

を積み上げられた商品でも、直近2～3年の純資産額が伸び悩んでいる商品には注意しましょう。

目安としては、次のことを基準に選ぶようにすると安全です。

- **純資産額が100億円以上あるファンド**
- **流出額より流入額が多い状態が続き純資産額が伸び続けているファンド**

資金流出が続く投資信託は繰上償還のリスクあり

投資信託からの資金流出がずっと続き、純資産総額が30億円を切ってしまうと、**「繰上償還」のリスク**が高くなります。繰上償還とは、ファンド純資産の低下によって運用が困難となった場合に、信託期間が決まっている**投資信託が償還日を待たずに償還する**ことや、信託期間が**無期限の投資信託が運用を途中で終了**することです。

ファンド純資産の低下が繰上償還につながる理由は主に2つです。

1つ目は、資金力の低下によって投資信託のメリットである**分散投資がしにくくなり、効率的な運用ができなくなる**からです。

2つ目は、純資産総額が下がれば**運用会社が手数料などで得る利益も減る**からです。

毎年赤字を垂れ流すだけのファンドを運用し続けても運用会社にとっては一文の得にもならないため、できるだけ早く繰上償還させることになります。

04 ETFを購入してみよう

1 ETFを実際に購入してみる

楽天証券の取引画面を見ながら、米国ETFの購入を例にするまでの流れを解説します。

米国ETFを買うためには、総合口座にログインした後、画面上部の「外国株式」のメニューから「米国株式」を選択します。

「**米国株式トップ**」画面が表示されますので、「**買い注文**」をクリックして選びましょう。

投資信託の時と同様に、銘柄名またはティッカーを入力する画面が表示されます。

ティッカーとは、日本株の銘柄コードのように、銘柄を識別す

楽天証券の画面を使って、実際にETFを購入する方法を解説します。株式の購入方法と同じですが、ここでは米国株の購入に挑戦してみます。

るために使われるコードです。

米国株取引では、一般的に企業名の略称が用いられることが多く、アルファベット1文字～4文字程度で表示されます。

例として、アップルは「AAPL」、コカ・コーラは「KO」、マクドナルドは「MCD」、ビザは「V」と表記されます。

米国個別株だけでなく、米国ETFを買う時もティッカーを入力します。

たとえば、全世界株式市場に広く投資する**バンガード・トータル・ワールド・ストックETFのティッカーは「VT」**です。

アルファベットが並ぶティッカーは投資初心者の方には分かり

● 米国株式トップを表示し銘柄を検索する

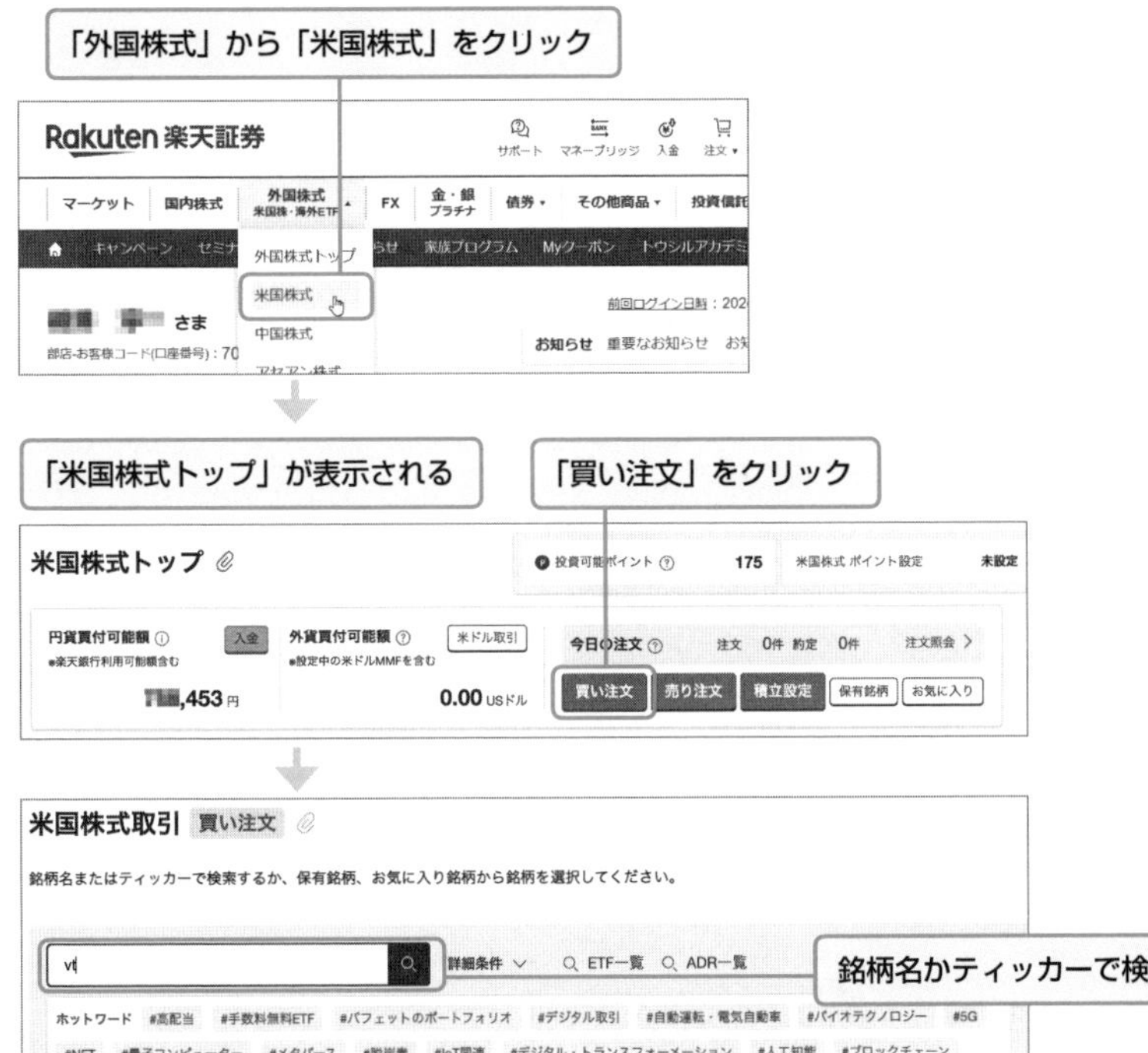

にくいと思いますが、9時限目で初心者の方におすすめできるETFの特徴やティッカーを解説しますので、ぜひ参考にしてください。

今回は「VT」と入力して🔍ボタンをクリックすると、VTの注文画面が表示されます。

2 米国ETFの注文方法

これでVTの注文画面に移りましたので、実際の注文方法を解説します。

ETFは個別株と同様にリアルタイムで取引されるため、投資信託よりも注文方法が複雑です。

買い注文に必要な入力項目を上から順に説明します。

数量を1株単位で入力する

ETFは投資信託と異なり、**1株単位で取引**

● 米国ＥＴＦの注文画面

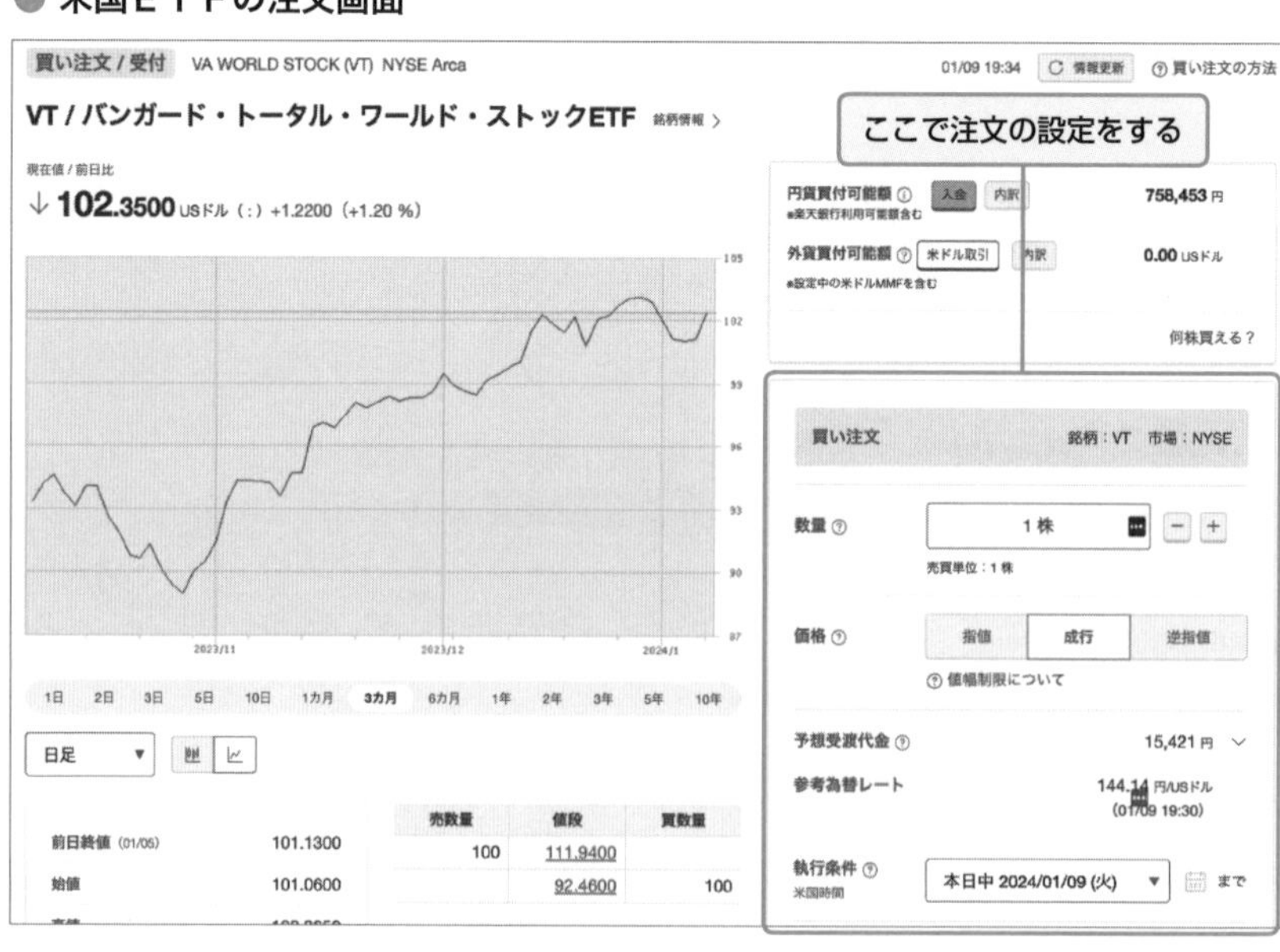

します。

ＶＴの株価「１０２ドル」は、「１ドル＝１４５円」で換算すると「１４７９０円」になります。

よって、ＶＴに投資するためには最低でも１５０００円程度のお金が必要になります。

投資信託のように１００円といった少額投資には対応していないので注意しましょう。

注文方法を選ぶ

ＥＴＦは個別株と同様、**「成行(なりゆき)注文」「指値(さしね)注文」「逆指値(ぎゃくさしね)注文」**といった注文方法を選ぶことができます。

成行注文とは

成行注文とは、**値段を指定しない注文方法**です。

取引時間中に成行の買い注文を出すと、その時に出ているもっとも低い価格の売り注文に対応して即座に注文が成立します。

成行注文のメリットは約定までの早さで、注文さえ出せばすぐに株を買ったり売ったりすることができます。

● 米国ETFの買い注文の数量と注文方法の選択

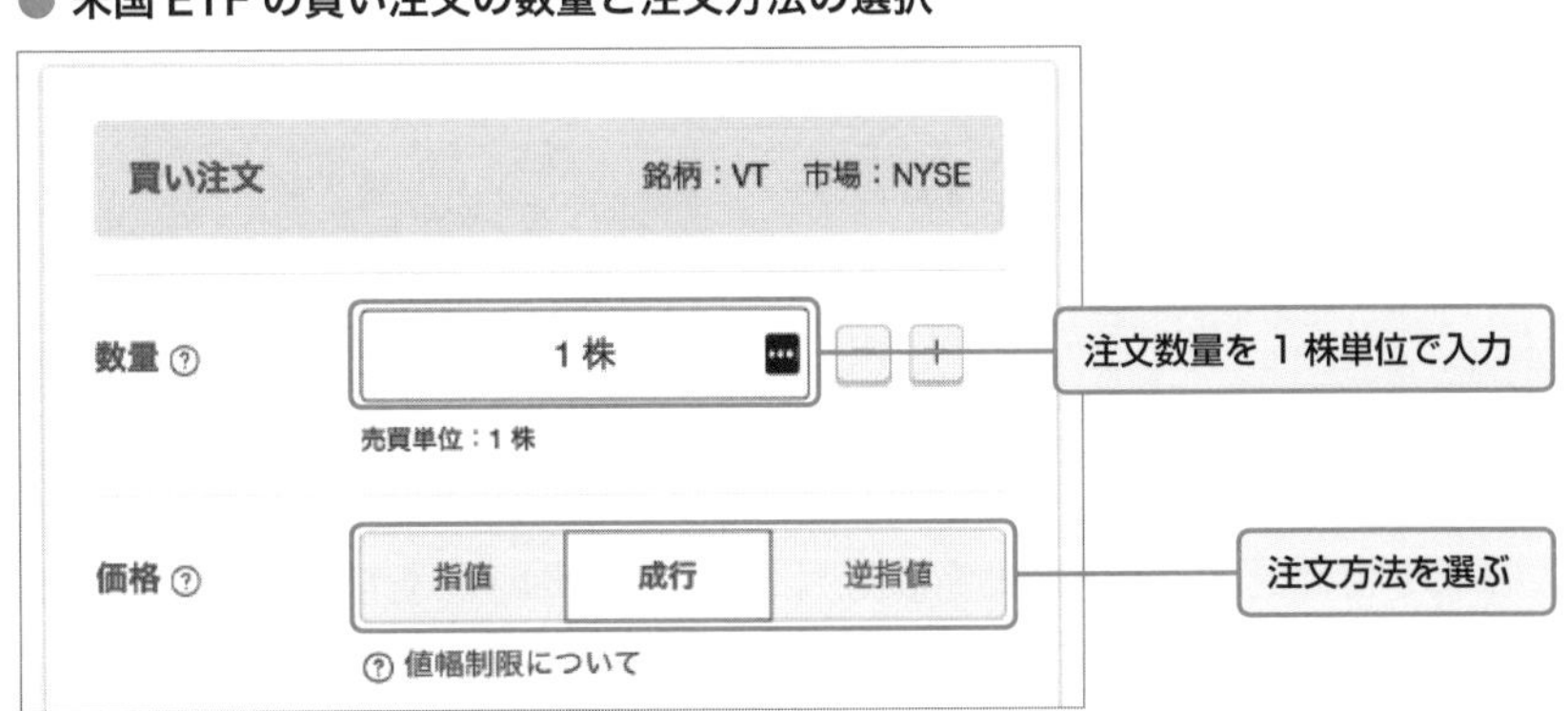

一方、成行注文では約定するまでいくらで購入できたかが分からないため、予想以上に高い価格で買ってしまったり、予想以上に安く売ってしまったりという事態が起こりえます。

指値注文とは

指値注文とは、「○ドル以下で買う」「○ドル以上で売る」のように、株を売買する**値段を自分で決めて注文する方法**です。

指値注文の特徴は、買い注文であれば指値以下、売り注文であれば指値以上の株価にならなければ絶対に注文が成立しないことです。

指値注文は自分が指定した株価で売買できるので安心です。

どうしても売買しなければならないという状況ではなく、**「株価が下がったら買いたい」「株価が上がったら売りたい」という場合**は指値注文を使いましょう。

ただし、相場が自分の予想に反して動いた場

● **成行注文と指値注文**

成行（なりゆき）注文

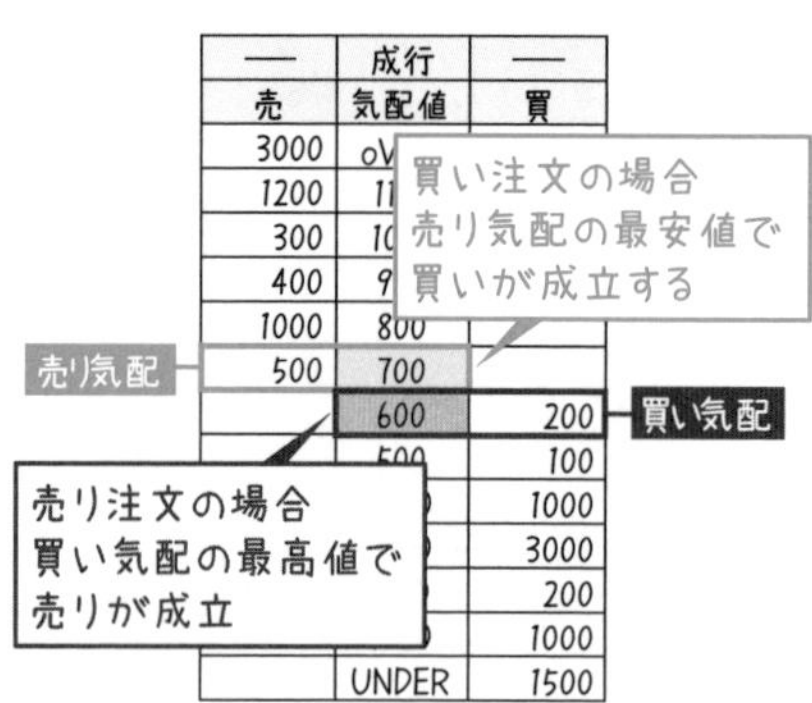

値段を指定せず、いますぐ売買を
成立させたいときに注文する

指値（さしね）注文

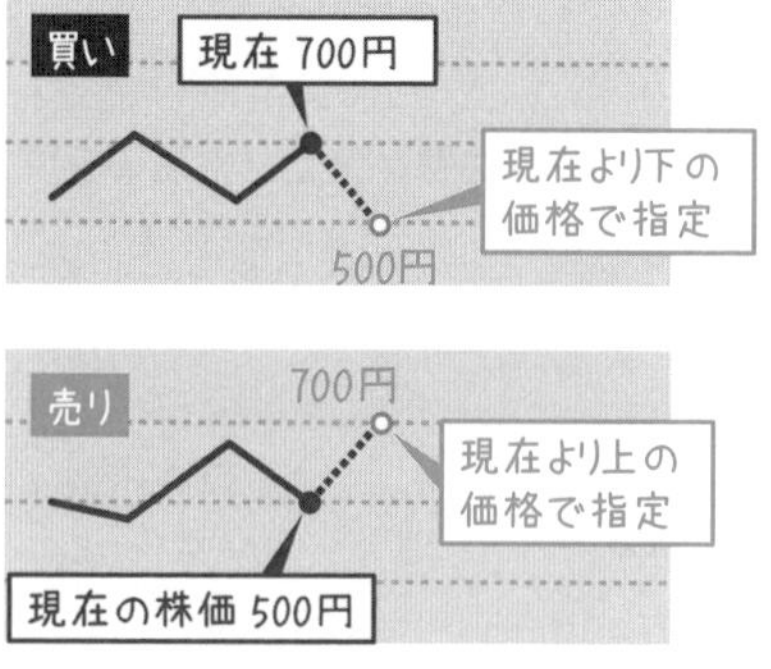

買いたい・売りたい価格を
指定して注文する

合、指値注文では取引が成立せず、**売買のチャンスを逃してしまうリスク**があります。

売買のチャンスを絶対に逃したくない時は「成行注文」を使い、購入価格や売却価格にこだわりたい時は「指値注文」を使うとよいでしょう。

逆指値注文とは

逆指値注文は、指値注文とは逆に「〇ドル以上になったら買う」「〇ドル以下になったら売る」のように、**指定価格以上で買いたい場合**や、**指定価格以下で売りたい場合**に使う注文方法です。

逆指値注文の主な使い道は以下の通りです。

たとえば、業績好調な銘柄の場合、値下がりしたら買おうと思ってずっと待っていると、株価が上昇して買えずじまいになる可能性があります。

この時、逆指値注文をしておけば、**指定した株価に到達した時点で自動的に買い注文が成立**するため、購入チャンスを逃すことがありません。

また、特に個別株の場合、自分の予想に反して際限なく株価が下がり続けることがあります。

逆指値注文

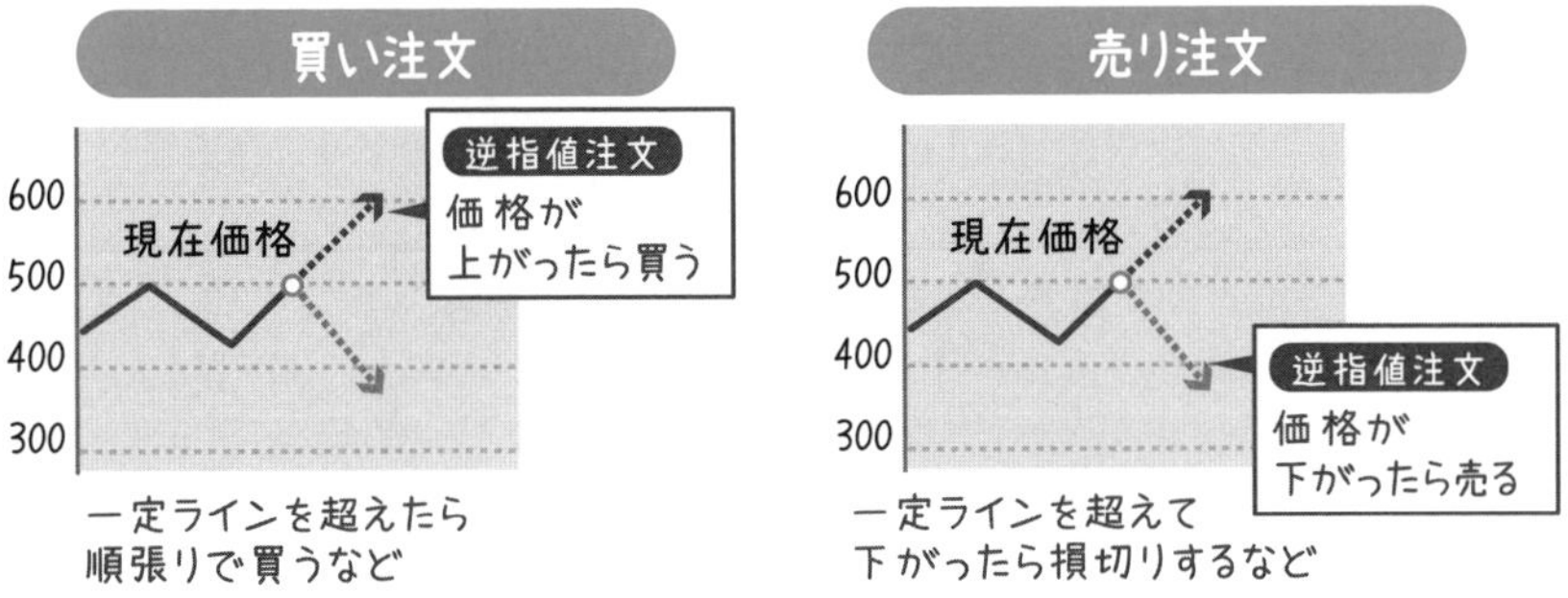

株価が急落し、売ると多額の損失が出る状態になってしまうと、損をするのが怖くて株を塩漬けにしてしまう方が多いです。

逆指値注文をしておけば、株価が指定価格以下になった場合、自動的に売り注文が成立するため、損失の金額を抑えることができます。

ただし、ＥＴＦは個別株のように頻繁に売買するものではなく、長期保有によって利益を積み上げるのが王道なので、個別株のように逆指値注文を使う機会は少ないかもしれません。

初心者の方は「成行注文」と「指値注文」だけ覚えておけばよいでしょう。

予想受渡代金

円貨決済時の予想受渡代金は**実際の購入価格よりもかなり高く表示**されます。

ＶＴの株価は「１株＝１４７９０円」程度のはずですが、予想受渡代金は１５４２１円となっていますね。

外国株やＥＴＦを購入した時の成約と決済の間には時差があり、その間も為替レートが変動しますす。急激に円安が進行して約定代金が跳ね上がる可能性を想定し、５％ほど上乗せされた料金がいったん拘束されるのです。

多くの場合、実際の購入価格は予想受渡金額よりも安くなるため安心してください。

執行条件

指値注文や逆指値注文の場合、発注後の相場によっていつ注文が確定するか予測できません。執行条件の欄に日付を入力しておくことで、**指値注文や逆指値注文がいつまで有効か**を決めておくことができます。

口座区分

投資信託の時と同様、NISA口座があり、NISAで売買するときは「NISA」を、「特定口座」で取引するときは「特定」を選びます。

ここで「一般口座」を選んでしまうと確定申告の必要性が生じます。

3 円貨決済と外貨決済の違い

最後に「**決済方法**」を選びます。

米国ETFの場合、決済方法を「**円貨決済**」と「**外貨決済**」の2つから選ばなければなりま

● 米国ETFの買い注文画面

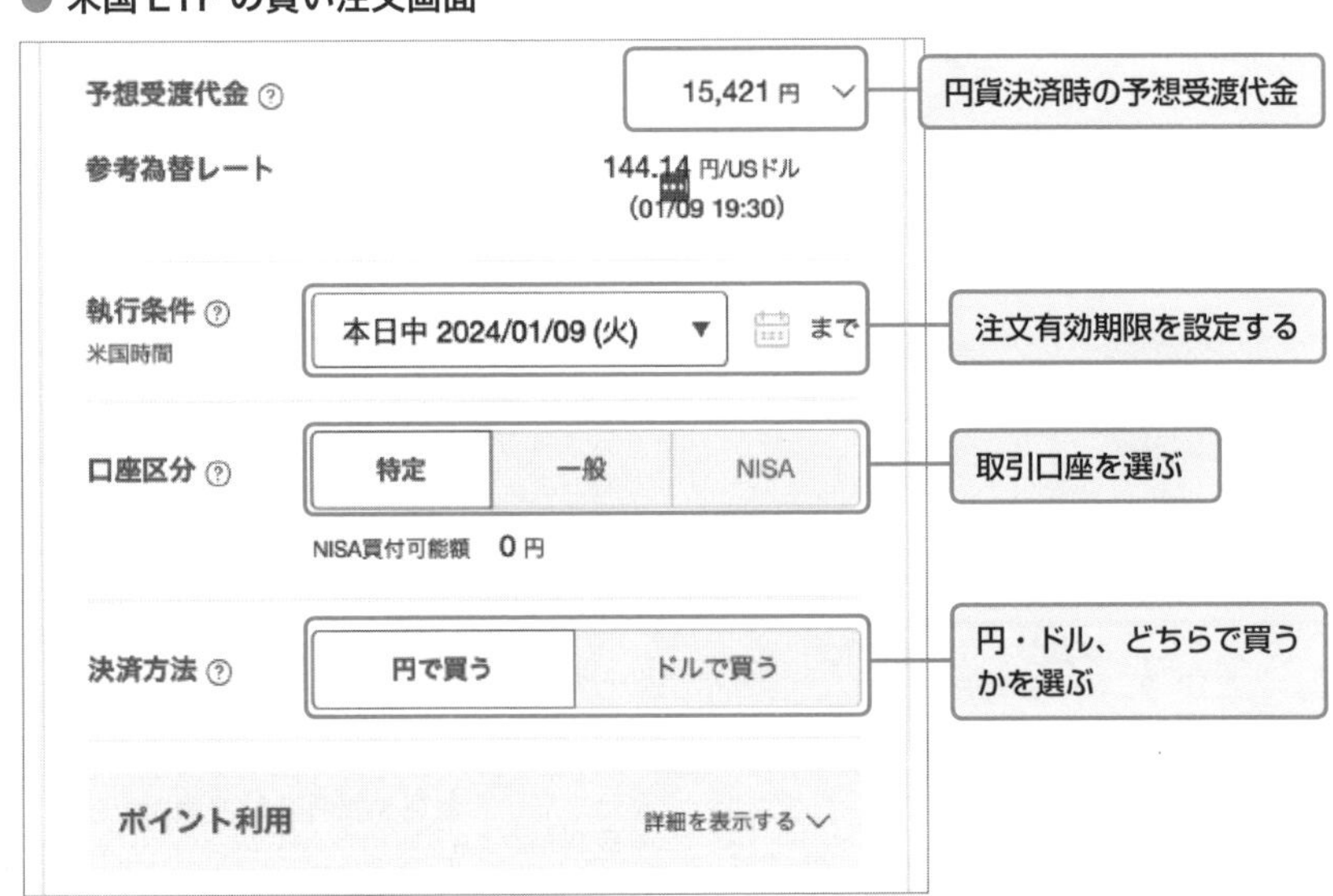

せん。

米国ETFはアメリカの金融商品なので、米ドルで取引されます。

当然、日本円のまま米国ETFを購入することはできず、購入時に日本円を米ドルへ両替する必要があるのです。

円貨決済とは

「円貨決済」とは、日本円でそのまま米国株・ETFを取引することです。

「円貨決済」を選ぶメリットは、事前に米ドルへ両替しなくても日本円のまま取引ができることです。

ただし、この場合は証券会社が両替を代行していることになるため、ETFを売買するごとに**為替手数料が発生すること**に注意しましょう。

為替手数料は証券会社によって異なります。

● 円貨決済と外貨決済

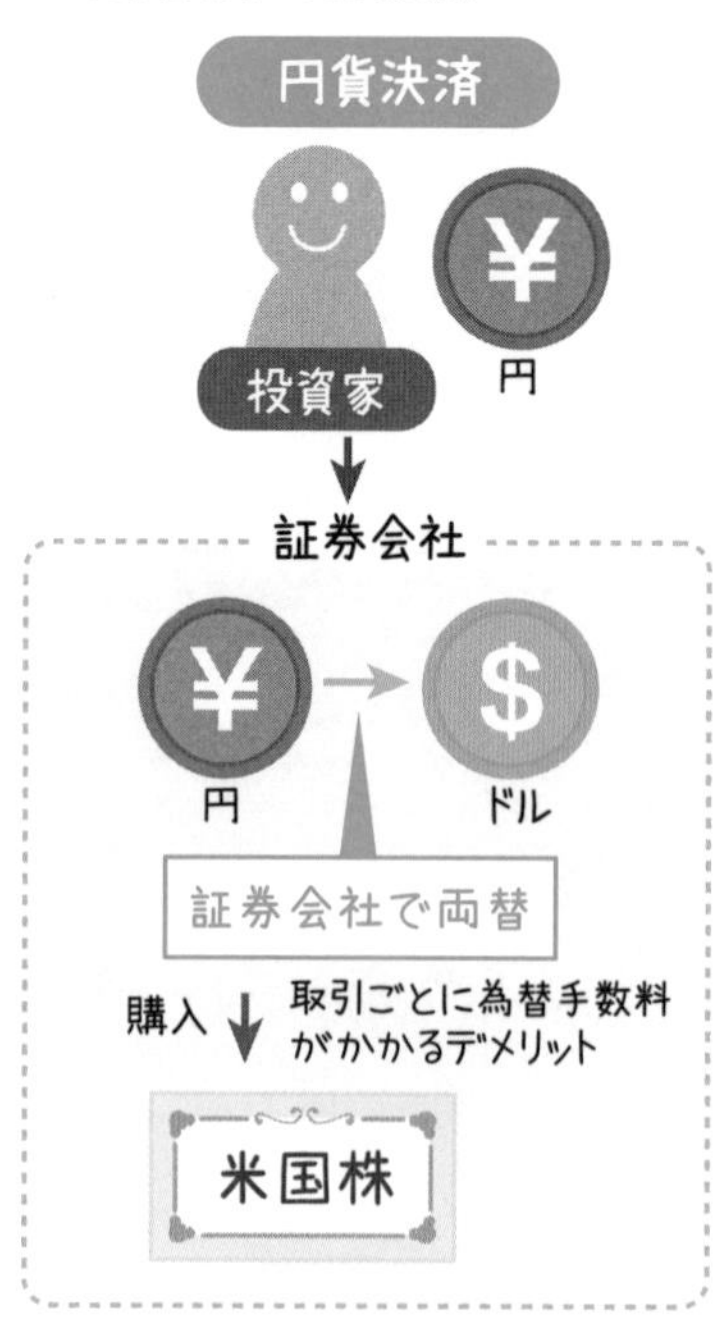

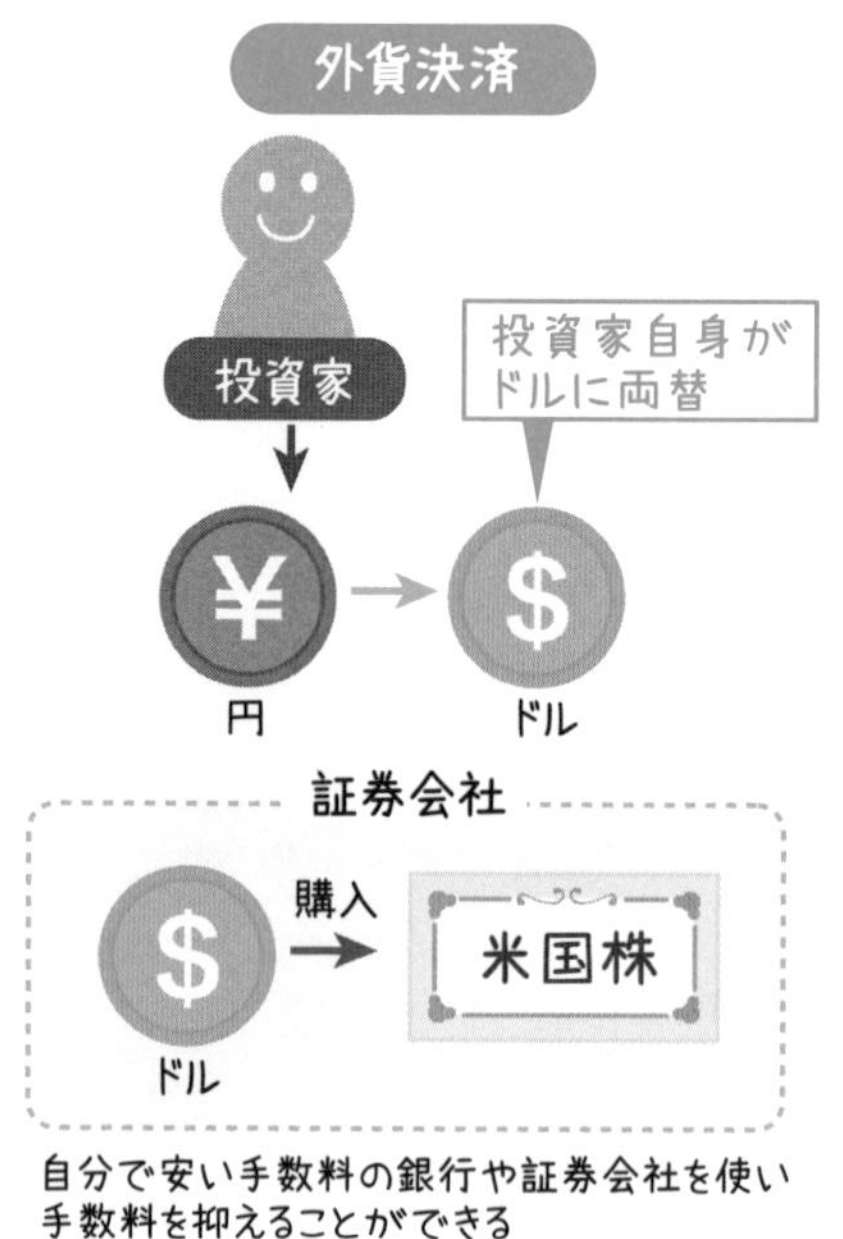

楽天証券の場合、円貨決済時は**1ドルあたり25銭の為替手数料**がかかります。

一見安く見えますが、売買回数が増えれば増えるほど為替手数料も積み重なってきます。

外貨決済とは

「外貨決済」とは、**米ドルで米国株・ETFを取引**することです。「外貨決済」を選択した場合、**投資家自身が円を米ドルへ両替して投資資金を準備**する必要があります。

一度両替して米ドルを用意してしまえば、米国株・ETFであっても日本株と同じように取引できるのです。為替手数料を考慮した場合、米国ETFの売買では「外貨決済」を利用した方が有利になることが多いです。

円貨決済の場合、ETFを売却して得た利益が円で振り込まれる時に両替コストが発生し、そのお金を再び米国ETFに再投資する時にも米ドルへの両替コストが発生します。

両替回数が増えるため、その分為替手数料が高くなるのです。

一方、**外貨決済であれば、米ドルで得た利益や配当を米ドルのまま再投資できる**ため、両替の回数が少なく済み、為替手数料の点で有利です。これから米国株やETFに長く投資するのであれば、自分で米ドルへ両替して「外貨決済」を選ぶのがおすすめです。

4 米ドルへ両替するには？

円を米ドルへ両替するのは難しいと思われるかもしれませんが、実際にはほとんど手間がかかりません。

楽天証券の場合、「外国株式」のメニューから「外国為替」を選んだ画面で「USD/JPY」を選択すれば、リアルタイム為替取引によって即座に米ドルへ両替することができます。

２０２３年12月４日からは、**米ドルのリアルタイム為替取引の手数料は０銭（つまり無料！）**となっており、米国ETFを買うなら利用しない手はありません。

5 為替ヘッジあり・なしについて

外国株に投資する投資信託の場合、為替相場の変動が基準価額に影響します。

「為替ヘッジあり」の商品を選べば円高による損失を避けられますが、**為替ヘッジ自体にコストがかかるデメリット**があります。

大半の外国株投資信託は「為替ヘッジなし」なので、円高は基準価額の値下がり、円安は値上がりにつながります。

● 円から米ドルへの両替画面（楽天証券）

外国為替（価格情報）

価格情報の見方

当社適用為替レートをご参照いただけます。

為替情報が正常に表示されない場合は、インターネットの セキュリティ設定をご確認ください。

- 米雇用統計や米CPI（消費者物価指数）等の主要経済指標発表時及びその他外国為替の業者間取引が困難となると予見される政治・経済イベントの際は、公表予定時刻の前後10〜15分程度の間、「米ドル取引（リアルタイム）」の注文受付を停止します。
- ロシア通貨ルーブルについては銀行間取引の制限により、外国為替取引（買い、売り）の取扱いを停止しております。

02/15 20:20 時価情報更新

米ドル取引（リアルタイム）

	売り参考為替レート	買い参考為替レート	履歴	チャート（参考）	注文 外国為替取引
USD/JPY	149.998 (02/15 20:20)	150.080 (02/15 20:20)	参照		買い 売り

6時限目

新NISAの徹底理解と活用術

01 新NISAってどんな制度？

1 2024年から始まった新NISA

NISAとは「**少額投資非課税制度**」のことです。英国のISA（Individual Savings Account：個人貯蓄口座）をもとに、日本版の制度を作ったためNISA（Nippon Individual Savings Account・ニーサ）と呼ばれています。

2023年までは、18歳以上の成人が利用できる「一般NISA」や「つみたてNISA」、18歳未満の未成年者が利用できる「ジュニアNISA」の3つの制度がありました。

2024年からは、従来のNISAとは別枠で**新しいNISA制度が開始**となりました。

投資の利益に税金がかからないNISA制度。いったいどんな仕組みなのでしょうか？詳しくみていきましょう！

最大のメリットは利益が出ても無税！

私たち投資家がNISAを使うべき最大の理由は、**株の売却益や配当金に税金がかからない**からです。

通常の課税口座で投資信託やETF、個別株に投資した場合、売却益や配当には20・315％の税金がかかります。

100万円で購入した投資信託が値上がりし、150万円になった時点で売却するケースを考えてみましょう。

課税される特定口座の場合、利益50万円のうち約20％にあたる10万円分の税金が差し引かれ、投資家は残りの40万円の利益だけを受け取ることになります。

NISA口座内で取引をしていれば、利益の50万円は非課税になりますので、投資家はそのまま利益の全額50万円を受け取ることができます。

長期投資で利益が積み重なるほど、課税口座とNISA口座で手取り金額の差が大きくなるため、**早い段階から積極的に活用すべき制度**と言えます。

● NISAでは投資の利益が非課税となる

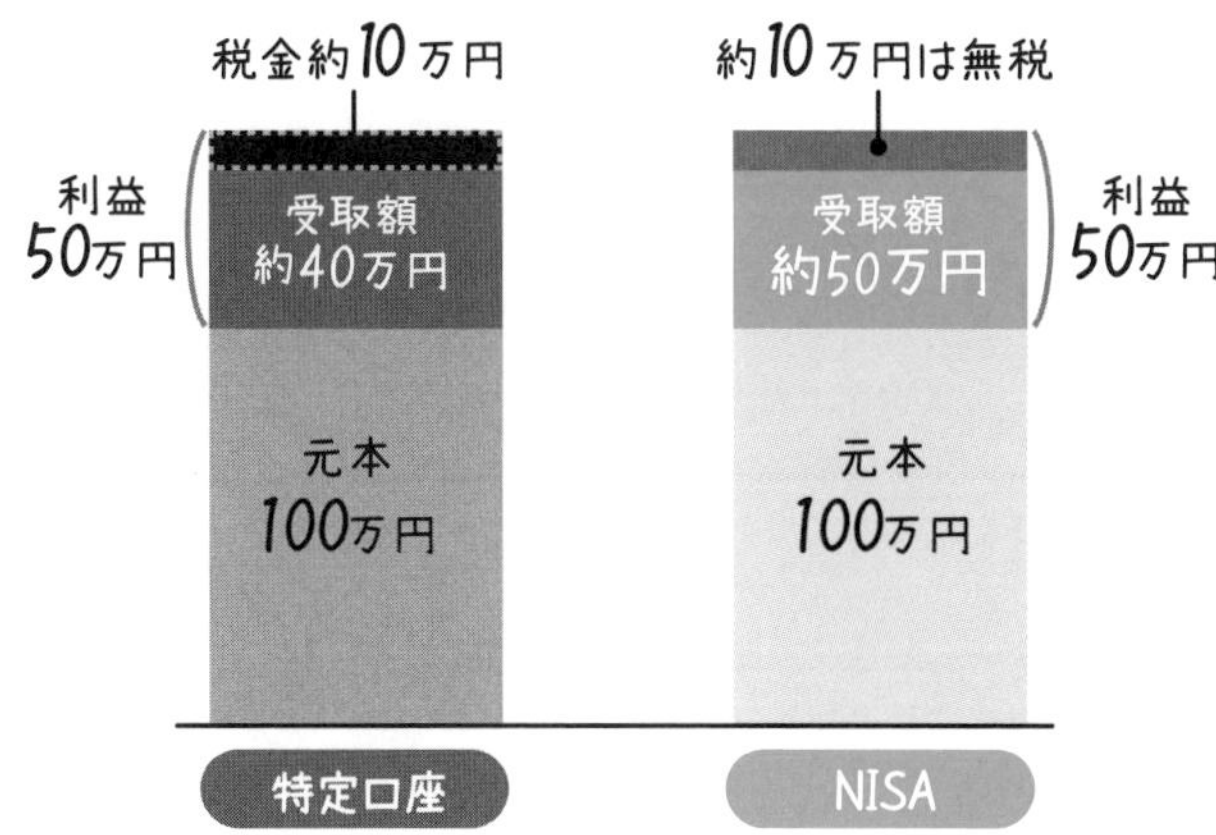

2 NISA口座の開設手続きが必要

NISAを利用できるのは18歳以上の成人だけなので、18歳未満の未成年者は新NISAを使うことはできません。

NISAを利用するには、銀行や証券会社などで**専用のNISA口座を開設する必要**があります。NISA口座だけを開設することはできず、総合口座も一緒に開設する必要があります。

5時限目でSBI証券、楽天証券、マネックス証券などのネット証券に口座開設が済んでいる方であれば、同じ証券会社でNISA口座を作りましょう。

NISA口座は1人1口座なので、複数の金融機関にNISA口座を開設することはできません。

商品ラインナップや手数料の差などを考慮して金融機関を1つ選ぶ必要がありますが、ネット証券大手3社であれば大差はありません。

2023年までに一般NISAやつみたてNISAを利用していた方は、**自動的に同じ金融機関に新NISAの口座が開設**されます。

旧NISAでは「口座開設したけれど投資をしていない人が約15%いる」というデータがあります。投資をしていない方も新NISAの口座は自動的に開設されているため、一度確認しておくとよいでしょう。

3 つみたて投資枠と成長投資枠の2つの投資枠の新NISA

2024年から始まった新NISAは、従来の「つみたてNISA」と「一般NISA」がくっつき、1つになったような制度です。

NISA口座の開設手続きが完了すると、次の2つの投資枠が利用できるようになります。

- **つみたて投資枠**
- **成長投資枠**

つみたて投資枠はつみたてNISAの後継制度、成長投資枠は一般NISAの後継制度と考えられます。

2023年まではつみたてNISAと一般NISAは併用できませんでしたが、新NISAでは**つみたて投資枠と成長投資枠が併用可能**になりました。

つみたて投資枠で投資できるのは「長期・分散・積立」

● 新NISAの2つの投資枠

	つみたて投資枠	併用可能	成長投資枠
非課税保有期間	無制限		無制限
口座開設期間	恒久化		恒久化
年間投資枠	120万円	最大360万円	240万円
非課税保有の限度額（総枠）	1,800万円		1,200万円（内数）
投資対象商品	長期の分散・積立に適した一定の投資信託		上場株式・投資信託など（一部商品を除く）

に適したインデックスファンドが大半です。

成長投資枠では、国内外の個別株やETF、REITなど、より幅広い商品に投資することができます。

つみたて投資枠と成長投資枠の両方が使えることで、**つみたて投資枠でインデックス投資をやりながら、成長投資枠で個別株やETFを買う**といった柔軟な投資が可能になります。

年間の投資枠の上限も大幅に拡大

新NISAでは、投資枠の上限も大幅に拡大されました。

新NISAの**つみたて投資枠は120万円**、**成長投資枠は240万円**まで拡大しました。両者は併用できるため、実際には**年間で合計360万円まで投資可能**です。

また、**生涯で投資できる金額も1800万円**と大幅に拡大され、非課税の運用期間も**無期限**となりました。

新NISAで買った投資信託や株式は、売却しないかぎり一生非課税で運用し続けられるのです。

このように、新NISAは従来のNISAよりはるかに優れた制度になっており、これから投資を始めるのであれば新NISAを利用しない手はありません。

4 売却した枠は翌年に復活する

新NISAでは、投資信託や株式を売却して空いた非課税枠は翌年に復活します。

非課税枠が復活して再利用できることで、お金が必要になった時にNISA口座内の商品を躊躇せずに売却できるようになるメリットがあります。

旧NISAでは一度使った非課税枠は再利用できないため、子どもの進学や車の購入などで一時的に大金が必要になっても、NISA口座内の商品を売るのに抵抗感を感じる人が多かったのです。

たとえば、1000万円投資した商品が1500万円に値上がりしたケースを考えてみます。

この1500万円を一括で売却した場合、NISA口座では利益の500万円は非課税なので、1500万円がそのまま投資家に振り込まれます。

新NISAの枠は実際に投資した金額ベース（簿

● 新NISAでは売却した分の非課税枠が復活

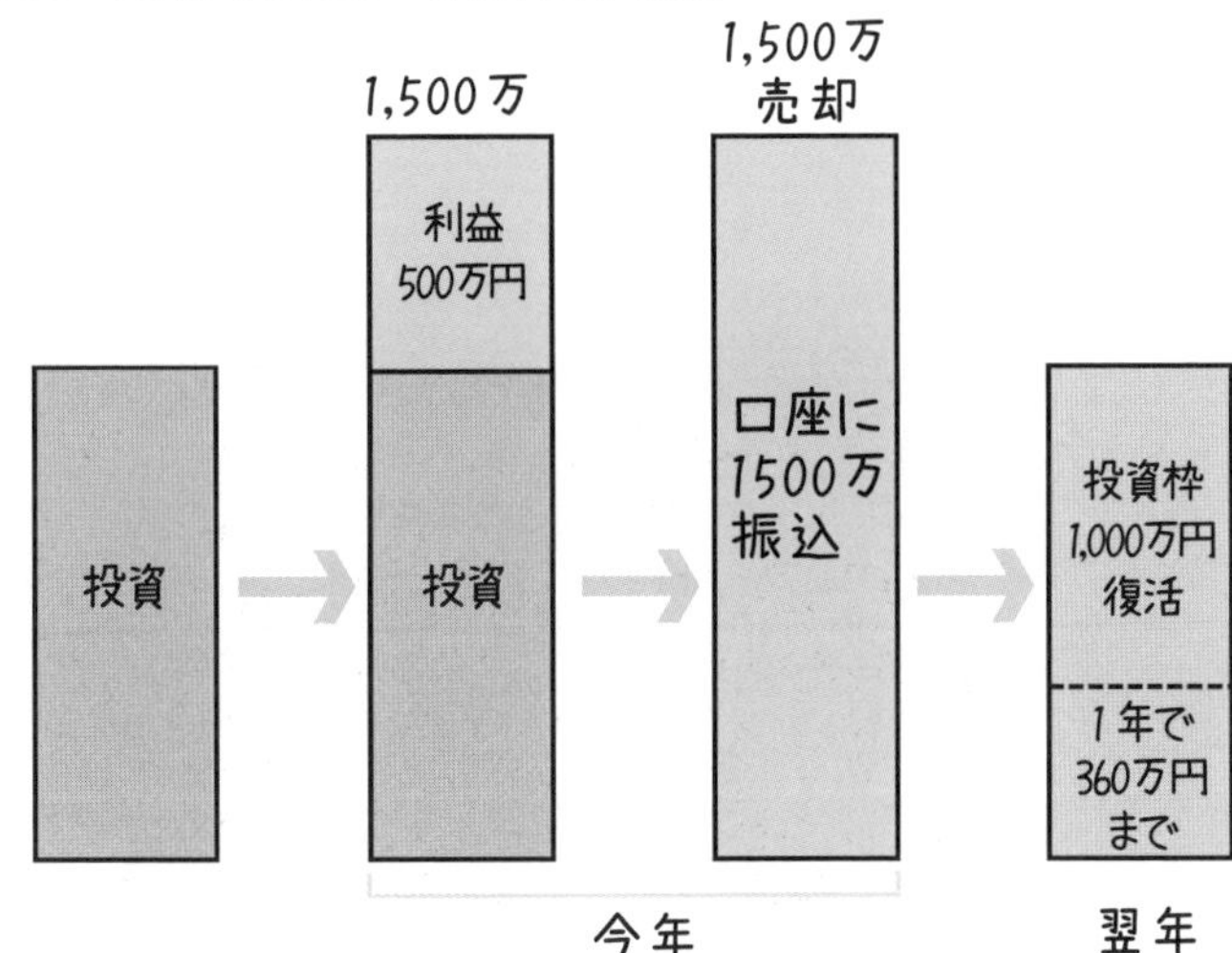

価）で計算されるので、この場合は１０００万円の枠が空いたことになり、翌年に復活するのです。

ただし、年間投資枠の上限が３６０万円というルールがあり、１０００万円の枠が空いてもそれを1年で一気に使い切ることはできません。

お金が必要になって商品を売却するにしても、売却する金額は必要最小限にとどめた方が投資効率はよいでしょう。

新ＮＩＳＡはこんなに便利に変わった！

⇒非課税の保有期間が無制限に

⇒年間投資枠が大幅に拡大
成長投資枠＝240万、つみたて投資枠＝120万

⇒売却した枠は翌年に復活する

02 つみたて投資枠はこうして活用しよう

1 「長期・分散・積立」に適した商品だけ

年間120万円が上限のつみたて投資枠は成長投資枠と異なり、購入できる商品に制限があります。

従来のつみたてNISAと同様、「長期・分散・積立」に適する商品という厳しい基準が設けられており、その基準をクリアした投資信託とETFだけを購入することができます。

2024年6月現在、つみたて投資枠で購入できる商品は約293本です。

つみたて投資枠の対象商品は、

❶ 指定された指数に連動するインデックスファンド：236本
❷ アクティブ型の投信：49本
❸ ETF（上場投資信託）：8本

の3つに分けられます。

このうち、❶の「**指定された指数に連動するインデックスファンド**」が大半を占めています。

つみたて投資枠で購入できるETFはたった8本ですので、実際にはほとんど投資信託しか購入できないと考えてよいでしょう。

よって、以下では投資信託に限定して話をしていきます。

2 大半はインデックス型

インデックス型には、日経平均やTOPIX、S&P500、MSCI KOKUSAI（先進国株）、MSCI ACWI（全世界株）などの**指定された指数に連動する商品**が含まれます。

また、**バランス型投資信託**と言って、株式以外に債券やREITなどの他の資産を組み合わせた商品もインデックス型に含まれています。

● つみたて投資枠の対象商品

合計 293 本

インデックス型 236 本

	国内	国内・海外	海外
株式型	52 本	28 本	78 本
資産複合型	5 本	120 本	2 本

日経平均や米国 S&P500、全世界株式などの指数と同じ値動きをするので、リスクが少なく、初心者向き。

バランス型
株式に加え、債券や REIT などもセットになった投資信託もここに含まれる。

アクティブ型 49 本

株式等の指数を上回る成績をめざす投資信託。運用会社のファンドマネージャーがプラニングする。手数料高め

ETF 8 本

国内 3
海外 5

上場している投資信託。リアルタイムで株式と同じように購入可能。

2024 年 6 月 7 日現在の金融庁データより

購入時手数料はすべて無料（ノーロード型）、信託報酬も国内資産のみの商品で0・5％以下、海外資産が入っている商品は0・75％以下と厳格に定められています。

信託報酬に関しては、近年では投資信託の低コスト競争が激化しており、米国株や先進国株、全世界株に投資する主な商品では0・1％前後まで下がってきています。

これらの理由から、インデックス型に含まれる商品は商品の質、コストの点でもっとも安心して投資ができます。

アクティブ型の投資信託

アクティブ型に分類される投資信託には、NYダウ、グロース銘柄、バリュー銘柄、高配当銘柄など**指定された指数に含まれていないインデックスファンドとアクティブファンド**です。

手数料はインデックス型と比べて割高な傾向で、国内資産のみの商品で1％以下、海外資産が入っている商品は1・5％以下となっています。

また、「運用開始から5年以上が経過しており、その間に安定して資金が流入していること」、「純資産総額が50億円以上あること」、など一定の基準が設けられています。

アクティブ型に含まれる商品も悪くはありませんが、基本的には最も厳しい基準をしているインデックス型の商品の中から、さらに最安コストの商品を選ぶのがよいでしょう。

3 購入方法は「積立」のみ

つみたて投資枠では購入方法は定期的な「積立」のみです。

原則は毎月積立なので、つみたて投資枠を上限いっぱいに使う場合、年間で120万円、つまり毎月10万円ずつ積み立てることになります。

もちろん、毎月10万円ずつ目一杯投資する必要はなく、その人のお金の事情に合わせて積立金額を決めることができます。多くのネット証券では**積立額は100円から設定**できますので、毎月100円から誰でも気軽に始められます。

また、毎月の**積立金額の変更はいつでも可能**です。お金に余裕がある時期は多めに積み立て、お金に余裕がない時期は積立金額を減らすことも自由にできます。

つみたて投資枠は毎月積立が原則ですが、多くの証券会社では**ボーナス設定**といって、ボーナス時に増額して投資するサービスを提供しています。

年2回以上であれば積立と見なされるため、毎月コツコツではなく一括で投資したい方は、ボーナス設定を上手に使うことで「**ほぼ一括投資**」することも可能です。

積立日とその頻度のおすすめは？

証券口座から引き落としの場合は**積立日は自由に設定**できます。一番おすすめのクレカ積立に関しては、毎月何日に発注されるかが証券会社ごとに決まっており、自分では選べません。月末、月初、給料日など切りのいい日取りは注文が多くなり、基準価額が上がりやすいとされています。積み立てる日取りは、預金残高に余裕のあるスケジュールの日取りで設定しましょう。積み立てる頻度は、契約している証券会社によって、毎月、毎週、毎日から選ぶことができます。毎週、毎日で設定できる証券会社は限られてきます。どのパターンで選んでも、リターンに差はありません。

4 つみたて投資枠だけで1800万円利用可能

新NISAにはつみたて投資枠と成長投資枠がありますが、最大1200万までの成長投資枠は必ずしも使う必要はありません。**つみたて投資枠だけで1800万円を使い切ることが可能**です。

成長投資枠は幅広い商品から自由に選べるというメリットがある反面、初心者にとってはどの商品を選ぶべきか逆に悩んでしまうといったケースも考えられます。

つみたて投資枠に選ばれた商品は、金融庁が「長期・分散・積立」に適すると判断した商品ばかりであり、安心して投資できます。

少額ずつコツコツ積立投資をする場合は、成長投資枠でリスクを背負うのではなく、つみたて投資枠だけを利用した方が安全に資産形成を進めることができます。

5 全世界株式型の投資信託がおすすめ

投資初心者の方に一番おすすめなのは全世界の株式市場に広く分散投資するタイプの商品です。できるだけ広く分散投資することにより、個別株リスクや、特定の国や地域に依存するカントリーリスクを下げることができるからです。

数ある全世界株型投資信託から一本だけ選べと言われたら、「eMAXIS Slim全世界株式（オール・カントリー）」をおすすめします。

信託報酬が0・05775％と業界最安クラスで、過去5年以上にわたって運用成果が安定しており、純資産総額が3兆円を超えるメガファンドだからです。

よって、つみたて投資枠を使う最善の方法は、100％すべてeMAXIS Slim全世界株式（オール・カントリー）へ投資することになります。

6 バランス型投信を活用する方法もあり

値動きの大きな株式だけに集中投資するのはリスクも伴います。

その場合、値動きを抑えるため、株式以外に債券やREITといった他の資産を組み合わせた「バランス型投資信託」を選ぶのもよいでしょう。

- **4資産が入った商品：日本株、日本債券、先進国株、先進国債券を1／4ずつ**
- **6資産が入った商品：日本株、日本債券、先進国株、先進国債券、国内REIT、海外REITを1／6ずつ**
- **8資産が入った商品：日本株、日本債券、先進国株、先進国債券、新興国株、新興国債券、国内REIT、海外REITを1／8ずつ**

これ以外にも、「株式70％、債券30％」、「株式50％、債券50％」、「株式30％、債券70％」のように、その人のリスク許容度に応じて株式比率を変えた商品もあります。

バランス型投信の魅力は、自分の好みの資産配分になったバランス型投信が見つかれば、完全にその商品一本で投資を完結できることです。

途中で各資産の割合が変動したとしても、自分でリバランスを行う必要がなく、**運用会社が自動的にリバランス**をしてくれます。

●「バランス型」投資信託の中身

4資産に均等分散投資

外国債券 25%
国内株式 25%
外国株式 25%
国内債券 25%

ニッセイ・インデックスバランスファンド（4資産均等型）

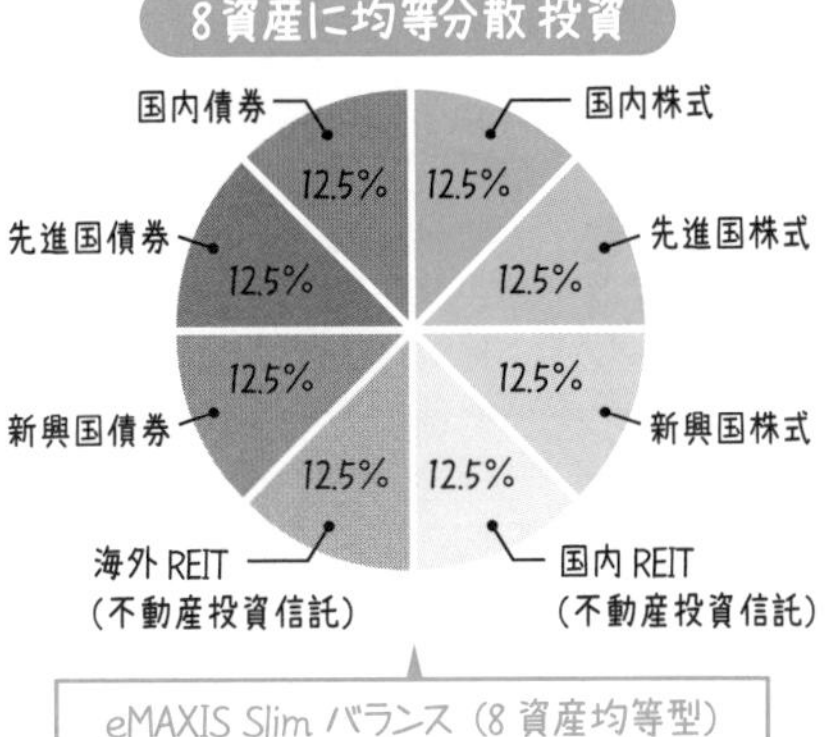

03 成長投資枠はこうして活用しよう

1 国内外の個別株やETFなど広く投資できます！

新NISAの**成長投資枠**は従来の一般NISAの後継制度なので、**一般NISAとほぼ同じ商品が購入できます**。投資信託だけでなく、**日本や海外の個別株、国内ETF、海外ETF、REIT**などに広く投資をしたい方は成長投資枠を利用しましょう。

投資信託の中でも、株式投資信託だけでなく、債券やREITだけに投資する投資信託や、株式や債券など複数の資産にまとめて投資する**バランス型投信**も購入できます。

このように、成長投資枠では商品選択の幅が広く、つみたて投資枠では購入できない商品も自由に選べるのが最大の魅力です。

新NISAの成長投資枠では、どのように商品を選んだらよいでしょうか？
個別株やETFも購入できるので、さまざまなパターンが考えられます。

一方、従来の一般ＮＩＳＡで購入できた商品のうち、次のように**新ＮＩＳＡの成長投資枠では外される商品**もあります。

- **信託期間が20年未満**
- **毎月分配型**
- **高レバレッジ型**

の投資信託、ＥＴＦ、ＲＥＩＴは除外されます。価格の上下動が大きくハイリスクなレバレッジ型の商品や、信託期間が短く長期運用ができない商品は外されています。

2 つみたて投資枠の商品は成長投資枠でも買える

つみたて投資枠の方が購入できる商品の要件が厳しいため、**つみたて投資枠で購入できる商品はすべて成長投資枠でも買うことができます。**

つみたて投資枠と成長投資枠で同じ投資信託を積み立てることもできますし、つみたて投資枠で投信積立をしながら、成長投資枠では個別株やＥＴＦを買うこともできます。

3 単価の高い個別株やETFは一括投資!

成長投資枠はつみたて投資枠と異なり、一括で投資することも可能です。個別株やETFは1株あたりの価格が数千円〜数万円と高いため、多くのケースでは一括投資を使うことになります。

つみたて投資枠の毎月10万円の積立では投資枠が足りないという場合、成長投資枠で同じ商品を積立設定することにより、年間360万円(毎月30万円)まで同じ商品を積み立てることができます。

他の使い道としては、つみたて投資枠で毎月投信積立をしながら、ボーナスが支給された月だけ成長投資枠を使って多めにスポット購入する方法があります。

4 成長投資枠の上限は1200万円まで

成長投資枠の上限は1200万円です。成長投資枠だけで新NISAの非課税枠1800万円をすべて使い切ることはできず、600万円分はつみたて投資枠として使う必要があります。

自分のやり方で自由に投資したいという気持ちは分かりますが、つみたて投資枠に採用されているのは長期資産形成に適した商品ばかりです。

せっかく与えられた非課税枠を600万円も使わないのはもったいないので、普段個別株中心に運用している方も、新NISAではインデックス投資を併用するとよいと思います。

5 売却した投資枠が復活するが短期投資は御法度

「成長投資枠」で個別株やETFに投資している人の中には、投資した商品が値上がりしたタイミングで売り抜ける方法を選ぶ人もいるでしょう。

確かに、NISAでは売却益にかかる税金が非課税になるので、適切なタイミングで売ることができれば良い方法です。

しかし、**売却した分の非課税枠が復活するのは翌年**であり、その年の「成長投資枠」をすべて使い切っている場合、商品Aを売却してすぐに別の商品Bを買い付けることはできません。

また、仮に損失が発生した場合、**NISA口座内の損失は他の口座と損益通算できず、確定申告による繰越控除も受けられません。**

NISAでは利益が出た場合のメリットが大きい反面、損失が出た時の救済が少ないというデメリットがあります。

短期投資になるほど損をする機会も増えますので、損が出た時にかえって不利になるNISA口座では難易度が高い投資法と言えます。

04 新NISAの注意点は？

1 損益通算や損失繰り越しができない

NISAといえども、絶対に利益が出るとは限りません。投資成績がマイナスになった時のことを考えることも重要です。

NISA口座では、利益が出た時は特定口座などの課税される口座よりも得をしますが、**損失が出た時には課税口座よりも損をする可能性**があります。

NISA口座では、損失が発生した時に**他の課税口座と損益通算ができず、確定申告によって繰越控除を受けることもできない**からです。

損益通算というのは、複数の株取引で得た損益を合算し、最終

的な利益や損失を計算することを指します。

損益通算の具体例

下図のように利益と損失で確定した銘柄があります。

- **銘柄Aを売却して30万円の利益**
- **銘柄Bを売却して20万円の損失**

銘柄Aの30万円の利益には20％、6万円の税金がかかります。

ここで損益通算ができれば、30万円の利益のうち20万円の損失と相殺し、実質的な利益を10万円に抑えることができます。

課税対象となる利益が10万円であれば、本来6万円の税だったのが2万円で済み、損益通算により、約4万円の節税ができたことになります。

ＮＩＳＡでは他の課税口座と損益通算ができないため、銘柄ＢをＮＩＳＡ口座内で売却して20万円の損失が出た

● 損益通算の仕組み

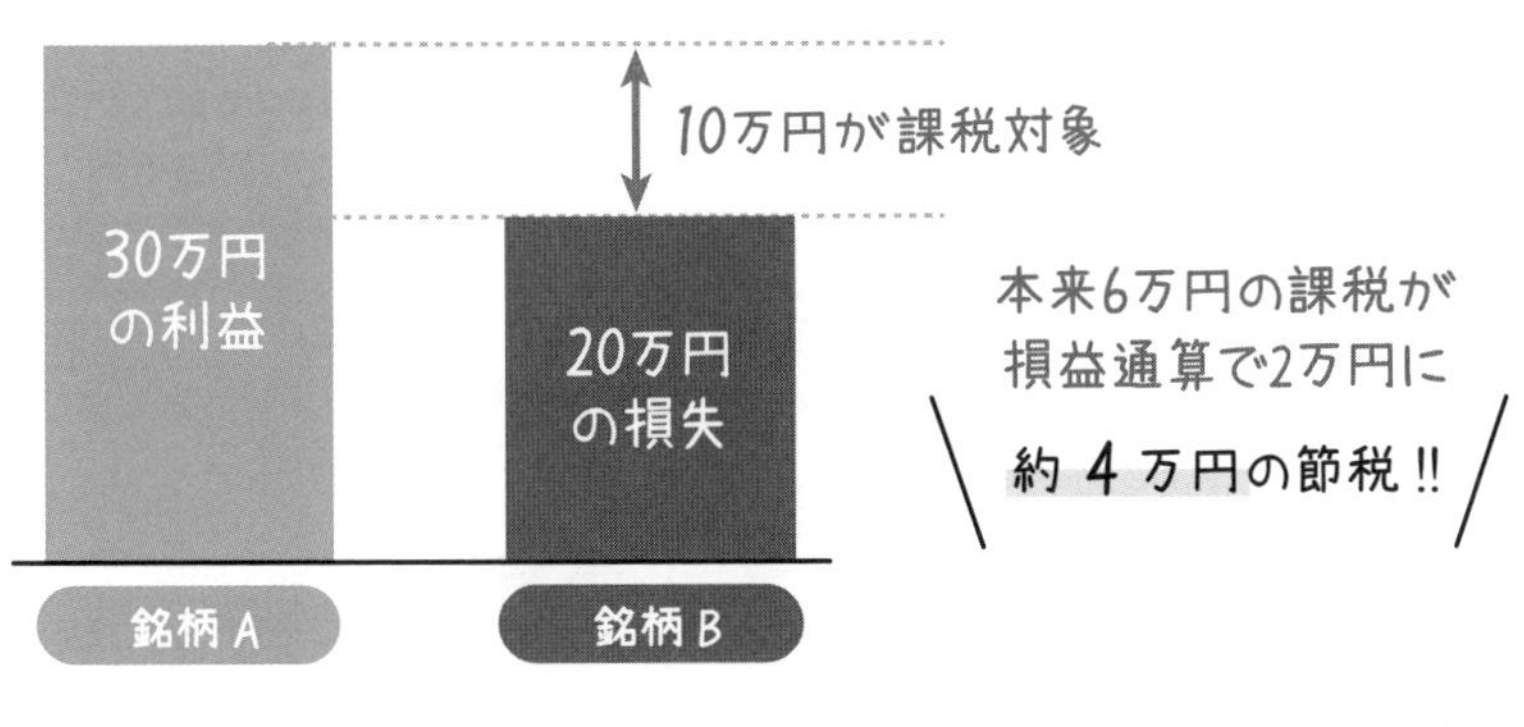

場合、その時点で20万円の損失が確定します。

最長で3年間の損失繰り越しができない

特定口座などの課税口座内の株の売買で損失が発生した場合、**確定申告をすることで翌年から最長で3年間損失を繰り越す**ことができます。

これを「**繰越控除**」の手続きと言います。

損をした年の翌年以降の取引で利益が出た場合、その利益を前年の損失と相殺できる制度です。

たとえば、X年の取引で２００万円の損失が発生した場合、確定申告をすることで、X＋３年まで損失を繰り越すことができます。

X＋１年の取引で40万円、X＋２年の取引で１００万円利益が出たとしても、X年の２００万円の損失で相殺され、課税対象額は０円になるのです。

繰越控除を使わなかった場合、利益の20％が課税されますので、X＋１年は８万円、X＋２年は20万円もの税金を支払う必要があります。

繰越控除の仕組み

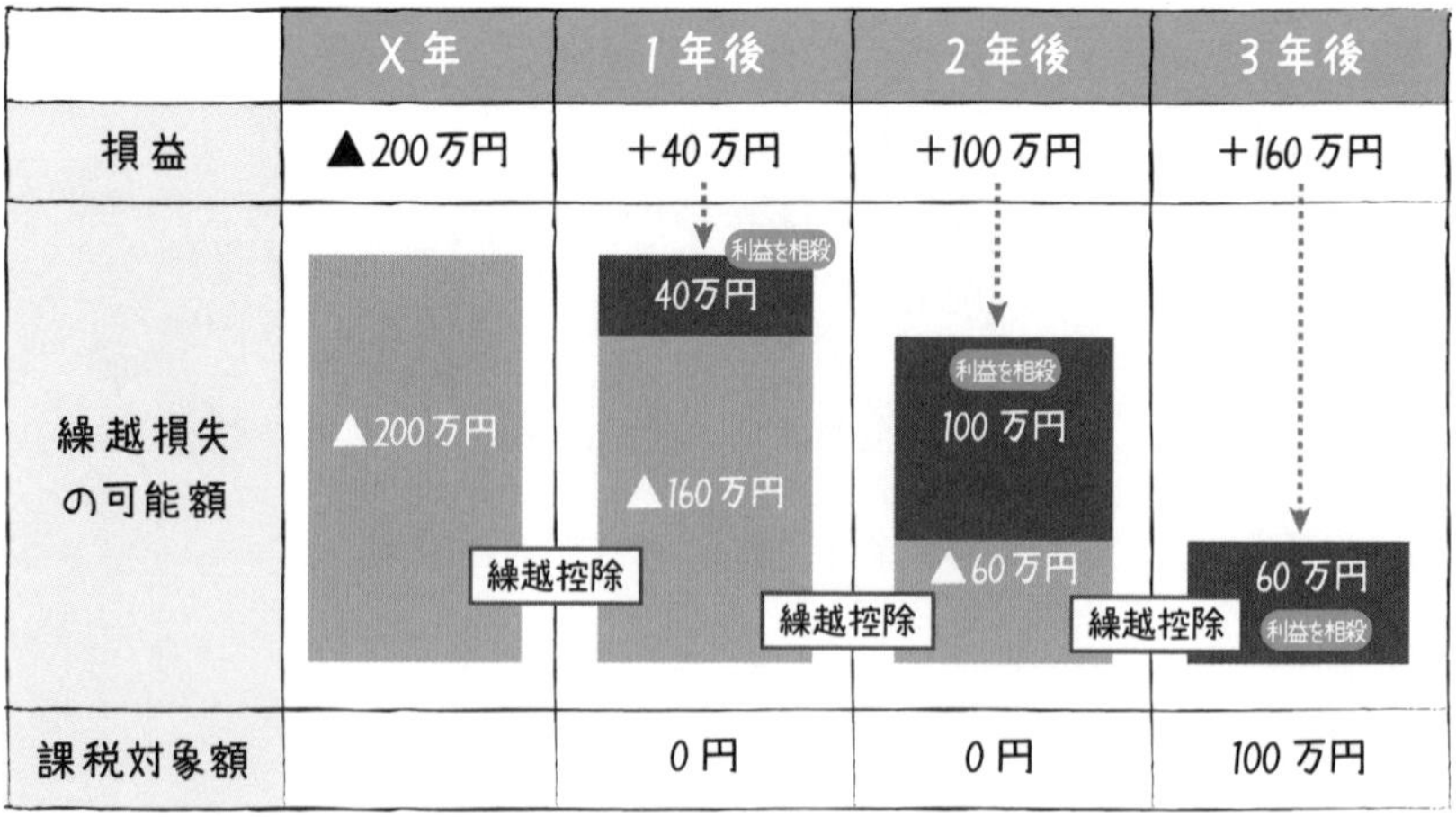

	X年	1年後	2年後	3年後
損益	▲200万円	＋40万円	＋100万円	＋160万円
繰越損失の可能額	▲200万円	利益を相殺 40万円 ▲160万円	利益を相殺 100万円 ▲60万円	60万円 利益を相殺
課税対象額		0円	0円	100万円

繰越控除　繰越控除　繰越控除

このように、課税口座では損失が発生しても、損益通算や繰越控除を上手に使うことにより、損失の金額を抑えることができます。

一方、NISA口座では損をした時の救済策がないため、できるだけ損を出さない投資を心がける必要があります。

2 配当金が非課税なのは「株式数比例配分方式」だけです！

新NISAの「成長投資枠」では投資信託だけでなく個別株やETFにも自由に投資できるため、配当金を受け取る機会が出てきます。
配当金の受け取り方法には以下の4つがあります。

❶ **配当金領収証方式**
配当金領収書が自宅へ郵送されてくるので、それを郵便局などへ持参して配当金を受け取る方式。

❷ **登録配当金受領口座方式**
保有する全ての銘柄の配当金を、1つの指定した銀行口座に振り込んでもらう方式。

❸ **個別銘柄指定方式**
配当金振込指定書を保有銘柄ごとに提出し、銀行口座に配当金を振り込んでもらう方式。

④株式数比例配分方式
配当金を証券会社の口座で受け取る方式。複数の証券会社に口座を開設している場合、預けている株数に応じて各証券会社の口座に配当金が振り込まれる。

このうち、ＮＩＳＡ口座で株式やＥＴＦの**配当金を非課税で受け取れるのは、「株式数比例配分方式」を選んだ場合だけ**です。

他の配当金受取方法を選択している場合、せっかくＮＩＳＡ口座で投資をしているにも関わらず、配当金が非課税にならず、20・315％の配当課税がかかります。

一度、**契約証券会社のサイトで配当金の受け取り方法を確認**してみてください。

ちなみに、ＮＩＳＡ口座の配当金だけ「株式数比例配分方式」にすることはできず、特定口座などの課税口座も自動的に同じ受取方式になります。

証券口座を開設した後、一度も配当金の受取方法について確認したことがなかった方は、新ＮＩＳＡが始まるタイミングで必ずチェックしておきましょう。

3 商品のスイッチングはできません

新ＮＩＳＡ内の商品を売却した場合、非課税枠が翌年に復活し再利用することができます。

新ＮＩＳＡでは、ｉＤｅＣｏ（215ページ）のように口座内で商品Ａを売却し、そのまま商品Bを購入し同じ金額で預け替える**スイッチングをすることはできません。**

スイッチングは、商品Aから商品Bへスイッチするという注文だけで売却と購入ができるシステムです。

新NISAで口座内の投資信託や株式を売却すると、**売却したお金はいったん現金化**されます。

その年の非課税枠が余っていれば、売却して得たお金で別の商品を買うことができます。

また、その年の非課税枠が余っていなくても、売却した分の非課税枠が翌年には復活しますので、その枠を使って別の商品を買うことも可能です。

● **新NISAでは商品のスイッチングは不可**

iDeCoでできるスイッチングが
新NISAではできない

A商品

投資信託の入れ替え不可

B商品

A商品の積立をやめてから、
B商品の積立を開始

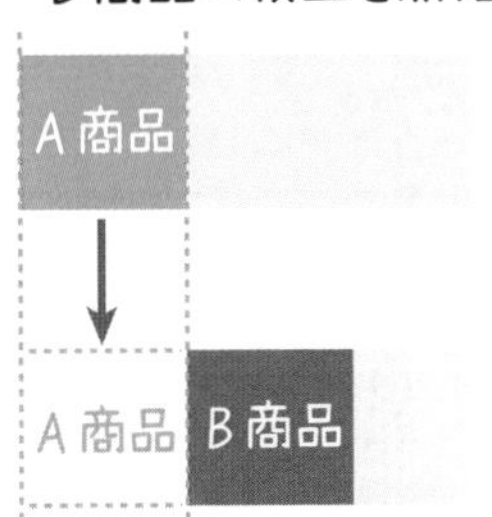

05 2023年まで保有した旧NISAはどうなる？

1 従来のNISAと新NISAは別枠で運用する

2023年まで、一般NISA、つみたてNISA、ジュニアNISAを利用して投資していた方もいるでしょう。

2024年から新NISAが開始されたことで、**従来の3つのNISA制度はすべて2023年末で廃止**され、2024年以降は旧NISA制度での新規投資はできません。

旧NISA内の商品を保有したまま新NISAで運用可能です！

旧NISA制度ですでに保有している商品については、非課税期間

2023年末で制度が廃止された旧NISA内で保有している商品はどのようにしたらよいでしょうか？

が終了するまで引き続き非課税で運用し続けることができます。

非課税期間は一般NISAでは5年間、つみたてNISAでは20年間、ジュニアNISAは5年間です。

一般NISAやつみたてNISAを利用していた方は、**その非課税枠は利用したまま、新たに新NISAの非課税枠1800万円が与えられる**ことになります。

今後旧NISAでの新規投資はできませんので、旧NISA内の商品は保有し続けるか、どこかのタイミングで売却するかしかありません。

当然、一度売却してしまうと旧NISAの非課税枠は復活しませんから、売る時はそのタイミングを慎重に検討した方がよいでしょう。

● 従来のNISAと新NISAの流れ

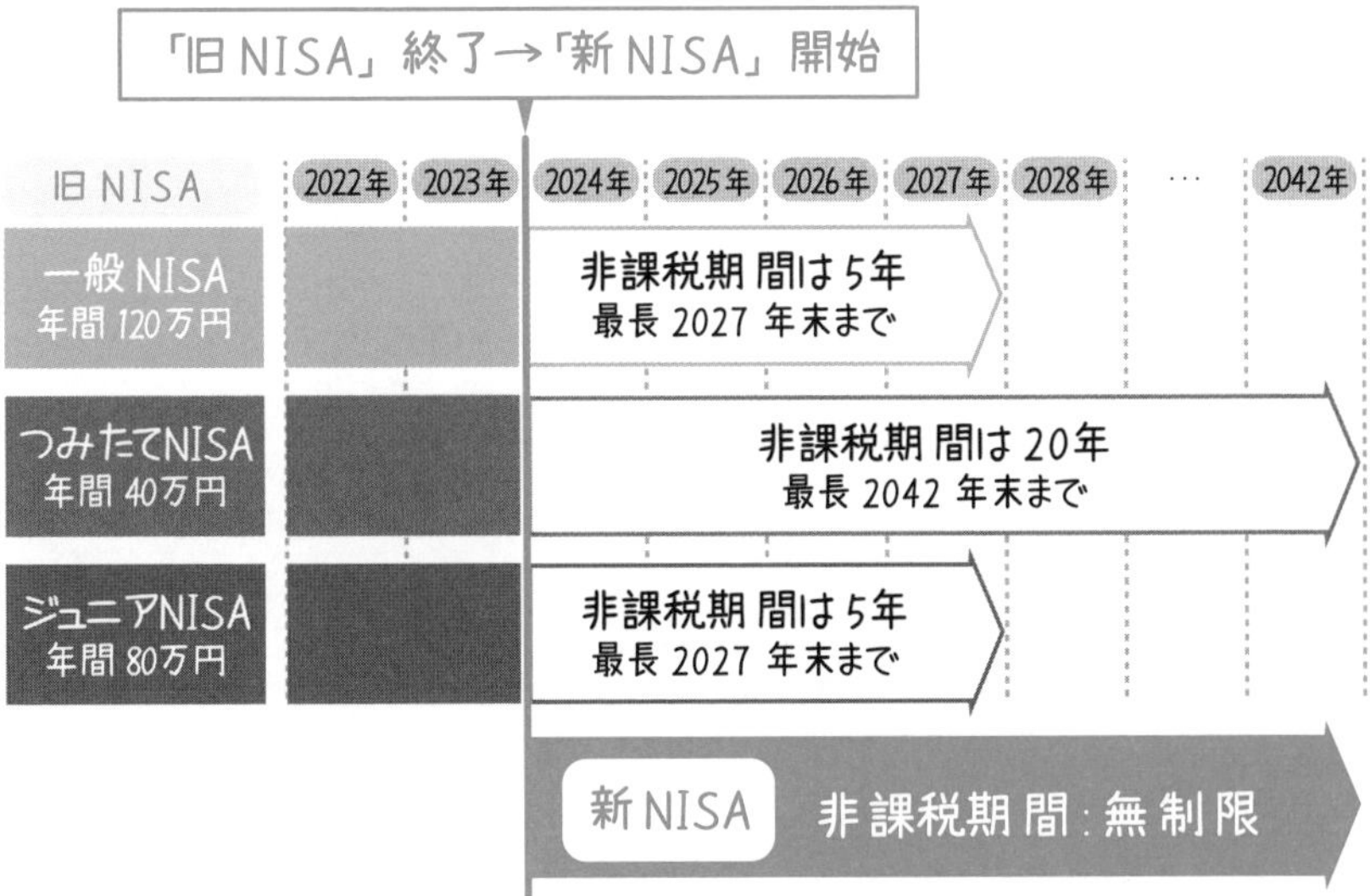

「旧NISA」終了→「新NISA」開始

旧NISA	2022年	2023年	2024年	2025年	2026年	2027年	2028年	…	2042年
一般NISA 年間120万円			非課税期間は5年 最長2027年末まで						
つみたてNISA 年間40万円			非課税期間は20年 最長2042年末まで						
ジュニアNISA 年間80万円			非課税期間は5年 最長2027年末まで						
			新NISA 非課税期間：無制限						

※ジュニアNISAは非課税期間終了後は継続管理勘定に自動的に移管され、18歳になるまで非課税で保有できます。

2 旧NISAの商品は新NISAには移管できない

2024年から始まった新NISAは、従来のNISAとは別枠の新しい制度です。つみたてNISAや一般NISAで保有している商品を、**新NISAのつみたて投資枠や成長投資枠へ移すことはできません。**

同様に、特定口座などの課税口座の中に入っている商品を新NISAへ移し替えることもできません。

従来のNISAで保有していた商品を新NISAへ移すには、その商品を売却して現金化し、そのお金を使って新NISAで同じ商品を買い直すしかありません。

旧NISAで生じた利益には税金がかかりませんが、一度売却してしまうとその非課税枠は二度と利用できません。

貴重な非課税枠を失うことになるため、**従来のNISAで保有している商品はできるだけ長く非課税のまま運用**し続け、新NISAでは新たに商品を購入するのがよいでしょう。

● 従来のNISAから新NISAへの移管は不可

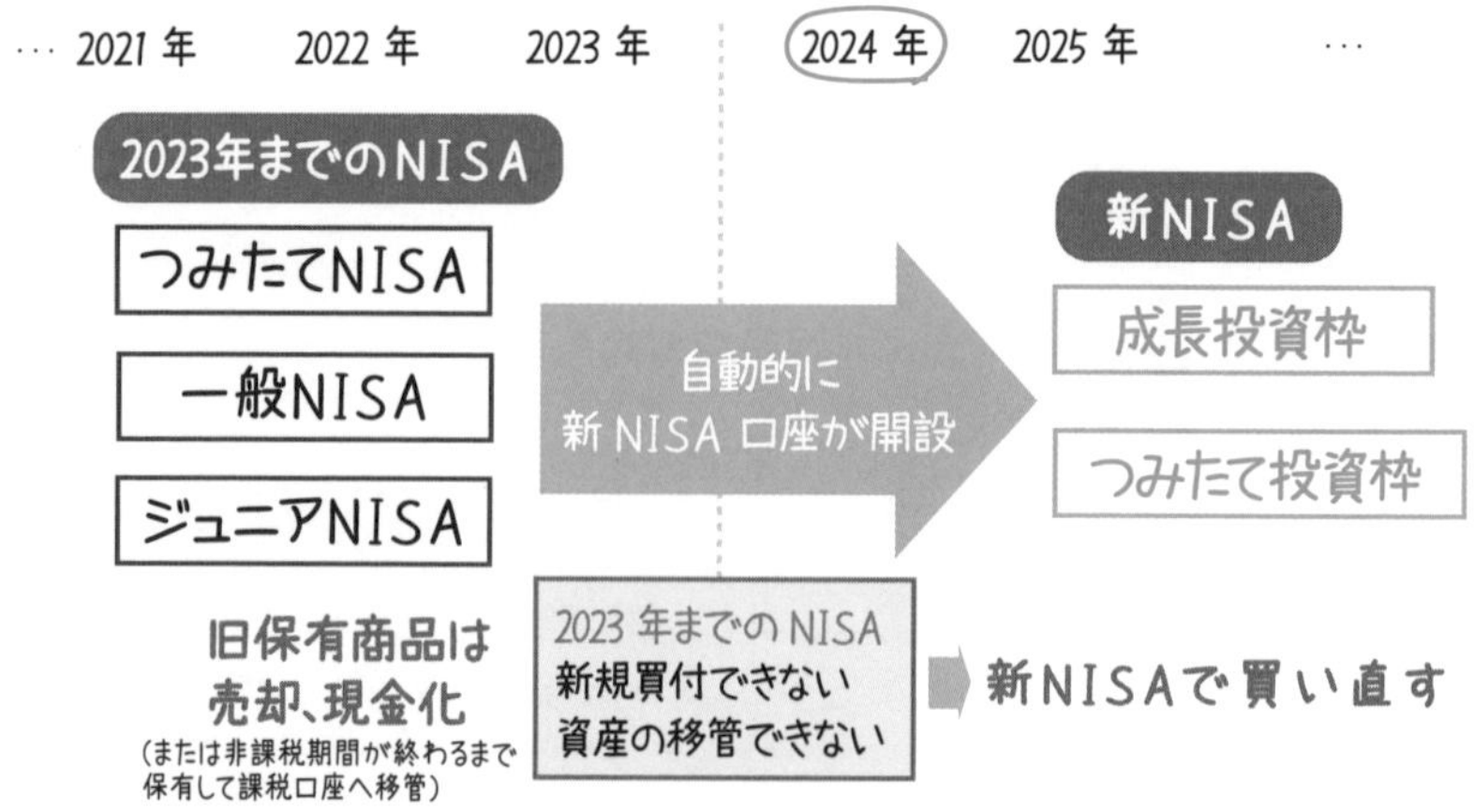

06 新NISAの疑問を解決！

投資ブログを運営する中で、新NISAについて読者から様々な質問をいただきました。

その中から、質問された回数が多く重要なものをピックアップして解説します。

1 特定口座の商品を売却して新NISAへ移すべき？

特定口座内の商品を新NISAへ移管することはできません。

特定口座内の商品を非課税で運用したい場合、いったん特定口座にある商品を売却し、売却したお金を使って新NISAで同じ商品を買い直す必要があります。

旧NISAと異なり、特定口座内の商品は売却時に利益の20％が課

新NISAについてブログの
読者からいただいた質問
をいくつかピックアップ
してみました。

税されるため、投資効率が下がることに注意が必要です。

新NISAは非課税で運用できる期間が無期限なので、特定口座内の商品を売って一時的に税金を支払ったとしても、**非課税の運用期間が長くなるほど商品を移し替えた方が有利**になる傾向があります。

しかし、新NISAに移し替えた方が確実に得をするわけではないので、ケース・バイ・ケースと言えるでしょう。

一般的には、次の2つの選択肢がよいと思います。

- **手持ちのお金で新NISAの1800万円をすべて埋められる方は、特定口座の商品は売却せずに保有し続ける**
- **新NISA用の新規資金が用意できない方は、特定口座内の商品を早めに売却して新NISAで買い直す**

2 積立金額は変更できますか？

つみたて投資枠と成長投資枠ともに、投資信託の積立金額はいつでも変更可能です。iDeCoと異なり、NISAでは口座管理料などが発生しないため、積み立てを止めることによるデメリットは特にありません。

また、ＮＩＳＡ口座内の商品はいつでも売却できるので、お金が必要になったらいったん売却して現金化することも可能です。

3 積立商品の変更や複数商品の積立はできますか？

毎月積み立てる**投資信託の種類はいつでも変更可能**です。

現在積み立てている商品の積立設定を解除し、別の商品で新しく積立設定をするだけです。

別の商品へ積み立てる商品を変更した場合、それまでに積み立てた商品は非課税のまま運用し続けることもでき、その時の時価でいったん売却して現金化することもできます。

売却した場合、その分の非課税枠は翌年に復活するので、復活した非課税枠を使って別の商品を買い直すことができます。

ただし、ＮＩＳＡでは資産のスイッチングができません（１８４ページ参照）。

年間投資枠の範囲内であれば、**複数の投資信託を同時に積み立てることもできます**。

4 新ＮＩＳＡの金融機関は変更できますか？

新ＮＩＳＡの金融機関変更は**年単位で可能**です。ここでいう年単位とは、ある年の1月1日から12月31日までの1年間を指します。

たとえば、2024年に一度でもNISA口座で買付を行っている場合、2024年のNISA口座は他社に変更できません。

その場合、**2024年10月1日以降に金融機関変更手続きをし、2025年から別の金融機関に変更すること**ができます。

金融機関を変更するには、今のNISA口座の金融機関へ連絡し、「**勘定廃止通知書**」を発行してもらいます。

乗り換え先の金融機関でNISA口座開設手続きを行い、その時に「**勘定廃止通知書**」を提出します。

その後、税務署の審査などが完了すると、新しい金融機関にNISA口座が開設されます。

金融機関変更時も、**以前のNISA口座で保有していた商品を、乗り換え先のNISA口座へ移管することはできません。**

● NISA口座の金融機関移管の手続き期間

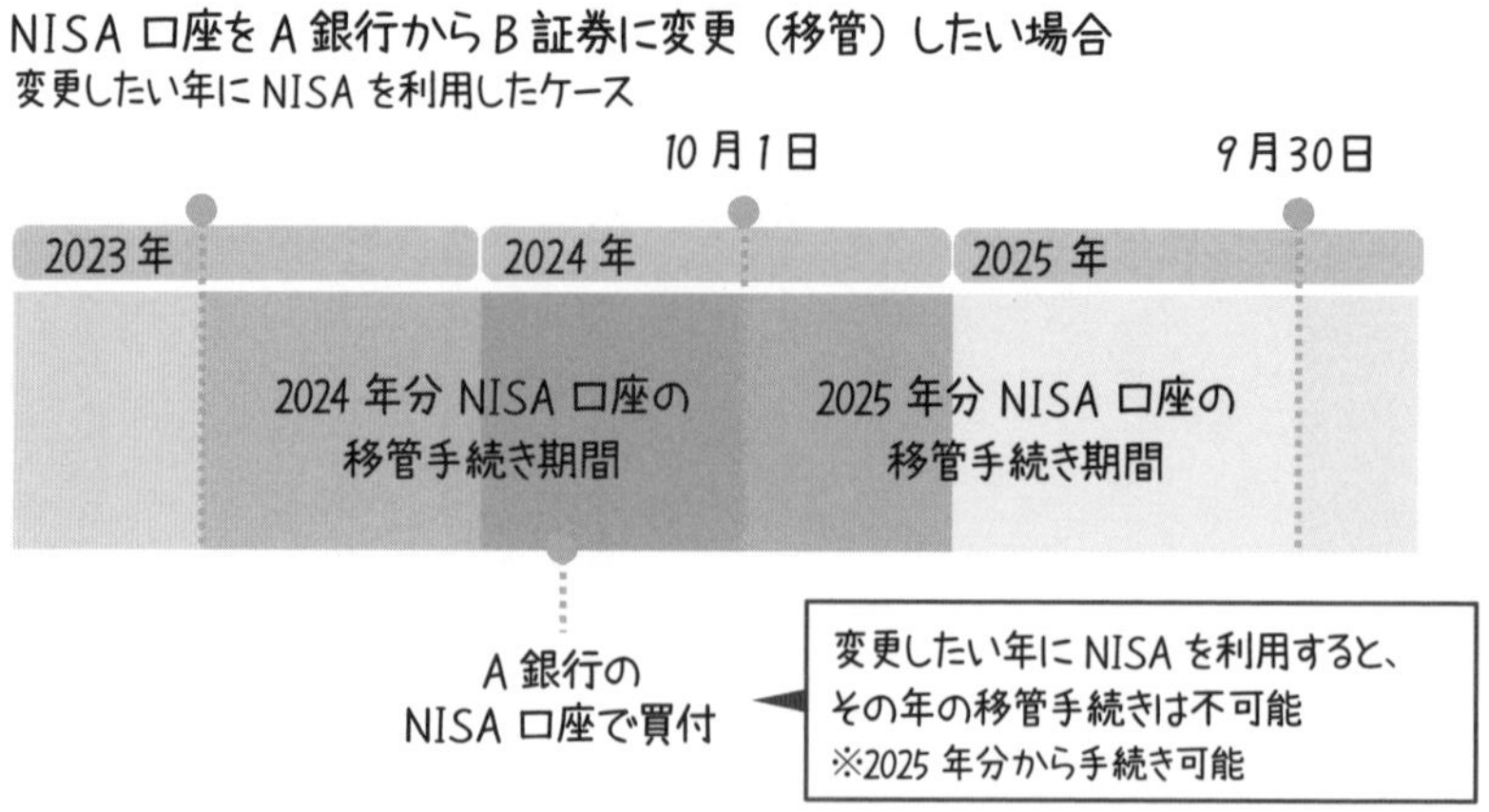

NISA口座をA銀行からB証券に変更（移管）したい場合
変更したい年にNISAを利用したケース

2023年	2024年	2025年
	2024年分NISA口座の移管手続き期間	2025年分NISA口座の移管手続き期間

10月1日
9月30日

A銀行の
NISA口座で買付

変更したい年にNISAを利用すると、
その年の移管手続きは不可能
※2025年分から手続き可能

07 新NISAでETFを買う時の分配金

1 新NISA内の米国ETFの分配金課税方式

インデックスファンドの大半は、投資効率を上げるため、分配金が発生しても投資家に支払わず、ファンド内で再投資する方針で運用されています。このような分配金再投資型の投資信託の場合、投資家自身が実際に分配金を受け取ることはありません。

一方、ETFの場合は分配金が必ず現金支給されます。

米国ETFの場合、分配金受取時に米国で10%、日本国内で約20%と二重課税されますが、NISA口座内であれば日本国内の配当課税（20・315%）がなくなるのがメリットです。

二重課税されない分、課税口座と同じETFに投資したとしても、NISA口座だと実際に受け取れる配当金の金額が増えるのです。

ただし、NISAの場合は日本国内の配当課税が免除され、そもそも国内外で二重課税になららないため、確定申告で外国税額控除の手続きはできません。

2 分配金再投資では投資信託が有利です！

以下の2つの条件に当てはまる場合はETFより投資信託を選んだ方がよいでしょう。

> **❶ 同じ指数に連動する投資信託とETFが両方あり、両者のコスト差が小さい**
>
> **❷ 生涯投資枠1800万円を早めに埋められる資金力がある人**

同じ指数に連動する商品の場合、信託報酬などのコストに大きな差がなければ、投資信託でもETFでもリターンには大差がありません。

ETFの場合、生涯投資枠の1800万円を使い切った後も分配金が定期的に振り込まれますが、**1800万円をオーバーした分は課税口座で再投資**するしかありません。

● 投資信託とETFの分配金再投資の流れ

新NISAの成長投資枠の満額1,200万円になると

ETFは分配金が配当所得になるので、元本に含まれない

ETFの場合

元本1,200万円

再投資する場合は非課税枠を使い切っているので課税口座に

分配金はファンド内で再投資されるので、分配金が元本に含まれる

投資信託の場合

元本1,200万円

分配金 分配金 分配金

元本に含まれるので非課税枠での再投資となる

投資信託の場合は、分配金がファンド内で自動的に再投資されます。新NISAの投資枠は購入に使ったお金（簿価）で計算されるので、投資信託の場合は分配金再投資に新しい非課税枠を使うことはありません。投資信託であれば永久に非課税のまま分配金を再投資し続けることができるのです。

3 投資信託の定期売却サービスを使う

分配金が発生するタイプの投資信託はリタイア世代の方から人気があります。しかし、実際には若い頃から配当金や分配金を受け取るのではなく、現役で仕事をしている時は配当を再投資し、老後になってから配当を受け取る方が効率がよいです。

証券会社によりますが、保有している投資信託を毎月自動で現金化する「投資信託の定期売却サービス」を提供しています。

２０２４年７月現在、ＳＢＩ証券と楽天証券が対応していますが、ＳＢＩ証券はＮＩＳＡ口座内の投資信託では利用できません。楽天証券の「定期売却サービス」では、あらかじめ定めた割合や金額に応じて、保有している投資信託を毎月自動で現金化してくれます。

これを使えば、若いうちは投資信託を取り崩さずに分配金を自動再投資して資産を増やし、老後になって収入が減った段階で、配当の代わりに投資信託を取り崩したお金を使うといった柔軟な運用が可能です。

08 金額ごとの新NISAの活用法

これから投資を始めようという方向けに、毎月の積立金額や預貯金の金額別に代表的な新NISAの使い方を3つ解説します。

1 ケース1 毎月3万円ずつ積立投資

ケース1は、生活防衛資金以外の預貯金が少なく、投資用のお金をこれから貯める段階の人向けです。

毎月の給料の中から3万円ずつ積立投資をするケースを考えてみます。

「つみたて投資枠」で全世界株インデックスファンド購入が正解！

毎月3万円の積立投資の場合、年間投資額は36万円です。

ここでは、積立の金額でケース分けし、ケースごとの積立プランを考えてみました。
ぜひ参考にしてみてください！

このケースでは投資するお金は**すべて「つみたて投資枠」に入れるのが正解**です。「つみたて投資枠」では投資できる商品の大半がインデックスファンドなので、実際に選べる選択肢は多くありません。

商品を選択するには次のステップを踏んでください。

> **❶ 全世界株、米国株、先進国株などの中から、自分が投資したい指数を決める**
> **❷ その指数に連動する商品の中で最もコストが安く、運用成果が安定している商品を選ぶ**

インデックスファンドの中で、初心者の方には**全世界株式型の商品がおすすめ**です。

全世界株式型インデックスファンドの中では、運用成果、純資産総額、コストなどの面で群を抜いている**eMAXIS Slim全世界株式（オール・カントリー）**がよいでしょう。

「つみたて投資枠」で唯一差が出るのは、クレジットカード積立を利用するか否かです。202ページでクレカ投資を解説しているので、参照してください。

2 ケース2 毎月10万円積立＋ボーナス

ケース1よりお金の余裕があり、**毎月10万円の定期積立に加えて、夏と冬のボーナスに合わせて追加投資**するケースを考えます。

この場合、毎月の定期積立には「つみたて投資枠」、ボーナス月の一括投資には「成長投資枠」と、それぞれの枠を使い分けることがポイントです。

毎月10万円は「つみたて投資枠」でクレカ積立

「つみたて投資枠」が年間120万円ありますので、毎月10万円以内の積立投資に関しては「つみたて投資枠」だけで完結できます。

投資する商品の選び方はケース1と同様で、自分が投資したい指数（全世界株、米国株、先進国株など）を選び、その中でコストが安い商品を選ぶのが鉄則です。

初心者の方には全世界株インデックスファンドがおすすめなので、毎月10万円はすべてeMAXIS Slim全世界株式（オール・カントリー）に投資すればよいでしょう。

毎月10万円までの積立投資は、ポイント還元が得られるクレカ積立を利用することが重要です。

証券会社やクレジットカードの種類にもよりますが、毎月10万円（年間120万円）の投信積立だけで約6000～

●「つみたて投資枠」毎月10万円積立の方法

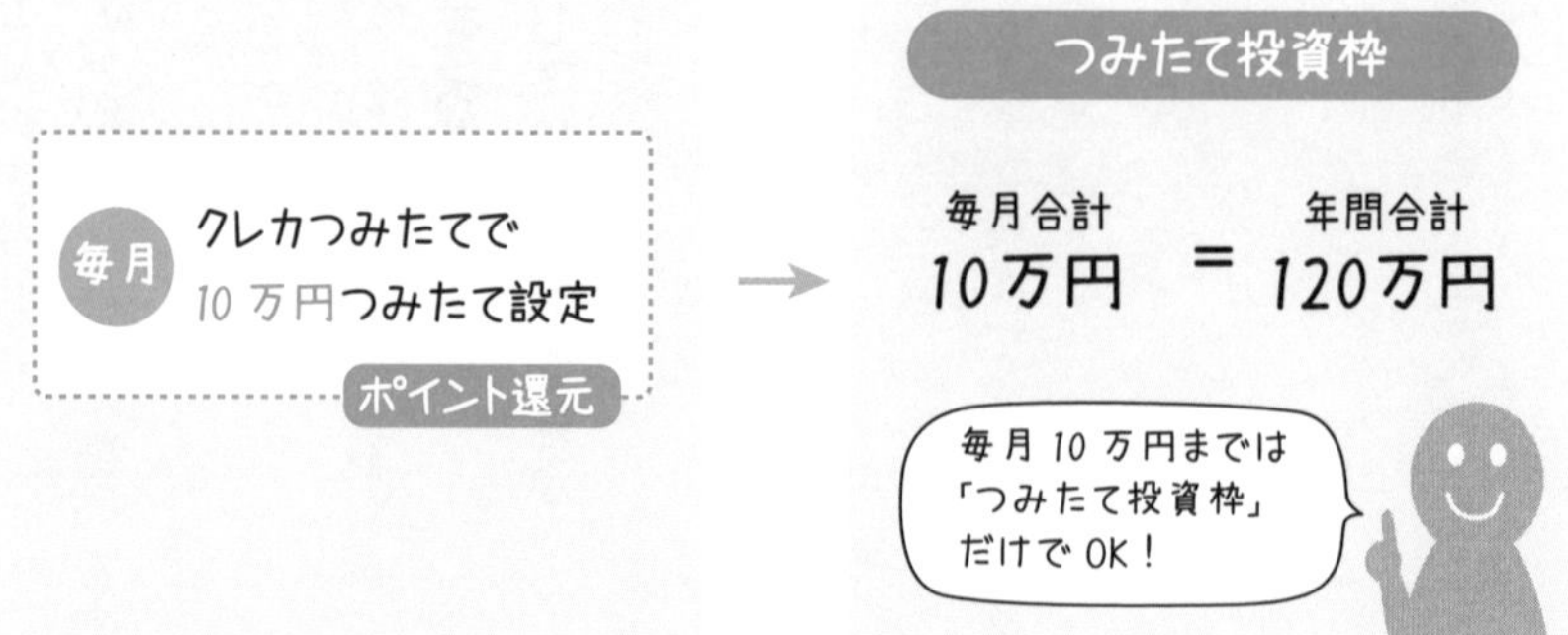

1２０００円分のポイントが還元されます。

ボーナス支給月は「成長投資枠」を使って追加投資

ケース２はケース１と異なり、夏と冬のボーナス時期に合わせて追加投資を行います。

毎月10万円の定期積立で年間１２０万円の「つみたて投資枠」は使い切っているため、ボーナスの投資には「成長投資枠」を使うことになります。

「成長投資枠」は「つみたて投資枠」と異なり一括投資も可能なので、ボーナスなどまとまったお金を投資に回す時には「成長投資枠」を使った方が便利です。

「成長投資枠」は年間２４０万円もありますので、ボーナスを投資する時にも十分です

また、クレカ積立で貯めたポイントも投資信託の購入に充てることができます。

3 ケース3 貯金が1000万円あるケース

３つ目は、これまでの投資経験はゼロですが、コツコツと貯めてきた貯金が１０００万円あるケースです。これまでの２つのケースと異なり、はじめからまとまったお金がある人が新ＮＩＳＡを活用する時の参考にしてください。

このようなケースでは、まとまったお金の投資には「成長投資枠」を活用し、毎月の新しい貯金分は「つみたて投資枠」を活用するとよいでしょう。

株式比率50%を目指して「成長投資枠」で一括投資

新NISAは制度自体も非課税で運用できる期間も無期限になったため、若い方であれば20年~30年以上先を見据えて投資する必要があります。現金の価値はインフレによって著しく下がっていくため、使わないお金を長期にわたって銀行口座に放置してはいけません。

生活防衛資金が確保できており、すぐに使う予定のないお金がある方は、リスク許容度の範囲内で株式に投資していくとよいでしょう。

株式比率の目安は「**100-年齢(%)**」です(122ページ参照)。

つまり、今30歳の人ならば、株式比率は70%くらいが適正ということです。

「70%」と聞くと株式比率がかなり高いと感じるかもしれませんが、長期間運用することで株式のリターンが安定することを考えると、若い人にとっては妥当な数字と言えます。

仮に70%まで株式比率を上げる勇気がなくても、最低でも50%までは引き上げたいものです。

預貯金が1000万円ある人の株式比率を50%に上げるためには、初期に思い切って一括投資することが必要です。

毎月5万円ずつ積立投資をしていても、なかなか株式比率は上がらないからです。**「成長投資枠」を使って株式インデックスファンドを一括購入**するのがよいでしょう。

「成長投資枠」は年間240万円まで使えますので、はじめの2~3年活用すれば、預貯金(無リスク資産）と株式（リスク資産）の割合を自分の理想形に近づけることができるはずです。

毎月の「先取り貯金」分はつみたて投資枠でクレカ積立

長期投資で成果を上げるには、これまでに貯めたお金を一括投資するだけでなく、毎月の積立投資も同時に続けることが重要です。

ケース3のようにまとまったお金がある場合でも、**毎月の「先取り貯金」は必ず継続し、毎月の貯金の中からコツコツ投資に回す**習慣も続けましょう。

毎月の積立投資には「つみたて投資枠」を使うのが正解です。

「つみたて投資枠」だけでも毎月10万円までの積立投資に対応できますので、ほとんどの人にとって十分でしょう。

ケース1やケース2の時と同様に、「つみたて投資枠」で投信積立をする時はクレジットカードを使うとお得です。

投資商品はeMAXIS Slim全世界株式（オール・カントリー）がおすすめですが、米国株ならeMAXIS Slim米国株式（S&P500）、先進国株ならeMAXIS Slim先進国株式インデックスもよいでしょう。

給料の中から毎月10万円も用意できない場合、「つみたて投資枠」の枠が余るかもしれません。

その場合、ボーナス設定を使えば「つみたて投資枠」でも一括投資ができますので、株式比率が低いうちは活用するとよいでしょう。

Episode 1

お得なクレジットカード投信積立

クレジットカード投信積立のメリット

近年、多くの証券会社で、クレジットカードを利用して投資信託を積み立てることで、ポイント還元が受けられるサービスを実施しています。個別株やETFはサービスの対象外です。

SBI証券、楽天証券、マネックス証券の3社はすべて対応しています。

近年ではインデックスファンドの信託報酬が0.1%前後であることを考えると、その5年～10年分にあたるポイントが獲得できるのは非常に大きいです。

貯めたポイントで投資信託を購入することができるので、ポイントを使って同じ投資信託に再投資することで、資産形成のスピードを上げることができます。

ポイント還元が得られるのは毎月10万円までなので、10万円を超える部分は複数の証券会社を使った方がお得になります。

しかし、NISA口座は1人1口座しか保有できないため、現実的にはどこか1つの証券会社のポイントサービスを使うことになるでしょう。

2024年3月から、クレジットカード積立の上限金額が毎月10万円に引き上げられ、つみたて投資枠の毎月10万円（年間120万円）はすべてクレカ積立で対応可能になりました。

SBI証券、楽天証券、マネックス証券のクレカ積立

SBI証券、楽天証券、マネックス証券の3社のクレカ積立サービスを紹介します。

SBI証券

SBI証券の場合、三井住友カードを利用して投信積立をすることで、毎月10万円を上限に0.5%～5.0%のポイント還元を受けられます。

年会費無料のスタンダードカードの場合、ポイント還元率は0.5%です。

ただし、2024年11月からポイント還元率が変わりますので注意してください。

楽天証券

楽天証券の場合、楽天カードを利用して投信積立をすることで、毎月10万円を上限に0.5%～1.0%のポイント還元を受けられます。

インデックスファンドの場合はクレジットカードのランクによってポイント還元率が異なり、スタンダードカードで0.5%、ゴールドカードで0.75%、プレミアムカードで1.0%です。

マネックス証券

マネックス証券の場合、マネックスカードを利用して投信積立をすることで、毎月10万円までポイント還元を受けられます。毎月10万円を積み立てた時のポイント還元率は0.73%です。

7時限目

iDeCoで将来の年金をしっかり作ろう

01 iDeCoと年金の制度はこうなっている

1 iDeCoで節税しながら老後の年金準備

iDeCo（個人型確定拠出年金）は、節税をしながら老後に向けた資金を準備できる制度です。

毎月の掛金を定期預金や保険、投資信託などで運用し、運用してきたお金を60歳以降に受け取ることができます。

iDeCoを使うことで、掛金を支払った分だけ税金が安くなる、運用した利益が非課税になるといった節税効果があるのが最大の魅力です。

年金の種類を覚えておこう！

● 老後を支える３つのお金

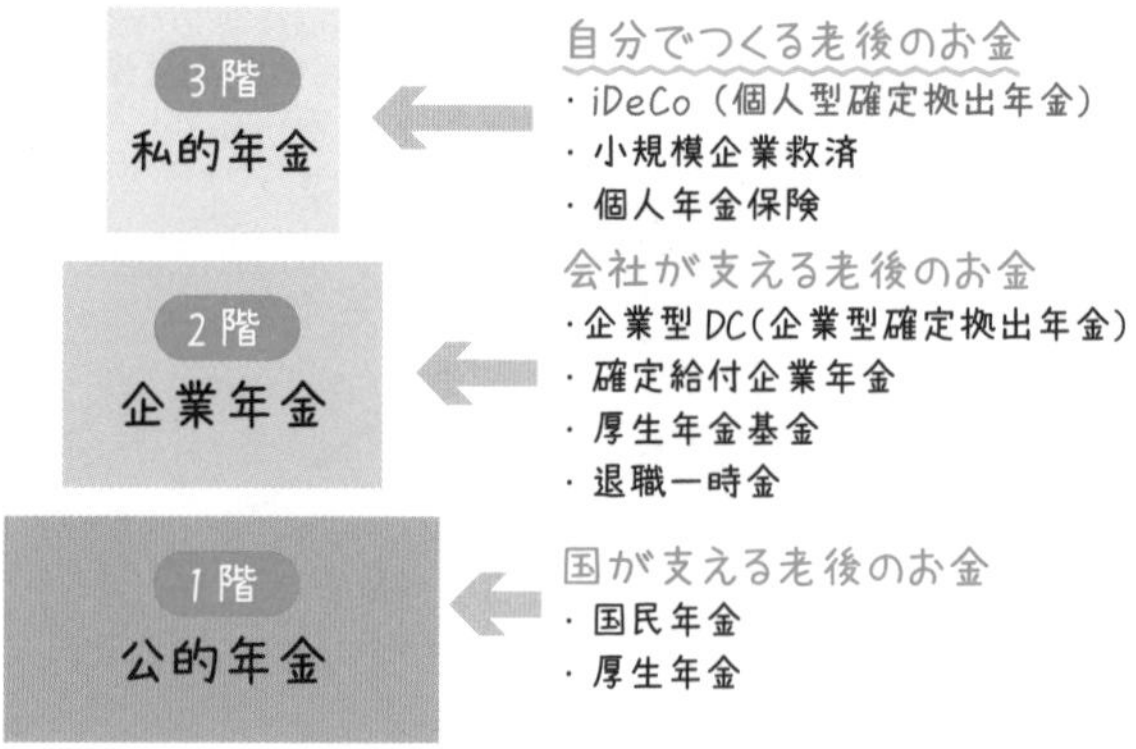

3階	私的年金	自分でつくる老後のお金 ・iDeCo（個人型確定拠出年金） ・小規模企業共済 ・個人年金保険
2階	企業年金	会社が支える老後のお金 ・企業型DC（企業型確定拠出年金） ・確定給付企業年金 ・厚生年金基金 ・退職一時金
1階	公的年金	国が支える老後のお金 ・国民年金 ・厚生年金

iDeCoの説明をする前に、老後を支えるお金の種類について説明します。

老後を支えるお金には3つの種類があります。

国から受け取る「公的年金」

1つ目が**国から受け取る公的年金**です。

日本国内に在住している20歳以上60歳未満の人には、国民年金保険料を納める義務があります。

国民年金保険料を納めることによって、老後に老齢基礎年金を受給できるだけでなく、必要時に**障害年金**や**遺族年金**を受給できるメリットがあります。

会社員や公務員の人は厚生年金保険にも加入しているため、老後には**老齢厚生年金**を受け取ることができます。

国民年金の加入者は**第1号から第3号までの3種類**あります（下表）。

iDeCoの加入条件にも関係するので理解しておきましょう。

● 年金の被保険者の区分

	第1号被保険者	第2号被保険者	第3号被保険者
対象	自営業者とその配偶者 フリーランス 無職・学生など	会社員と公務員	第2号被保険者に扶養されている配偶者
年齢	20歳以上60歳未満	下限なし、原則70歳未満	20歳以上60歳未満
加入する年金制度	国民年金	国民年金 ＋ 厚生年金保険	国民年金
保険料	国民年金 16,520円 （令和5年度）	厚生年金保険料 標準報酬月額による 保険料は事業主が半分負担	扶養なので自己負担はなし

第1号被保険者は自営業者やフリーランスとその家族、学生などで、国民年金の保険料を自分で直接納める人たちです。

第2号被保険者は会社員や公務員など厚生年金に加入している人を指し、保険料は事業主と折半で給料から天引きされます。

厚生年金に加入している第2号被保険者に扶養されている20歳以上60歳未満の配偶者を第3号被保険者と言います。

保険料は第2号被保険者全体で負担するため、第3号被保険者に保険料の負担はありません。

会社から受け取る退職金や企業年金

2つ目は会社から受け取る退職金や企業年金です。

企業年金には確定給付企業年金（DB）と企業型確定拠出年金（企業型DC）があ

● 3階建ての日本の年金の仕組みと iDeCo

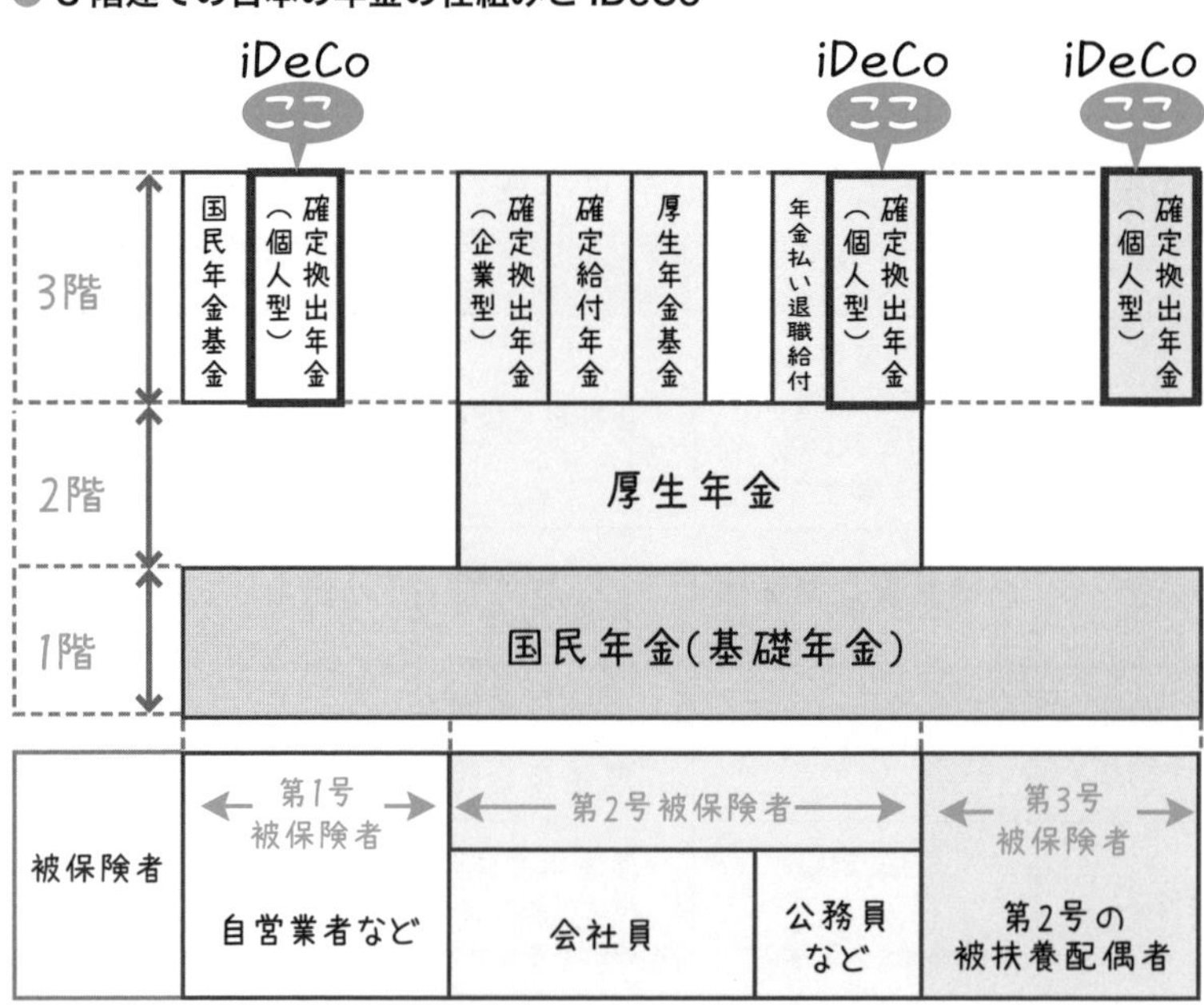

ります。

確定給付企業年金は、退職までの勤務年数や給与などに基づいて、従業員が受け取る給付額が約束されている企業年金のことです。

運用の責任は会社が負い、運用成果が悪かった場合、不足分のお金は企業が穴埋めします。

企業型ＤＣは、企業が掛金を毎月積み立てし、従業員が自ら資産運用を行う制度です。自分で掛金を拠出しなくても資産運用ができるのがメリットですが、運用成果によって将来受け取る年金額が変わる危険性もあります。

老後に向けて自分で準備するお金（自分年金）

３つ目が老後に向けて自分で準備しておくお金（**自分年金**）です。

自分でお金を出して老後に向けた貯蓄や投資を行い、リタイア後のお金を準備します。特に、公的年金や会社から受け取れるお金が少ない人ほど、３番目の自分年金の重要性が高くなります。

ｉＤｅＣｏは自分年金を手厚くするための制度で、自分で金融機関を選んで加入し、毎月の掛金を支払って、定期預金や投資信託で運用することで老後のお金を準備します。

ｉＤｅＣｏを利用せずに自ら貯蓄や投資をする手もありますが、ｉＤｅＣｏを使うことで様々な節税メリットが得られるため、老後のお金に不安がある人はぜひ活用したい制度です。

2 iDeCoの加入から給付までの流れ

iDeCoの全体的な流れについて説明します。

ステップ❶ iDeCo加入

iDeCoは**自分で金融機関を選んで加入手続き**を行います。

金融機関によって商品ラインナップや手数料が大きく異なるため、自分に合った金融機関を選ぶことが重要です。

ステップ❷ 掛金の拠出

加入手続きが完了してiDeCo口座が開設された後は、**毎月一定の掛金を銀行預金からの口座振替や給与天引き**で支払います。

掛金は月額5000円から設定でき、上限は加入者の属性によって変わってきます。

● iDeCoの流れ

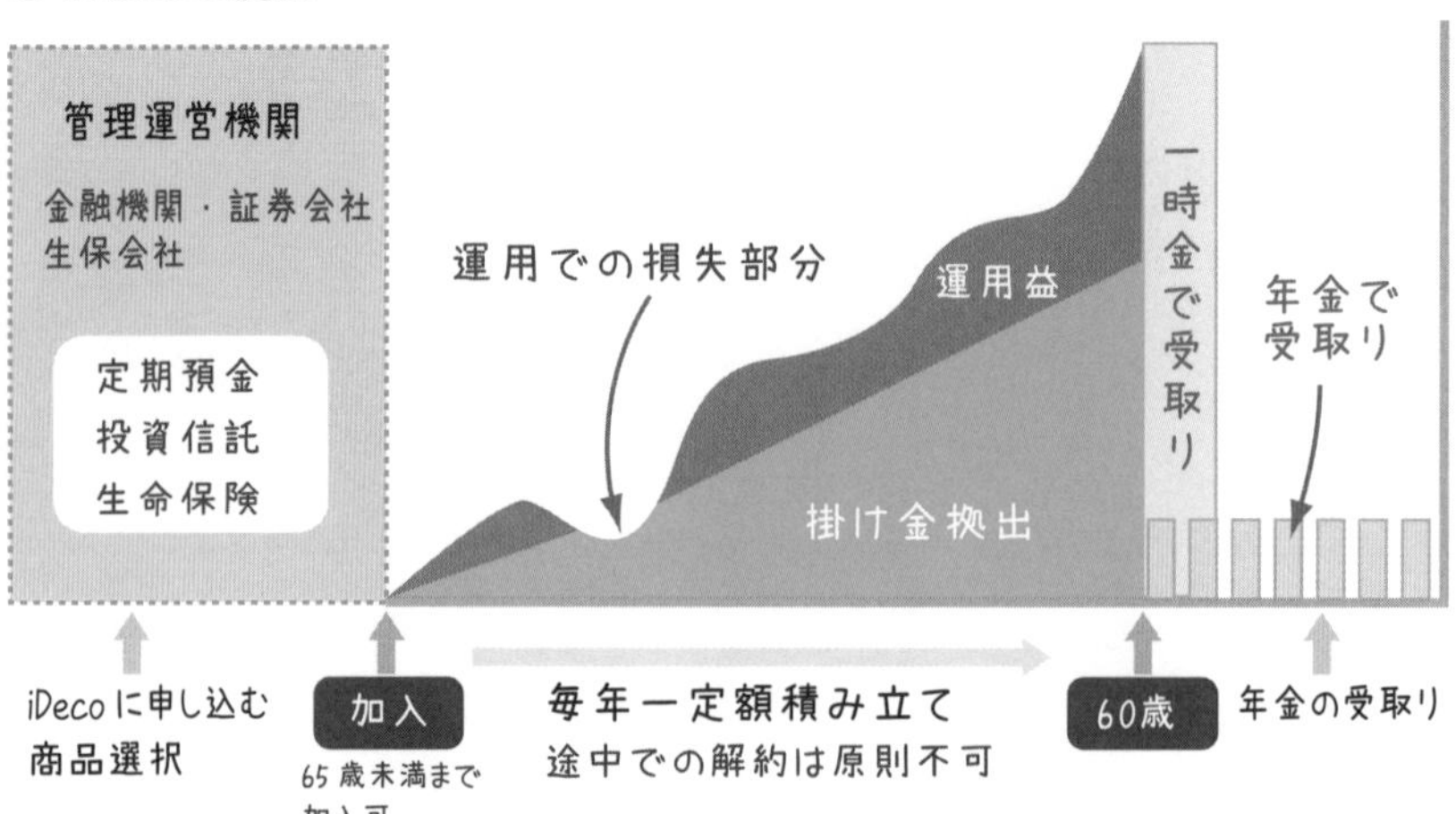

ステップ❸　掛金の運用

毎月の掛金を決めた後、掛金を**どの金融商品の購入にあてるか指定**します。

ｉＤｅＣｏでは、定期預金や保険などの元本保証型の商品、もしくは投資信託から選ぶことになります。

一つの商品に全額投資することもできますし、複数の商品に分けて投資することも可能です。

ｉＤｅＣｏの運用成果は自己責任なので、リスク許容度に応じてどの商品にいくら投資するか決めましょう。

ステップ❹　給付を受ける

ｉＤｅＣｏで運用したお金を受け取れるのは60歳以降になってからです。60歳になるまではステップ2〜3の積立投資を継続することになります。

掛けた年金を受け取る方式は、次の３つの中から選ぶことができます。

❶　一括でまとめて受け取る「一時金」
❷　分割で受け取る「年金」
❸　一部を「一時金」で受け取り、残りを「年金」形式で受給

一時金での受取には退職所得控除、年金受取には公的年金等控除が適用され、それぞれ一定の金額までは税金がかかりません。

ｉＤｅＣｏの制度は２０２２年に変更があり、60歳を過ぎても引き続き**75歳まで運用を継続**できるようになりました。

ただし、65歳以降は新たな掛金を支払うことはできず、それまでに積み上げた資産を運用し続ける形になります。

3 ｉＤｅＣｏに加入できる条件は？

ｉＤｅＣｏが始まった当初は、国民年金の第1号被保険者と企業年金のない会社員しか加入できませんでした。

２０１７年1月に加入条件が変更され、60歳未満のほぼ全ての現役世代が加入できるようになりました。

さらに、２０２２年10月から加入可能年齢が60歳未満から65歳未満に引き上げられ、企業型確定拠出年金（企業型ＤＣ）の加入者もｉＤｅＣｏに加入できるようになったため、非常に使いやすい制度になっています。

ｉＤｅＣｏの加入条件と掛金上限金額

ｉＤｅＣｏは社会的属性や企業年金の有無によって、**掛金の上限額**が大きく変わってきます。

ｉＤｅＣｏに加入する前に、自分がどのタイプに属するかを理解しておく必要があります。

第１号被保険者は自営業やフリーランスとその家族、学生などで、ｉＤｅＣｏの掛金の上限は月額６８０００円です。

ただし、国民年金の保険料を納めていなければｉＤｅＣｏは利用できないことに注意しましょう。

第３号被保険者は会社員や公務員などの第２号に扶養されている配偶者で、月額２３０００円を上限としてｉＤｅＣｏに加入できます。

第２号被保険者は様々なケースがあります。

● iDeCoの加入資格と掛金上限額

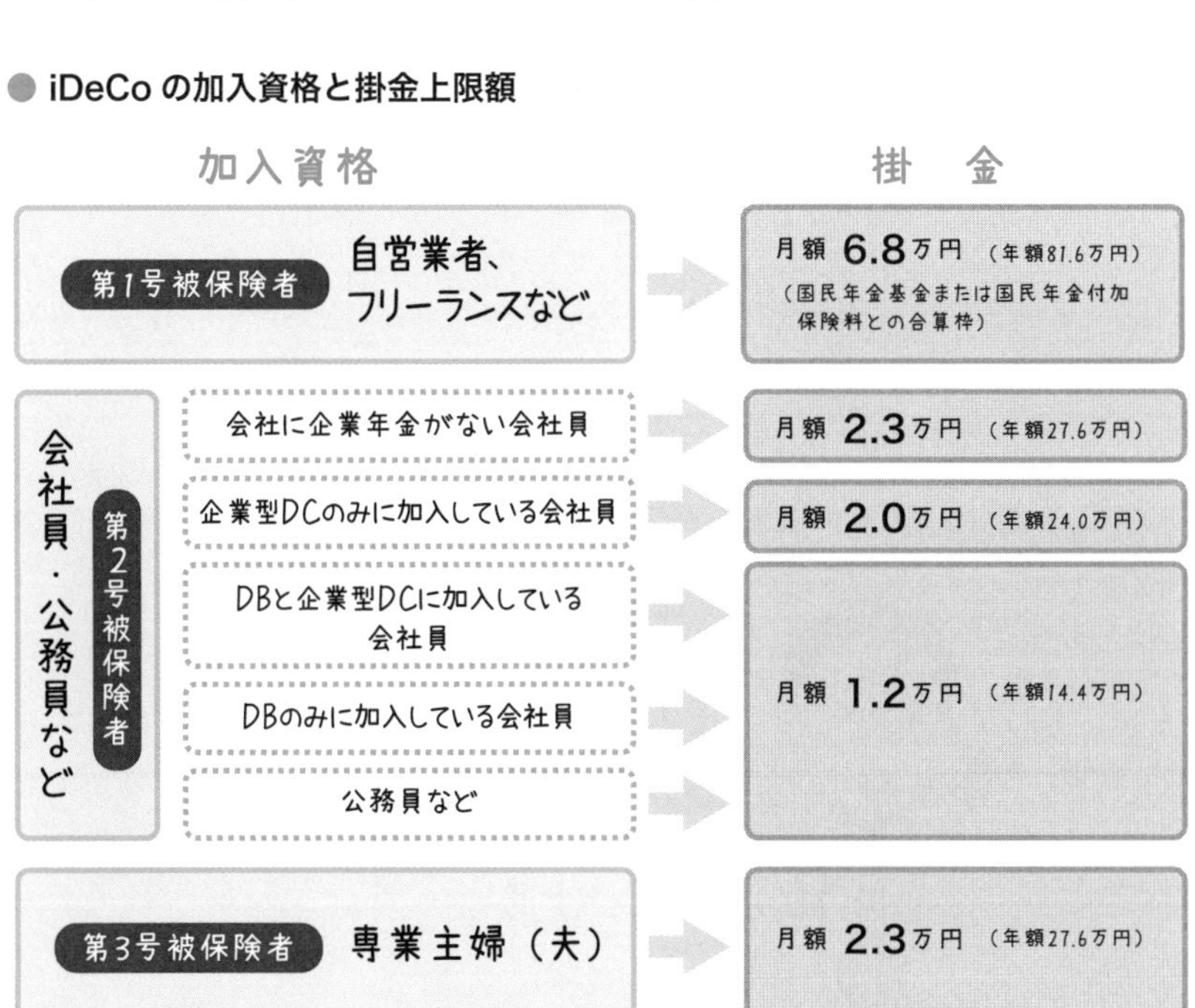

会社員の場合、企業年金の種類によって掛金の上限額が変わってきます。

会社に企業年金がない場合、掛金の月額上限は23000円です。

企業型DCのみ加入している場合、月額55000円から企業型DCの掛金額を引いた金額（ただし、最大20000円まで）が上限となります。

企業型DCと確定給付企業年金の両方に加入している場合、月額27500円から企業型DCの掛金額を引いた金額（ただし、最大12000円まで）が上限となります。

確定給付企業年金のみ、もしくは公務員の場合、掛金の月額上限は12000円です。

自分がどれに該当するのか分からない場合、お勤め先の担当部門に問い合わせるとよいでしょう。

02 ｉＤｅＣｏのメリット

1 ｉＤｅＣｏの３つのメリット

ｉＤｅＣｏには、次の３つのメリットがあるのが最大の魅力です。

❶ 運用益が非課税になる
❷ 掛金が所得控除となり節税できる
❸ 口座内で商品のスイッチングが可能

2 運用益に税金がかからない

ｉＤｅＣｏではＮＩＳＡと同様、**運用した利益に税金がかかりません。**

ｉＤｅＣｏはNISAと同様、運用益に税金がかかりません。また、その他にもメリットがありますよ！

特定口座などの課税口座の場合、投資信託の利益には20・315%の税金がかかりますが、iDeCoではすべて非課税になります。

通常なら税金として差し引かれてしまうお金も元本に上乗せして運用できるため、**長期になるほど有利**になります。

iDeCoの資産は60歳まで引き出せないため、ほとんどの方にとって10年～20年以上の長期運用が前提となります。

3 掛金が所得控除となり節税できる

iDeCoの掛金は全額が「所得控除」の対象になり、老後に向けた積立投資をしながら節税をすることができます。

次ページ図の「**給与収入**」というのは額面の年収のことです。サラリーマンの場合、年収から給与所得控除額を差し引いた金額が「**所得**」になります。

所得の中から様々な所得控除を差し引いた金額が「**課税**

● iDeCoでは運用益が非課税になる

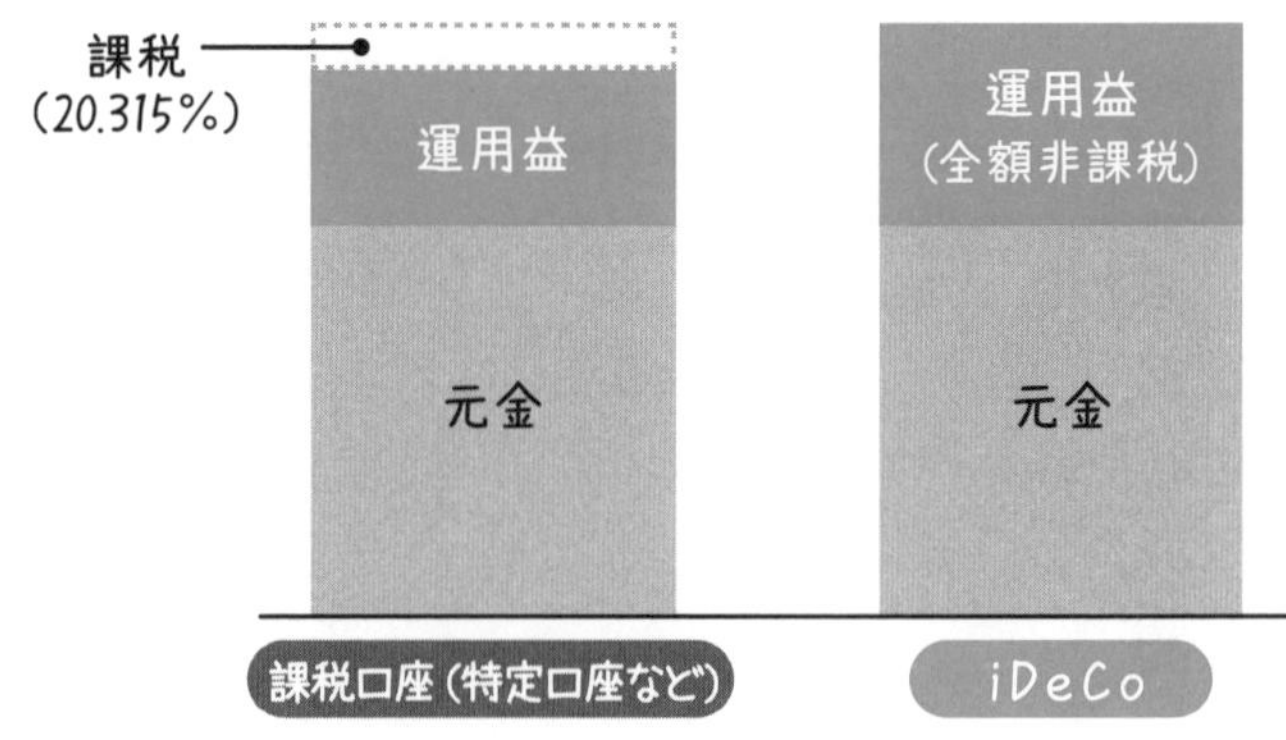

所得」です。

代表的な所得控除には、基礎控除、社会保険料控除、生命保険料控除、医療費控除、寄附金控除（ふるさと納税など）、扶養控除などがあります。

ｉＤｅＣｏの掛金は「小規模企業共済等掛金控除」に該当し、掛金の全額が所得控除の対象になり、課税所得金額を少なくすることができるため、最終的に支払う所得税や住民税を抑えることができます。

所得税率は所得に応じて上がる累進課税方式のため、高年収で課税所得が大きい人ほどｉＤｅＣｏによる節税効果は大きくなります。

4 商品のスイッチングが可能

ＮＩＳＡと異なり、ｉＤｅＣｏでは商品のスイッチングが可能です。

「商品Ａを売却して商品Ｂへスイッチする」という注文を出せば、あとは口座内で勝手に商品Ａから商品Ｂへ預

● iDeCoによる節税の仕組み

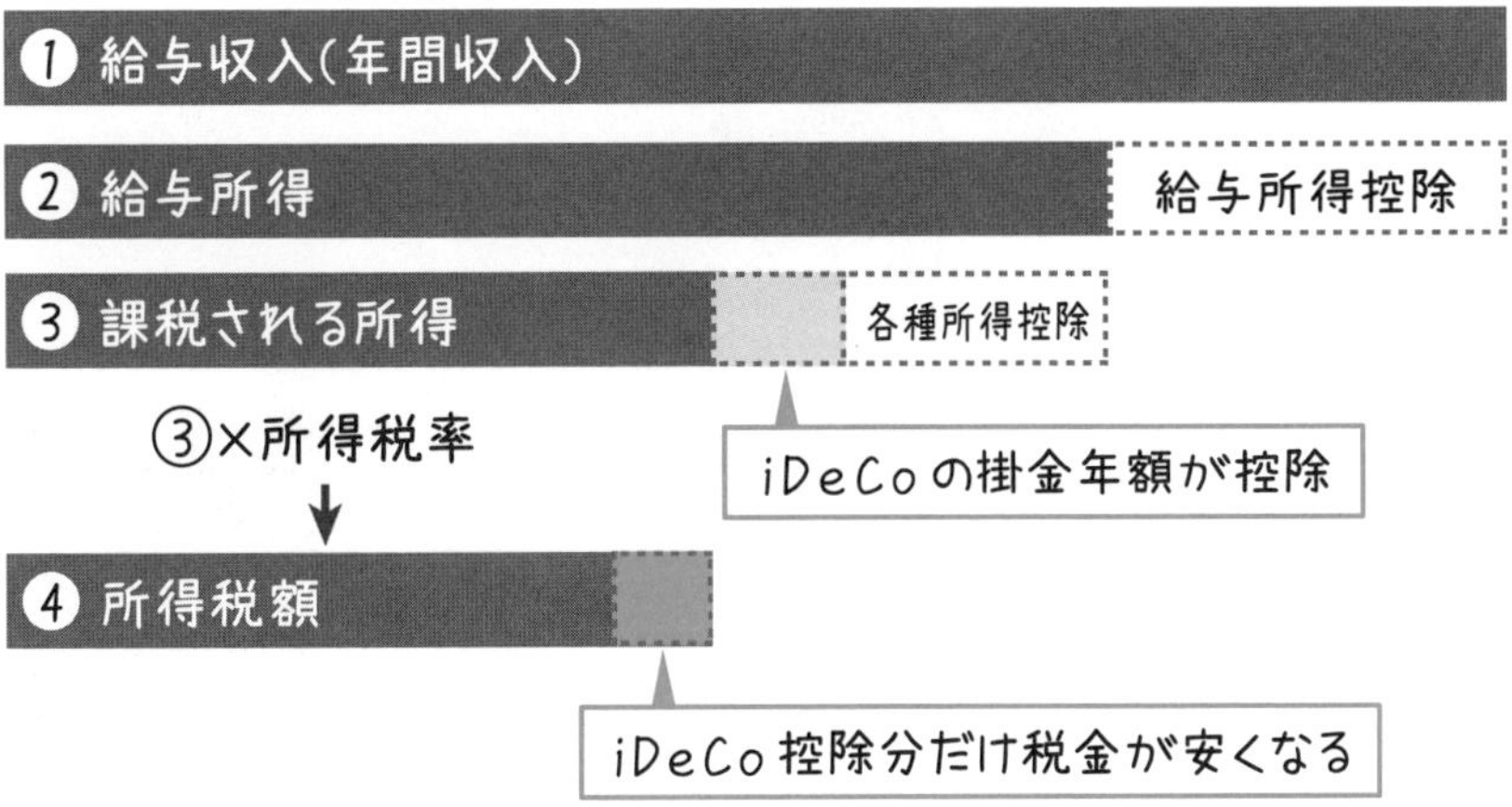

け替えられるのです。

商品Aの一部だけを売却したり、売却した資金を複数の商品へ預け替えることも可能です。

iDeCoでは資産を現金のまま置いておくことはできないため、ある商品を解約したら必ず別の商品を買う必要があります。

iDeCoで運用しているお金は60歳以降まで引き出せませんが、元本保証の「定期預金型」の商品があるため、リスクを背負いたくない時期は定期預金にスイッチングするという方法もあります。

● iDeCoのスイッチングの仕組み

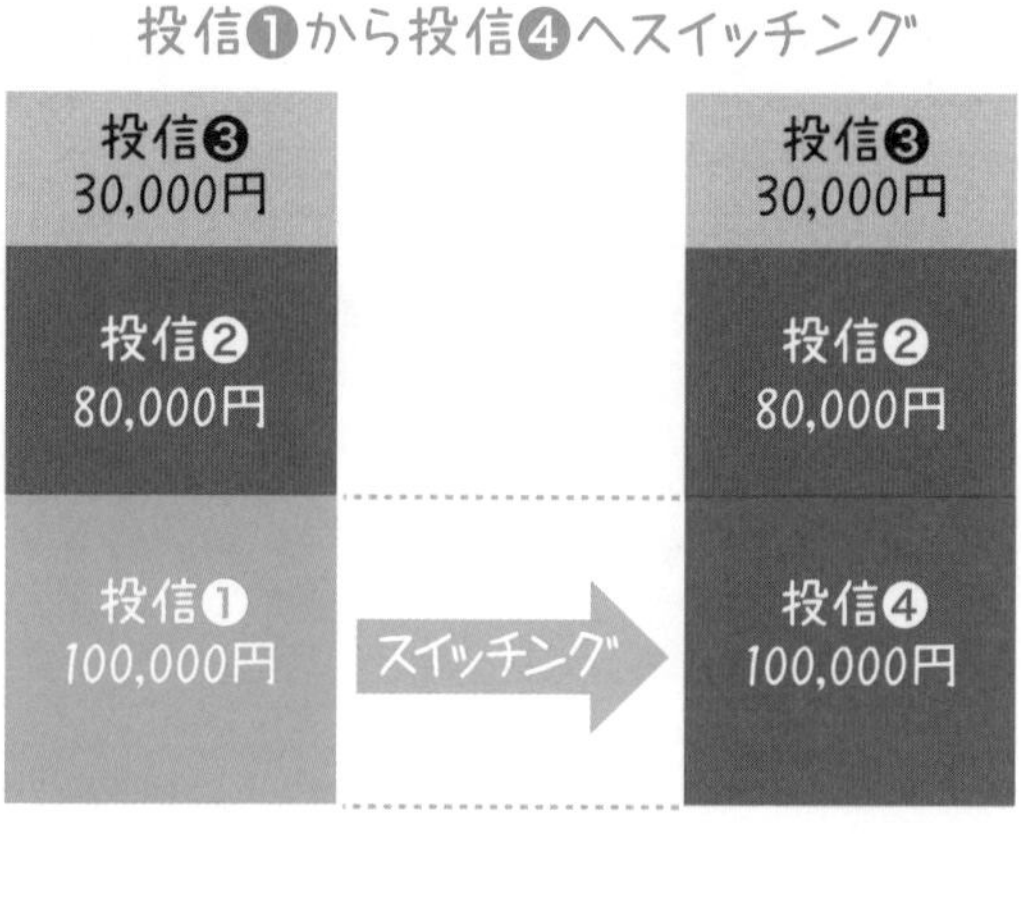

投信❶から投信❹へスイッチング

投信❸
30,000円

投信❷
80,000円

投信❶
100,000円

スイッチング

投信❸
30,000円

投信❷
80,000円

投信❹
100,000円

03 iDeCoのデメリット

1 掛けたお金は60歳以降まで引き出せない

iDeCoは年金なので、運用しているお金は**原則60歳より前に引き出すことができません**。

緊急でお金が必要になった場合、iDeCo内の商品は売却して引き出すことができないため、預貯金を引き出すか、特定口座やNISA口座の商品を売却することになります。

このように、iDeCoは資金が60歳まで拘束されるリスクがあるのです。

ただし、**資金拘束のリスクはメリット**にもなりえます。

将来に向けてインデックスファンドの積立投資を始めても、途中で暴落に巻き込まれたり、お金に余裕がない月があると

iDeCoの受給開始は60歳から

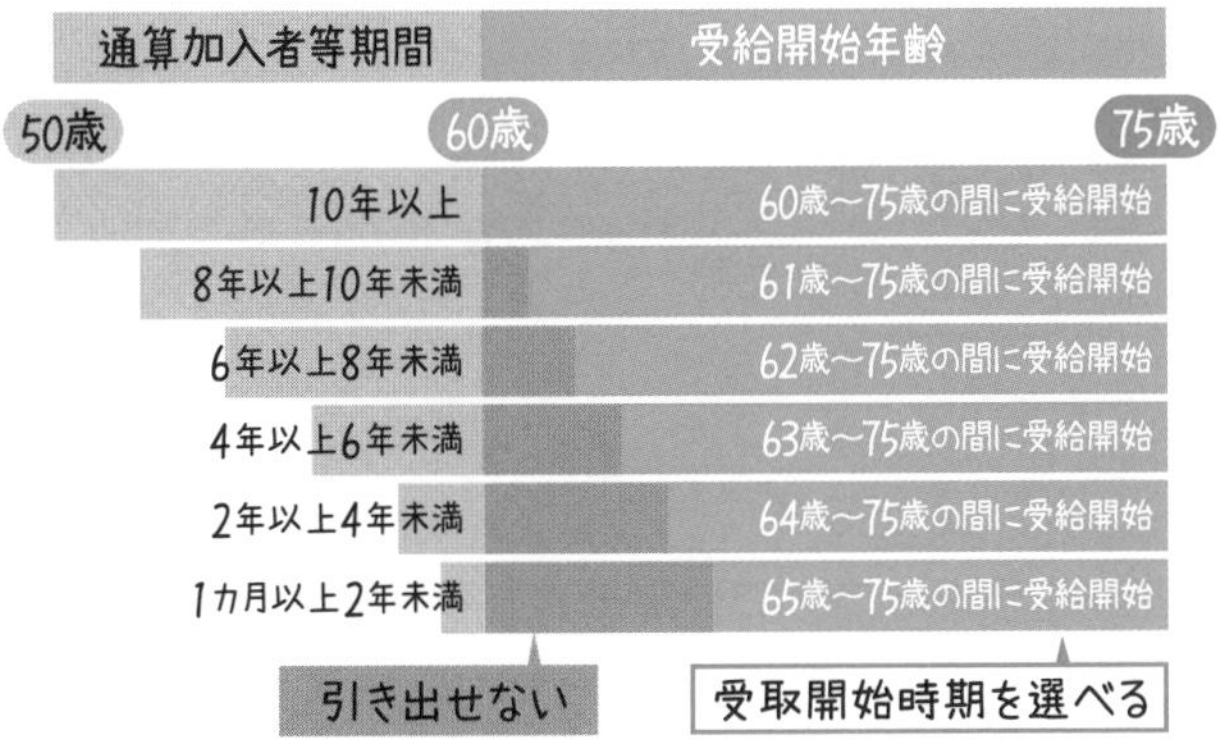

通算加入者等期間	受給開始年齢
10年以上	60歳～75歳の間に受給開始
8年以上10年未満	61歳～75歳の間に受給開始
6年以上8年未満	62歳～75歳の間に受給開始
4年以上6年未満	63歳～75歳の間に受給開始
2年以上4年未満	64歳～75歳の間に受給開始
1カ月以上2年未満	65歳～75歳の間に受給開始

50歳 / 60歳 / 75歳

引き出せない　受取開始時期を選べる

途中で積み立てをやめてしまう人が多いのです。

iDeCo内の商品は60歳まで現金化することができませんから、**強制的に投資を継続できる**仕組みとして上手に使うこともできます。

2 口座開設や口座管理に手数料がかかる

特定口座やNISA口座と異なり、**iDeCoは加入時、加入後、給付時にかかる手数料**があります。

加入時の口座開設手数料

iDeCoに加入する時に、**国民年金基金連合会に口座開設の手数料2829円**を支払う必要があります。

この2829円は各社共通ですが、一部の運営管理機関ではプラスの手数料が発生する場合がありますので注意しましょう。

加入している間の口座管理手数料

iDeCo加入後にずっと継続してかかるのが**口座管理手数料**です。毎月、国民年金基金連合会、事務委託先金融機関、運営管理機関の3つに対して所定の手数料がかかります。

3つのうち、国民年金基金連合会に支払う手数料は月額105円、事務委託先金融機関に支払う手数料は月額66円と決まっています。

運営管理機関に支払う手数料によってトータルの口座管理手数料が変わってきますので、安いコストで運用できる金融機関を選ぶようにしましょう。

SBI証券、楽天証券、マネックス証券では、運営管理機関の手数料が0円なので、口座管理手数料は最安の月額171円で運用することができます。

給付時の手数料

運用してきたお金を受け取る時、1回の振込あたり440円の手数

● iDeCoの各種手数料

手数料の名称	金額（税込み）	支払い回数・時期	支払先
加入手数料 移換時手数料	2,829円	最初の1回だけ支払う	国民年金基金連合会
加入者手数料	毎月105円 （年1,260円）	1回の拠出につき105円。年1回の拠出なら年間105円で済む	国民年金基金連合会
事務手数料	毎月66円 （年792円）	資産管理業務に支払う毎月かかる手数料	事務委託先の信託銀行など
運営管理手数料	0～418円	原則、毎月支払う	金融機関
給付手数料	440円	給付受取のたびにかかる。一括で受け取れば440円のみ。年金として分割受取では給付手数料はかさむ	事務委託先の信託銀行など
還付手数料	1,048円	加入資格のない月に拠出された掛金や限度額以上に掛金を支払ったときに還付されるときの手数料	国民年金基金連合会
移換時手数料	4,400円	他の金融機関に移換、企業型確定拠出年金に移換する際にかかる手数料（一部金融機関のみ）	金融機関

料がかかります。

口座移管時の手数料

他の金融機関に資産を移す場合、移管時手数料がかかることがあります。

ＳＢＩ証券、楽天証券、マネックス証券の場合は４４００円となっています。

3 商品選択の幅が狭い

ｉＤｅＣｏは**運用商品の上限が35商品まで**と定められているため、選べる商品の幅が狭くなります。

元本が保証された定期預金や保険型の商品を除いて、リスク資産の中では**投資信託しか選べず、個別株やＥＴＦへの投資はできません。**

アクティブファンドを選ぶこともできますが、手数料が割高になるため、長期投資には不向きです。

ＮＩＳＡやｉＤｅＣｏのような非課税口座では、長期運用のリターンが最も高い株式を中心に投資するのが原則なので、**株式インデックスファンドの積立投資を続ける**のがよいでしょう。

04 新NISAとiDeCoはどちらを優先すべきか

1 新NISAの方が万人向け

新NISAの方がより「万人向き」なので、初心者の方が先に利用するのは新NISAをおすすめします。

iDeCoは資金拘束されるが、新NISAはいつでも売却可能

新NISAの方が初心者向けと言える最大の理由は、新NISA内の商品は**いつでも売却して現金化可能だから**です。

iDeCo内の商品は60歳になるまで引き出せないので、急な資金需要に対応できません。

新NISAと将来年金として受け取れるiDeCoのどちらを優先してお金を入れるべきでしょうか？

万が一の時にいつでも引き出せるという安心感は大きいでしょう。

iDeCoは老後の資金作り専用だが、新NISAは様々な用途に使える

iDeCoの受給は早くても60歳以降になるため、老後の資金作り専用と言えます。

一方、**新NISAは制度自体も非課税で運用できる期間も無期限**になったため、何歳から利用して何歳の時点でいくら使うか自由に決められます。

マイホームや自動車の購入、子供の大学進学などのライフイベントに向けてNISAで投資を行い、その時期が来たら必要な金額だけ引き出すことが可能です。

新NISAの方が購入できる商品が豊富

iDeCoの商品数は35商品までと上限が定められているため、商品選択の幅が狭くなります。

新NISAはつみたて投資枠ではほぼ投資信託しか選べませんが、**成長投資枠では個別株やETF、REITなどを選ぶことも可能**です。

よって、投信積立以外の投資にも積極的にチャレンジしたい方は新NISAを選んだほうがよいでしょう。

2 iDeCoを積極的に活用すべき人は？

次の条件に当てはまる人はiDeCoの利用を積極的に検討しましょう。

自営業やフリーランス

自営業やフリーランスなどの第1号被保険者の場合、iDeCoの掛金の上限金額が月額68000円と圧倒的に高いです。

iDeCoの掛金は全額が所得控除の対象になるので、掛金が多ければ得られる節税効果も大きくなります。

自営業者やフリーランスの場合、ほとんどの方が国民年金にしか加入していません。会社員や公務員のように厚生年金による上積みがなく、老齢基礎年金が満額支給されたとしても年間795000円（令和5年度）となります。

また、自営業の場合は退職金もないので、**老後のお金を自ら用意しておく必要性**が高いです。

高収入で所得が多い人

高収入で課税所得金額が多い人は、所得税率が上がるためiDeCoの節税効果が大きくなります。

また、収入が多い人は毎月投資に回せる金額も大きくなるため、新NISAだけでなくiDeCoも使って非課税枠を最大限に活用したほうがよいでしょう。

老後に向けて強制的に貯蓄や投資をしたい若年層

iDeCoを投資信託で運用した場合、運用期間が短いと元本割れのリスクがあります。株式の投資信託を中心に積立投資をした場合、15年～20年以上続けることで投資リターンが安定し、元本割れのリスクがほぼなくなります。

よって、20代～30代の若いうちから利用した方がよいでしょう。

また、毎月の貯蓄や積立投資がなかなか続けられないという方は、60歳まで引き出せないというiDeCoの特徴を利用し、**強制的に貯蓄や投資するチャンスに変えてしまう**のもよいでしょう。

05 ネット証券大手3社のiDeCoおすすめ商品

iDeCoの金融機関を選ぶ時は、自分が購入したい商品がラインナップにあるか確認してから加入するようにしましょう。

ここでは、SBI証券、楽天証券、マネックス証券のiDeCoでおすすめできる商品を3つずつ紹介します。

iDeCoでは60歳以降まで長期運用することが前提であるため、全世界株式型、先進国株式型、米国株式型といった株式インデックスファンドから選びました。

1 SBI証券のおすすめ商品

SBI証券のiDeCoは、開始時から提供されているオリジナルプランと、2018年11月から導入されたセレクトプランの

iDeCoのおすすめ商品はどれでしょうか？
ここでは、証券会社ごとのおすすめ商品をピックアップしてみましょう！

2種類があります。

2021年1月以降にiDeCo口座を新規開設する場合はセレクトプランしか選べませんが、セレクトプランの方が信託報酬の低い投資信託を多く揃えているため、特に問題はありません。

全世界株式型　eMAXIS Slim全世界株式（除く日本）

日本を除く全世界の46カ国、2500以上の銘柄に分散投資が可能です。全世界株式型インデックスファンドの中で業界最安クラスの信託報酬です。

- **指数：MSCI オール・カントリー・ワールド・インデックス（除く日本）**
- **信託報酬：0.05775%**
- **純資産総額：約5526億円**

先進国株式型　ニッセイ外国株式インデックスファンド

日本を除く先進国22カ国、1300銘柄以上に分散投資が可能です。2013年の発売から10年以上にわたり多くの投資家から支持され、信託報酬も最安クラスです。

- **指数：MSCI-コクサイ・インデックス**
- **信託報酬：0.09889%**
- **純資産総額：約7834億円**

米国株式型　eMAXIS Slim米国株式（S&P500）

米国を代表する大型株500社に分散投資が可能です。純資産総額が5兆円を超えており、国内の全投資信託の中で1位。

- **指数：S&P500**
- **信託報酬：0.09372%**
- **純資産総額：約5兆2393億円**

2 楽天証券のおすすめ商品

楽天証券のｉＤｅＣｏは、２０２４年1月26日から、信託報酬が業界最安の「楽天・オールカントリー株式インデックス・ファンド」と「楽天・S&P500インデックス・ファンド」の２商品が追加されました。

発売されて間もない商品であることから、実際の運用成績や隠れコストなどが不透明ですが、今後に期待が持てる商品と言えるでしょう。

全世界株式型　楽天・オールカントリー株式インデックス・ファンド

２０２３年10月27日に設定された商品なので純資産総額がまだ少ない状況です。全世界株式ファンドの中で信託報酬が業界最安です。

- ベンチマーク　MSCIオール・カントリー・ワールド・インデックス
- 信託報酬　0.0561％
- 純資産総額　約1766億円

先進国株式型　たわらノーロード先進国株式

日本を除く先進国22カ国、１３００以上の銘柄に分散投資が可能です。先進国株式型の中で最安クラスの信託報酬です。

- 指数：MSCIコクサイ・インデックス
- 信託報酬：0.09889％
- 純資産総額：約6425億円

米国株式型　楽天・S&P500インデックス・ファンド

米国を代表する大型株500社に分散投資が可能です。2023年10月末に新規設定され、信託報酬が業界最安です。

●指数：S&P500　●信託報酬：0.077%　●純資産総額：約2382億円

3 マネックス証券のおすすめ商品

マネックス証券は、業界最安クラスの低コストと豊富な運用実績を誇るeMAXIS Slimシリーズが多数選べるのが特徴です。

2024年1月現在、ネット証券大手3社の中で、新NISAでも人気を集める「オルカン」に投資できるのはマネックス証券だけです。

全世界株式型　eMAXIS Slim全世界株式（オール・カントリー）

全世界株式市場の47カ国、3000銘柄以上に分散投資が可能です。純資産総額が3兆円を超え（国内の投資信託で2位）、運用面の心配をせず長期保有が可能です。

●指数：MSCIオールカントリー・ワールド・インデックス　●信託報酬：0.05775%

●純資産総額：約3兆9834億円

先進国株式型　eMAXIS Slim先進国株式インデックス

日本を除く先進国22カ国、1300以上の銘柄に分散投資が可能です。先進国株式型の中で業界最安クラスの信託報酬。

●**指数：MSCIコクサイ・インデックス　●信託報酬：0.09889％　●純資産総額：約8142億円**

米国株式型　eMAXIS Slim米国株式（S&P500）

米国を代表する大型株500社に分散投資が可能です。純資産総額が5兆円を超えており、国内の全投資信託の中で1位。

●**指数：S&P500　●信託報酬：0.09372％　●純資産総額：約5兆2393億円**

Episode 2

iDeCoの「年単位拠出」で手数料を節約する方法

iDeCoを利用している人の大半は、毎月一定額の掛金を拠出していると思います。

2018年1月から「年単位拠出」という仕組みが開始され、掛金を拠出するタイミングや掛金額を1年単位で自由に設定できるようになりました。

ただし、

- 企業型DCとiDeCoに同時加入している人は年単位拠出を利用できないこと
- 2024年12月以降は、企業年金制度に加入している人や共済組合員（公務員など）の人は年単位拠出を利用できないこと

に注意しましょう。

年単位拠出の概要

年単位拠出の概要は以下の通りです。

- 前年12月分から今年11月分までの拠出期間を1年とする
- 年間の拠出限度額の範囲内で、拠出回数を1回～12回から選択し、年間の掛金拠出スケジュールを自分で決定する
- 当月分と経過月分の未使用拠出限度額をまとめて拠出可能
- 掛金額の変更は年1回のみ

年単位拠出を利用することで、1年のはじめの11ヶ月は1円も拠出せず、最後の12ヶ月目に1年分をまとめて拠出するといったことが可能になります。

年単位拠出を利用するメリット

iDeCoの掛金を拠出する時には、その都度加入者手数料として105円かかります。

毎月積立の場合、年12回なので加入者手数料は年間1260円となりますが、年1回拠出にすれば105円しかかかりません。

年単位拠出を上手に使うことでiDeCoの手数料を節約可能です。

また、掛金を拠出するタイミングや金額を自分で選べるので、ボーナス支給月に合わせて多めに掛金を支払うといった柔軟な投資が可能になります。

年単位拠出の注意点

年単位拠出を利用して拠出回数を減らすと、投資タイミングの分散効果が低下します。

一回の拠出金額が増えますので、投資タイミングによっては大きく損をする可能性があります。

ただし、iDeCoは60歳まで続けることが前提なので、年1回拠出でも、10年～20年と積立投資を続けていけば大きな問題はないでしょう。

8時限目 おすすめの投資信託はこれだ！

各投資信託の信託報酬、純資産総額は
2024年7月時点

01 国内株式型のおすすめ投資信託

1 インデックス型投資信託

TOPIXに投資する商品

ＴＯＰＩＸ（東証株価指数）は、東京証券取引所プライム市場に上場しているすべての株式約2200銘柄から構成される株価指数です。日本の株式市場全体の動きを示す指標として、多くの投資信託のベンチマークとして採用されています。

eMAXIS Slim国内株式（TOPIX）

TOPIX連動投資信託の中で純資産総額が2000億円を超えており、かつ信託報酬が最安クラスです。

●ベンチマーク　TOPIX　●信託報酬　0.143%　●純資産総額　約2015億円

日経平均に投資する商品

日経平均は、東京証券取引所プライム市場に上場する企業の中から、業種などのバランスを考慮して選んだ主要225社で構成される株価指数です。TOPIXと並び、日本株式市場の全体的な動きを把握する際の指標として広く用いられています。

eMAXIS Slim国内株式（日経平均）

日経平均に連動する投資信託の中で純資産総額とコストのバランスに優れた商品です。

●ベンチマーク　日経平均株価　●信託報酬　0.143%　●純資産総額　約1049億円

楽天・日経225インデックス・ファンド

2023年12月22日に新規設定された商品で、純資産総額がまだ少ないファンドです。日経平均に連動するファンドの中で信託報酬が最安クラスです。

●ベンチマーク　日経平均株価　●信託報酬　0.132%　●純資産総額　約126億円

2 アクティブ型投資信託

ひふみプラス

ファンド運用方針：直販売の「ひふみ投信」と金融機関経由の「ひふみプラス」に分かれていますが、同じ「ひふみ投信マザーファンド」に投資しているため、投資方針などは変わりません。

「日本を根っこから元気にする」をコンセプトに、主に日本の成長企業に投資をする投資信託で、長期的な将来価値に対してその時点での市場価値が割安と考えられる銘柄を選別し長期投資をします。設定来の運用成績はTOPIXを上回っています。

●信託報酬　1.078%　●純資産総額　約6059億円

結い２１０１

ファンド運用方針：鎌倉投信が考える、これからの日本に本当に必要とされる事業性と社会性を兼ね揃える「いい会社」に投資することを目標にして運用されているファンドです。

「いい会社」とは、社員とその家族、取引先、顧客・消費者、地域社会、自然・環境、株主などを大切にし、持続的で豊かな社会を醸成できる会社と定義しています。

●**信託報酬　１・10％**　●**純資産総額　約４７４億円**

スパークス・新・国際優良日本株ファンド

ファンド運用方針：格付投資情報センターR&Iのファンド大賞２０２０において、国内株式総合部門で最優秀賞を受賞したファンドです。

国内金融商品取引所に上場している株式の中から、高い技術力やブランド力があり、今後グローバルでの活躍が期待できる日本企業に投資することを目的としています。

20銘柄程度に厳選投資を行い、長期保有で信託財産の成長を目指すアクティブファンドです。

●**信託報酬　１・８０４％**　●**純資産総額　約２４５３億円**

02 外国株式型のおすすめ投資信託

1 全世界株式型の投資信託

MSCIオール・カントリー・ワールド・インデックスに投資する商品

ＭＳＣＩオール・カントリー・ワールド・インデックス（ＭＳＣＩ ＡＣＷＩ）は、先進国23カ国と新興国24カ国の合計47カ国の大型株と中型株から構成される株価指数です。ＭＳＣＩ ＡＣＷＩには約２９００銘柄が含まれ、世界市場全体の時価総額の約85％をカバーしています。

eMAXIS Slim 全世界株式（オール・カントリー）

純資産総額が３兆円を超えており、全世界株式ファンドの中で一番人気の商品です。

●ベンチマーク　ＭＳＣＩオール・カントリー・ワールド・インデックス　●信託報酬　0.05775％

●純資産総額　約３兆９８３４億円

楽天・オールカントリー株式インデックス・ファンド

２０２３年10月27日に設定された商品なので純資産総額がまだ少ない状況です。全世界株式ファンドの中で信託報酬が業界最安クラスです。

●ベンチマーク　ＭＳＣＩオール・カントリー・ワールド・インデックス　●信託報酬　０・０５６１％

●純資産総額　約１７６６億円

ＦＴＳＥグローバル・オールキャップ・インデックスに投資する商品

ＦＴＳＥグローバル・オールキャップ・インデックスは、先進国25カ国、新興国24カ国の合計49カ国の大型株、中型株、小型株から構成される株価指数です。

ＭＳＣＩ　ＡＣＷＩと異なり小型株まで含むのが特徴で、約９０００銘柄で世界市場全体の時価総額の約99％をカバーしています。バンガード・トータル・ワールド・ストックＥＴＦ（ＶＴ）にもこの指数が採用されています。

ＳＢＩ・Ｖ・全世界株式インデックス・ファンド

ＶＴに投資できる低コスト投資信託です。

●ベンチマーク　ＦＴＳＥグローバル・オールキャップ・インデックス　●信託報酬　０・１３３８％

●純資産総額　約４７０億円

２　先進国株式型の投資信託

ＭＳＣＩコクサイ・インデックスに投資する商品

ＭＳＣＩコクサイ・インデックスは、日本を除く先進国22カ国に上場する大型株と中型株約１３００銘柄で構成される株価指数です。先進国株式指数として最も有名であり、先進国株式に投資する投資信託の大半はこの指数が用いられています。

ニッセイ外国株式インデックス・ファンド

２０１３年発売で、豊富で安定した運用実績を誇る商品です。

●ベンチマーク　ＭＳＣＩ-コクサイ・インデックス　●信託報酬　０・０９８９％　●純資産総額　約７８３４億円

eMAXIS Slim先進国株式インデックス

ニッセイと並んで、先進国株式クラスで最も売れている商品です。

●ベンチマーク　ＭＳＣＩ-コクサイ・インデックス　●信託報酬　０・０９８９％　●純資産総額　約８１４２億円

楽天・先進国株式（除く日本）インデックス・ファンド

２０２３年12月22日に新規設定された商品で純資産総額が少ない状況です。先進国株式ファンドの中で信託報酬が業界最安です。

●ベンチマーク　ＭＳＣＩ-コクサイ・インデックス　●信託報酬　０・０８８％　●純資産総額　約52億円

3 米国株式に投資する投資信託

Ｓ＆Ｐ５００に投資する商品

Ｓ＆Ｐ５００はニューヨーク証券取引所やナスダックに上場している会社のうち、主要５００銘柄で構成される指数です。**米国株式市場全体の約80％の時価総額比率**を占めており、S&P500の動きが米国市場全体の動きを概ね反映していると考えられます。

eMAXIS Slim米国株式（S&P500）

国内の全投資信託の中で純資産総額トップの人気商品です。

●ベンチマーク　S&P500　●信託報酬　0.09372％　●純資産総額　約5兆2393億円

楽天・S&P500インデックス・ファンド

2023年10月27日に設定された商品なので純資産総額が少ない状況です。S&P500連動ファンドの中で信託報酬が業界最安クラスです。

●ベンチマーク　S&P500　●信託報酬　0.077％　●純資産総額　約2382億円

SBI・V・S&P500インデックス・ファンド

バンガード・S&P500・ETF（VOO）に投資できる低コスト投資信託です。

●ベンチマーク　S&P500　●信託報酬　0.0938％　●純資産総額　1兆8179億円

全米株式（CRSP USトータル・マーケット・インデックス）に投資する商品

CRSP USトータル・マーケット・インデックスは、米国株式市場の投資可能銘柄のほぼ100％をカバーする指数であり、約4000銘柄から構成されています。

S&P500は大型株が中心ですが、中型〜小型株まで含めて全米市場に広く分散投資したい人はこちらを選ぶとよいでしょう。

SBI・V・全米株式インデックス・ファンド

全米株式インデックスファンドの中で信託報酬が最安クラスです。

●ベンチマーク　CRSP USトータル・マーケット・インデックス　●信託報酬　0.0938％

●純資産総額　約2859億円

楽天・全米株式インデックス・ファンド（楽天VTI）

2017年発売で6年以上の運用実績があり、純資産総額も1兆円を超えるメガファンドです。

●ベンチマーク　CRSP USトータル・マーケット・インデックス　●信託報酬　0.162％

●純資産総額　約1兆6631億円

NASDAQ100に投資する商品

NASDAQ100とは、ナスダックに上場する約3000銘柄の中から、金融セクターを除く**時価総額上位100銘柄**で構成される株価指数です。NASDAQ100構成銘柄の上位には、アップル、マイクロソフト、アマゾン、アルファベット（グーグル）、メタ（旧フェイスブック）、テスラ、エヌビディアなど米国を代表するテックカンパニーが名を連ねています。

ニッセイNASDAQ100インデックスファンド

NASDAQ100に投資するファンドの中で信託報酬の安さと純資産総額のバランスがとれた商品です。

●ベンチマーク　NASDAQ100　●信託報酬　0.2035％　●純資産総額　約1977億円

楽天・NASDAQ-100インデックス・ファンド

2024年1月30日に新規設定された商品で、NASDAQ100に投資する投資信託の中で信託報酬が最安。

●ベンチマーク　NASDAQ100　●信託報酬　0.198％　●純資産総額　約452億円

特定のテーマや業種の銘柄を集めた商品

米国株を対象とした投資信託の中には、特定のテーマや業種の銘柄を集めた個性的な商品を詳解します。時価総額加重平均型のインデックスファンドと比較し、特定の銘柄や業種に集中投資することになるため、リスクが高くなることに注意しましょう。

iFreeNEXT FANG+インデックス

FANGとは、Facebook、Amazon、Netflix、Googleの4銘柄の頭文字です。FANGにアップル、マイクロソフト、テスラ、エヌビディア、ブロードコム、スノーフレイクの6銘柄を加えた合計10銘柄に約10%ずつ均等に投資しています。

過去10年ではNASDAQ100を大きく上回るリターンを残しています。

●ベンチマーク　NYSE FANG+指数　●信託報酬　0.7755%　●純資産総額　約2647億円

楽天・SOXインデックス・ファンド

SOX指数とは、米国上場の主要な半導体関連30銘柄で構成される株価指数です。半導体はデジタル社会を支える「産業のコメ」とも言われ、長期的な市場拡大が期待されています。

●ベンチマーク　SOXインデックス　●信託報酬　0.176%　●純資産総額　約140億円

農林中金<パートナーズ>長期厳選投資おおぶね

米国に上場する数千銘柄の中から、①付加価値の高い産業、②圧倒的な競争優位性、③長期的な潮流、の3つの基準を満たす「構造的に強靭な企業」に長期厳選投資することを目的としています。約20〜30の厳選された銘柄に投資することで、中長期的な信託財産の成長を目指すアクティブファンドです。

●信託報酬　0.99%　●純資産総額　約602億円

米国高配当株に投資する商品

米国株投資信託の中で、「配当金」にフォーカスを当てた商品も根強い人気があります。投資信託の中には分配金再投資型の商品が多いですが、ここでは年４回分配金が支払われ、かつ低コストで投資できる商品を２つ紹介します。

ＳＢＩ・ＳＰＤＲ・Ｓ＆Ｐ５００高配当株式インデックス・ファンド（年４回決算型）

ＳＰＤＲポートフォリオＳ＆Ｐ５００高配当株式ＥＴＦ（ＳＰＹＤ）に投資する商品です。Ｓ＆Ｐ５００採用銘柄のうち、配当利回りが高い80銘柄に均等に投資し、直近の配当利回りは約４・58％。年４回（2月、5月、8月、11月）の決算時に分配金が支払われる予定です。

●ベンチマーク　Ｓ＆Ｐ５００高配当指数　●信託報酬　０・１３３８％　●純資産総額　約35億円

ＳＢＩ・Ｖ・米国高配当株式インデックス・ファンド（年４回決算型）

バンガード・米国高配当株式ＥＴＦ（ＶＹＭ）に投資する商品です。米国の高配当株約４５０銘柄に分散投資し、直近の配当利回りは約３・０％。年４回（2月、5月、8月、11月）の決算時に分配金が支払われる予定です。

●ベンチマーク　ＦＴＳＥハイディビデンド・イールド・インデックス　●信託報酬　０・１２３８％

●純資産総額　約１０７億円

4 新興国株式に投資する投資信託

MSCIエマージング・マーケット・インデックスに投資する商品

MSCIエマージング・マーケット・インデックスは新興国24カ国の大型株、中型株で構成される株価指数です。約1400銘柄で構成され、市場全体の時価総額の約85%をカバーしています。

eMAXIS Slim 新興国株式インデックス

新興国株式に投資するファンドの中で、最もコストと純資産総額のバランスに優れた商品です。

●ベンチマーク　MSCIエマージング・マーケット・インデックス
●信託報酬　0.1518%　●純資産総額　約1778億円

FTSE・エマージング・マーケッツ・オールキャップ（含む中国A株）・インデックスに投資する商品

FTSE・エマージング・マーケッツ・オールキャップ（含む中国A株）・インデックスとは、新興国24カ国の大型、中型、小型株で構成される株価指数です。MSCIと異なり小型株まで含むのが特徴で、約4500銘柄で構成され、市場全体の時価総額の約99%をカバーしています。

SBI・V・新興国株式インデックス・ファンド

新興国株式に投資するファンド内で信託報酬が最安です。

●ベンチマーク　FTSE・エマージング・マーケッツ・オールキャップ（含む中国A株）・インデックス
●信託報酬　0.1438%　●純資産総額　約10億円

03 債券、バランス型、REITの投資信託

1 債券市場に連動する投資信託

国内債券（NOMURA-BPI総合）に投資する商品

NOMURA-BPI総合指数は、日本の債券市場全体の動向を示す指数です。国内の公募債券（国債、地方債、政府保証債、金融債、事業債、円建外債、MBS）を対象としており、債券投資の際の主要なベンチマークとして多くの投資信託やETFに採用されています。

eMAXIS Slim国内債券インデックス

国内債券インデックスファンドの中で信託報酬が最安です。

●ベンチマーク NOMURA-BPI総合 ●信託報酬 0.132％ ●純資産総額 約236億円

先進国債券（FTSE世界国債インデックス（除く日本））に投資する商品

FTSE世界国債インデックス（除く日本）は、日本を除く世界主要国の国債の総合投資収益を各市場の時価総額で加重平均した債券インデックスです。

海外の債券市場の動向を表す代表的な指数として多くの投資信託やETFに採用されています。

eMAXIS Slim先進国債券インデックス

先進国債券インデックスファンドの中で信託報酬が最安です。

●ベンチマーク　FTSE世界国債インデックス（除く日本）　●信託報酬　0.154％

●純資産総額　約1479億円

全世界債券（ブルームバーグ・グローバル総合インデックス）に投資する商品

米国総合債券に投資するETFと、米国以外の世界総合債券に投資するETFを一定の割合で組み合わせることで、グローバル債券市場に丸ごと投資できる商品も登場してきています。

全世界株式インデックスファンドと組み合わせることで、たった2本の商品で世界中の株式および債券市場に広く分散投資することができます。

SBI・iシェアーズ・全世界債券インデックス・ファンド

iシェアーズ・コア米国総合債券市場ETF（AGG）に60％、iシェアーズ・コア世界総合債券市場ETF（IAGG）に40％の割合で投資することで、全世界の債券市場をカバーします。債券ファンドの中で信託報酬が最安クラス、かつ世界中の債券市場に分散投資できる万能型の投資信託です。

●ベンチマーク　ブルームバーグ・グローバル総合インデックス　●信託報酬　0.1098％

●純資産総額　約45億円（EXE-i先進国債券ファンドの実績を含む）

2 バランス型ファンド

8資産に均等に投資する商品

8つの資産に連動する指数を均等比率で組み合わせた合成ベンチマークに連動する投資成績を目指す商品です。国内株式、先進国株式、新興国株式、国内債券、先進国債券、新興国債券、国内REIT、先進国REITに12・5％ずつ投資することを目標としています。

eMAXIS Slimバランス（8資産均等型）

●ベンチマーク　TOPIX（国内株式）、MSCIコクサイ・インデックス（先進国株式）、MSCIエマージング・マーケットインデックス（新興国株式）、NOMURA-BPI総合（国内債券）、FTSE世界国債インデックス（先進国債券）、JPモルガンGBI-EMグローバル・ダイバーシファイド（新興国債券）、東証REIT指数（国内REIT）、S&P先進国REITインデックス（先進国REIT）を12・5％ずつ組み合わせた合成ベンチマーク

●信託報酬　0.143％　●純資産総額　約2590億円

4資産に均等に投資する商品

4つの資産に連動する指数を均等比率で組み合わせた合成ベンチマークに連動する投資成績を目指す商品です。国内株式、先進国株式、国内債券、先進国債券に25％ずつ投資することを目標としています。

ニッセイ・インデックスバランスファンド 4資産均等型

●ベンチマーク　TOPIX（国内株式）、NOMURA-BPI総合（国内債券）、MSCIコクサイ・インデックス（先進国株式）、FTSE世界国債インデックス（先進国債券）を25％ずつ組み合わせた合成ベンチマーク
●信託報酬　0・154％　●純資産総額　約613億円

全世界の株式と債券に一定割合で投資する商品

バランスファンドの中には、株式と債券の投資割合を固定したタイプの商品もあります。日本を含む全世界株式および投資適格債券へ広く投資できるため、1つの商品にすべておまかせしたい人におすすめです。

楽天・インデックス・バランス・ファンド（株式重視型）

株式部分はバンガード・トータル・ワールド・ストックETF（VT）を通じて世界中の約8000銘柄に投資し、債券部分はバンガード・グローバル・ボンド・インデックス・ファンドを通じて世界中の約12000銘柄に投資します。資産配分は株式70％、債券30％。

株式と債券に50％ずつ投資する「均等型」、株式30％、債券70％の割合で投資する「債券重視型」もあります。

●ベンチマーク　株式部分はFTSEグローバル・オールキャップ・インデックス、債券部分はブルームバーグ・グローバル総合インデックス　●信託報酬　0・211％　●純資産総額　約470億円

3　REITに投資する投資信託

国内REIT（東証REIT指数）に投資する商品

東証ＲＥＩＴ指数は、東京証券取引所に上場している全てのリート約60銘柄で構成される指数です。国内の不動産市況の目安となる代表的指数で、多くの投資信託やＥＴＦに採用されています。

eMAXIS Slim 国内リートインデックス

国内ＲＥＩＴに投資するインデックスファンドの中で信託報酬が最安です。

●ベンチマーク　東証ＲＥＩＴ指数　●信託報酬　０・１８７％　●純資産総額　約１８９億円

海外ＲＥＩＴ（Ｓ&Ｐ先進国ＲＥＩＴインデックス（除く日本））に投資する商品

Ｓ&Ｐ先進国ＲＥＩＴインデックス（除く日本）は、海外先進国のリート約３００銘柄で構成される指数です。日本を除いた先進国市場に上場しているＲＥＩＴの広範なベンチマークとして、多くの投資信託やＥＴＦに採用されています。

eMAXIS Slim 先進国リートインデックス

海外ＲＥＩＴに投資するインデックスファンドの中で信託報酬が最安です。

●ベンチマーク　Ｓ&Ｐ先進国ＲＥＩＴインデックス（除く日本）　●信託報酬　０・22％

●純資産総額　約３０４億円

● 本書でおすすめする投資信託一覧

分類		投資信託名（販売会社）
国内株式型	インデックス	eMAXIS Slim 国内株式（TOPIX）（三菱 UFJ アセットマネジメント）
		eMAXIS Slim 国内株式（日経平均）（三菱 UFJ アセットマネジメント）
		楽天・日経 225 インデックス・ファンド（楽天）
	アクティブ	ひふみプラス（レオス）
		結い 2101（鎌倉投信）　直接販売のみ
		スパークス・新・国際優良日本株ファンド（スパークス・アセット）
外国株式型	全世界株	eMAXIS Slim 全世界株式（オール・カントリー）（三菱 UFJ アセットマネジメント）
		楽天・オールカントリー株式インデックス・ファンド（楽天）
		SBI・V・全世界株式インデックス・ファンド（SBI アセット）
	先進国株	ニッセイ外国株式インデックスファンド（ニッセイ）
		eMAXIS Slim 先進国株式インデックス（三菱 UFJ アセットマネジメント）
		楽天・先進国株式（除く日本）インデックス・ファンド（楽天）
	米国株	eMAXIS Slim 米国株式（S&P500）（三菱 UFJ アセットマネジメント）
		楽天・S&P500 インデックス・ファンド（楽天）
		SBI・V・S&P500 インデックス・ファンド（SBI アセット）
		SBI・V・全米株式インデックス・ファンド（SBI アセット）
		楽天・全米株式インデックス・ファンド（楽天）
		ニッセイ NASDAQ100 インデックスファンド（ニッセイ）
		楽天・NASDAQ-100 インデックス・ファンド（楽天）
		iFree NEXT FANG+ インデックス（大和アセット）
		楽天・SOX インデックス・ファンド（楽天）
		農林中金<パートナーズ>長期厳選投資おおぶね（農林中金全共連アセット）
		SBI・SPDR・S&P500 高配当株式インデックス・ファンド（年 4 回決算型）（SBI アセット）
		SBI・V・米国高配当株式インデックス・ファンド（年 4 回決算型）（SBI アセット）
	新興国株	eMAXIS Slim 新興国株式インデックス（三菱 UFJ アセットマネジメント）
		SBI・V・新興国株式インデックス・ファンド（SBI アセット）
債券型		eMAXIS Slim 国内債券インデックス（三菱 UFJ アセットマネジメント）
		eMAXIS Slim 先進国債券インデックス（三菱 UFJ アセットマネジメント）
		SBI・i シェアーズ・全世界債券インデックス・ファンド（SBI アセット）
バランス型		eMAXIS Slim バランス（8 資産均等型）（三菱 UFJ アセットマネジメント）
		ニッセイ・インデックスバランスファンド（4 資産均等型）（ニッセイ）
		楽天・インデックス・バランス・ファンド（株式重視型）（楽天）
REIT		eMAXIS Slim 国内リートインデックス（三菱 UFJ アセットマネジメント）
		eMAXIS Slim 先進国リートインデックス（三菱 UFJ アセットマネジメント）

9時限目
おすすめのETFはこれだ！

おすすめのETFを
国内、米国に分け、
さらに細かな分類を
して紹介します！

各ETFの1株単価、信託報酬、純資産
総額、分配金利回りは2024年7月時点

01 おすすめの国内ETF

東京証券取引所には約300銘柄の国内ETFが上場しています。海外ETFと比較して信託報酬がやや高めですが、日本時間に日本円で取引できるというメリットがあります。

国内ETFは、国内の高配当株を集めた商品や業種別の商品など、日本株に関する商品ラインナップが豊富です。

1 国内株式、日経平均に投資するETF

TOPIX、REITに投資するETF

日本株市場全体の動きを反映するTOPIX、日経平均に連動するETFは様々な会社から販売されています。代表的な商品を1つずつ紹介します。

NEXT FUNDS TOPIX連動型上場投信（1306）

●ベンチマーク　TOPIX　●1株単価　3035円（売買単位：10口）

●信託報酬　0.0590％（2024年3月末）　●純資産総額　約23兆6250億円

●分配金利回り　約1・89％（年1回：7月）

NEXT FUNDS 日経225連動型上場投信（1321）

●ベンチマーク　日経平均　●1株単価　42030円（売買単位：1口）　●信託報酬　0.11077％

●純資産総額　約11兆2070億円　●分配金利回り　約1・35％（年1回：7月）

日本の高配当株に投資するETF

日経平均高配当株50指数は、日経平均株価の構成銘柄のうち、予想配当利回りの高い50銘柄で構成される株価指数です。

NEXT FUNDS 日経平均高配当株50指数連動型上場投信（1489）

高配当企業は成熟した安定企業が多く、安定的に高い分配金を受け取ることが可能です。高配当銘柄が自動で入れ替わるため、投資家が銘柄選択をする必要がありません。

●ベンチマーク　日経平均高配当株50指数　●1株単価　2441円（売買単位：1口）　●信託報酬　0.308％

●純資産総額　約2807億円　●分配金利回り　約2・76％（年4回：1月、4月、7月、10月）

国内REITに投資するETF

東証REIT指数は、東京証券取引所に上場している全てのリート約60銘柄で構成される指数です。

NEXT FUNDS 東証REIT指数連動型上場投信（1343）

少額から不動産に分散投資が可能で、高い分配金利回りが魅力です。REITは株や債券とは異なる値動きを示すため、資産を分散したい人におすすめです。

●ベンチマーク　東証REIT指数　●1株単価　1849円（売買単位：10口）●信託報酬　0・1705％
●純資産総額　約4680億円　●分配金利回り　約4・32％（年4回：2月、5月、8月、11月）

2 外国株に投資するETF

国内上場の外国株ETF

東証に上場している外国株ETFの一部は「二重課税調整制度」に対応しています。外国株ETFの分配金は外国（10％）と国内（20・315％）で二重課税されており、確定申告時に外国税額控除の手続きをすればその一部を取り戻すことができますが、かなりの手間がかかります。

二重課税調整に対応している東証上場外国株ETFを買えば、二重課税の分がファンド内で自動的に調整されるため、確定申告が不要になります。

ここでは、二重課税調整に対応している商品の中から、米国株（S&P500）と全世界株（MSCIオール・カントリー・ワールド・インデックス）に投資する商品を紹介します。

iシェアーズ S&P500 米国株ETF（1655）

iシェアーズ・コア S&P500ETF（IVV）に日本円のまま投資できる商品です。IVVはブラックロック社が販売する世界最大のETFの1つで、純資産総額は50兆円を超えています。

●ベンチマーク　S&P500　●1株単価　644円（売買単位：10口）●信託報酬　0・066％

●純資産総額　約953億円　●分配金利回り　約1・03％（年2回：2月、8月）

MAXIS全世界株式（オールカントリー）上場投信（2559）

先進国および新興国市場の約2900銘柄が含まれ、世界市場全体の時価総額の約85％をカバーします。定期的に分配金を受け取りながら全世界株に分散投資が可能です。

●ベンチマーク　MSCIオール・カントリー・ワールド・インデックス　●1株単価　21550円（売買単位：1口）

●信託報酬　0・0858％　●純資産総額　約558億円　●分配金利回り　約1・31％（年2回：6月、12月）

02 株式に投資する米国ＥＴＦ

米国ＥＴＦは外国の金融商品ですから、米国時間に米ドルで取引され、すべて1株単位で取引ができます。日本円から米ドルへ両替する為替コストや、外国株の購入時手数料がかかります（証券会社によって、一部の米国ＥＴＦは購入時手数料が無料）。

原則、分配金は米ドルで支払われ、二重課税を調整するためには投資家自身が確定申告で外国税額控除の手続きをする必要があります。

国内ＥＴＦと比較して外国株の商品ラインナップが豊富であり、残高や流動性、保有コストで優れるのが特徴です。

1 市場平均インデックス型ＥＴＦ

全世界株式（ＦＴＳＥグローバル・オールキャップ・インデックス）に投資する商品

ＦＴＳＥグローバル・オールキャップ・インデックスは、全世界の先進国および新興国の約9000銘柄で構成される株価指数で、世界市場全体の時価総額の約99％をカバーしています。

VT（バンガード・トータル・ワールド・ストックETF）

●ベンチマーク　FTSEグローバル・オールキャップ・インデックス　●1株単価　114・71ドル　●経費率　0・07％
●純資産総額　約373億ドル（約5・9兆円）　●分配金利回り　約1・93％（年4回：3月、6月、9月、12月）

全米株式（CRSP USトータル・マーケット・インデックス）に投資する商品

CRSP USトータル・マーケット・インデックスは、米国株約4000銘柄から構成され、米国市場の投資可能銘柄のほぼ100％をカバーする指数です。

VTI（バンガード・トータル・ストック・マーケットETF）

●ベンチマーク　CRSP USトータル・マーケット・インデックス　●1株単価　272・12ドル　●経費率　0・03％
●純資産総額　約4075億ドル（約65兆円）　●分配金利回り　約1・35％（年4回：3月、6月、9月、12月）

S&P500に投資する商品

S&P500は、米国の主要業種を代表する大型株500銘柄で構成され、米国株式市場のパフォーマンスを表す指数です。

VOO（バンガード・S&P500 ETF）

●ベンチマーク　S&P500　●1株単価　510・3ドル　●経費率　0・03％
●純資産総額　約4700億ドル（約75兆円）　●分配金利回り　約1・38％（年4回：3月、6月、9月、12月）

米国を除く先進国市場（FTSE先進国オールキャップ（除く米国）インデックス）に投資する商品

FTSE先進国オールキャップ（除く米国）インデックスは、カナダ、欧州、太平洋地域の先進国市場の、大型株・中型株・小型株約3700銘柄で構成される株価指数です。投資比重上位の国には日本、イギリス、カナダ、フランス、スイス、オーストラリア、ドイツなどが含まれます。

VEA（バンガード・FTSE先進国市場〈除く米国〉ETF）

●ベンチマーク　FTSE先進国オールキャップ（除く米国）インデックス　●1株単価　50・48ドル　●経費率　0・06%
●純資産総額　約1321億ドル（約21・13兆円）　●分配金利回り　約3・33%（年4回：3月、6月、9月、12月）

新興国市場に投資する商品（FTSEエマージング・マーケッツ・オールキャップ（含む中国A株）・インデックス）

FTSEエマージング・マーケッツ・オールキャップ（含む中国A株）・インデックスは、全世界の新興国市場の大型株、中型株、小型株のパフォーマンスを表す指数で、4500以上の銘柄で構成されています。投資比重上位の国には中国、インド、台湾、ブラジル、サウジアラビア、南アフリカ、メキシコなどが含まれます。

VWO（バンガード・FTSE・エマージング・マーケッツETF）

●ベンチマーク　FTSEエマージング・マーケッツ・オールキャップ（含む中国A株）・インデックス
●1株単価　44・66ドル　●経費率　0・08%　●純資産総額　約789億ドル（約12・62兆円）
●分配金利回り　約3・14%（年4回：3月、6月、9月、12月）

NASDAQ100に投資する商品

NASDAQ100とは、ナスダックに上場する約3000銘柄の中から、金融セクターを除く時価総額上位100銘柄で構成される株価指数です。

ＮＡＳＤＡＱ１００に投資するＥＴＦはＱＱＱ（インベスコQQQ信託シリーズ1）が最も有名ですが、最近ではより低コストな商品に投資できるようになっています。

ＱＱＱＭ（インベスコ ＮＡＳＤＡＱ１００ ＥＴＦ）

ＱＱＱと同じＮＡＳＤＡＱ１００指数を対象とし、経費率がＱＱＱより０・05％安く、１株単価がＱＱＱの半分以下で少額から投資しやすいＥＴＦです。

●純資産総額　約２８９億ドル（約４・62兆円）●分配金利回り　約０・64％（年４回：３月、６月、９月、12月）

●ベンチマーク　ＮＡＳＤＡＱ１００　●１株単価　２０４・19ドル　●経費率　０・15％

ＮＹダウ（ダウ・ジョーンズ工業株平均指数）に投資する商品

ダウ・ジョーンズ工業株平均指数は、ニューヨーク証券取引所やナスダックに上場している米国優良株30社から構成される指数です。アップル、コカ・コーラ、マクドナルド、ナイキ、マイクロソフト、ビザなど、成長性や知名度が高く、米国を代表する有名企業が選ばれています。

ＤＩＡ（ＳＰＤＲ ダウ工業株平均ＥＴＦ）

株式ＥＴＦの中では珍しく、分配金が毎月支払われるのが大きな特徴です。

●ベンチマーク　ダウ・ジョーンズ工業株平均指数　●１株単価　３９３・７ドル　●経費率　０・16％

●純資産総額　約３２５億ドル（約５・２兆円）●分配金利回り　約１・74％（年12回：毎月分配）

2 配当重視型ＥＴＦ

米国高配当株に投資する商品

米国の高配当株に投資するETFの中で人気があるのがVYM、HDV、SPYDの3商品です。VYMは経費率が0・06%と最も安く、銘柄数が多いため分散効果に優れている点が魅力です。HDVは配当利回りだけでなく財務健全性にも注目して銘柄が選ばれ、安定感があります。SPYDはS&P500構成銘柄の中から配当利回りの高い80銘柄を集めた商品で、分配金利回りが最も高いのが魅力です。

VYM（バンガード・米国高配当株式ETF）

株価と分配金成長の両方がバランスよく期待でき、トータルリターンに優れるETFです。400銘柄の高配当銘柄に分散投資しており、HDVやSPYDより分散効果が高く、金融、ヘルスケア、生活必需品セクターの占める割合が高いのが特徴です。

- **ベンチマーク**　FTSE ハイディビデンド・イールド・インデックス
- **1株単価**　118・57ドル
- **経費率**　0・06%
- **純資産総額**　約538億ドル（約8・6兆円）
- **分配金利回り**　約3・00%（年4回：3月、6月、9月、12月）

HDV（iシェアーズ コア米国高配当株ETF）

財務健全性が高く、持続的に平均以上の配当を支払うことのできる、質の高い米国企業へ投資するETFです。75銘柄で構成されており、投資家に配当を支払うことのできる資金余力によってウェイト付けを行います。ヘルスケア、エネルギー、生活必需品セクターの占める割合が高いです。

- **ベンチマーク**　モーニングスター配当フォーカス指数
- **1株単価**　108・0ドル
- **経費率**　0・08%
- **純資産総額**　約102億ドル（約1・63兆円）
- **分配金利回り**　約3・53%（年4回：3月、6月、9月、12月）

SPYD（SPDR ポートフォリオS&P500 高配当株式ETF）

S&P500指数の採用銘柄のうち、配当利回り上位80銘柄から構成される指数です。金融、不動産、公益事業セクターへの投資割合が高く、金融や不動産セクターは景気変動の影響を受けやすいことに注意。分配利回りが約4～5%と他の高配当株ETFよりも高いのが特徴です。

●ベンチマーク　S&P500高配当指数　●1株単価　39・95ドル　●経費率　0・07%
●純資産総額　約59億ドル（約9440億円）　●分配金利回り　約4・58%（年4回：3月、6月、9月、12月）

米国の連続増配株に投資する商品

S&P U・S・ディビデンド・グローワーズ指数は、米国株の中で、過去10年以上連続で増配した実績のある約300銘柄で構成される指数です。

VIG（バンガード・米国増配株式ETF）

10年以上連続増配ができる競争力や成長力のある優良企業を集めた商品です。高配当株ではなく、増配株に投資する銘柄であり、上位25%の高利回り企業は除外されています。過度な配当金を出しており、将来の成長性に乏しい企業は除外しています。「増配し続ける方針が株価を押し上げる要因となること」に期待するETFです。

●ベンチマーク　S&P U・S・ディビデンド・グローワーズ指数　●1株単価　183・99ドル　●経費率　0・06%
●純資産総額　約788億ドル（約12・60兆円）　●分配金利回り　約1・83%（年4回：3月、6月、9月、12月）

3 セクター別ETF

セクターETFとは、セクターと呼ばれる**特定の業種に資金を集中したETF**のことです。

ここでは、情報技術セクター、ヘルスケアセクター、生活必需品セクター、半導体セクターに投資できる代表的なＥＴＦを紹介します。

ＶＴ、ＶＴＩなどの市場平均インデックスと組み合わせることで、特定の業種への投資割合を自由に調整することができます。

米国情報技術セクターに投資する商品

ＭＳＣＩ ＵＳインベスタブル・マーケット・情報技術25／50インデックスは、米国の情報技術セクターの大型株、中型株、小型株約３１０銘柄から構成される指数です。
テクノロジー・ソフトウェアおよびサービス、テクノロジー・ハードウェアおよび機器、半導体および半導体製造機器の３つの分野の企業で構成されています。

ＶＧＴ（バンガード・米国情報技術セクターＥＴＦ）

アップル、マイクロソフト、エヌビディア、ブロードコム、アドビ、セールスフォース、インテルなどのＩＴ銘柄に投資できます。高い成長性が期待できる一方、金利や景気変動に株価が左右されやすい点に注意が必要です。

●ベンチマーク　ＭＳＣＩ ＵＳインベスタブル・マーケット・情報技術25／50インデックス
●1株単価　595.9ドル　●経費率　0.10％
●純資産総額　約744億ドル（約11.9兆円）　●分配金利回り　約0.62％（年4回：3月、6月、9月、12月）

米国ヘルスケアセクターに投資する商品

ＭＳＣＩ Ｕ.Ｓインベスタブル・マーケット・ヘルスケア25／50インデックスは、米国のヘルスケア・セクターの大型株、中型株、小型株約４１０銘柄で構成される指数です。
ヘルスケア機器・用品を製造する企業、ヘルスケア関連サービスを提供する企業、医薬品およびバイオテクノロジー製品の研究・開発・製造・マーケティングを行う企業で構成されています。

VHT（バンガード・米国ヘルスケア・セクターETF）

上位構成銘柄はユナイテッドヘルス・グループ、ジョンソン＆ジョンソン、イーライリリー、ファイザー、アッヴィ、メルクなど。ヘルスケア関連銘柄は景気後退に強く、値動きに安定感があります。

- **ベンチマーク** MSCI U.S.インベスタブル・マーケット・ヘルスケア25／50インデックス
- **1株単価** 263・92ドル **経費率** 0・10％
- **純資産総額** 約176億ドル（約2・8兆円） **分配金利回り** 約1・36％（年4回：3月、6月、9月、12月）

米国生活必需品セクターに投資する商品

MSCI USインベスタブル・マーケット・生活必需品25／50インデックスは、米国の生活必需品セクターの大型株、中型株、小型株約100銘柄から構成される指数です。

食品、飲料、タバコの製造・流通業者など、景気循環に対して敏感でないディフェンシブな銘柄で構成され、不景気に比較的強いのが特徴です。

VDC（バンガード・米国生活必需品セクターETF）

プロクター・アンド・ギャンブル、コストコ・ホールセール、コカ・コーラ、ペプシコ、ウォルマートなど、景気動向にされにくい優良企業に投資できます。値動きに安定感があり、分配金利回りが高いのが特徴です。

- **ベンチマーク** MSCI USインベスタブル・マーケット・生活必需品25／50インデックス
- **1株単価** 204・56ドル **経費率** 0・10％
- **純資産総額** 約65・6億ドル（約1兆496億円） **分配金利回り** 約2・58％（年4回：3月、6月、9月、12月）

半導体セクターに投資する商品

マーケット・ベクトル米国上場半導体25インデックスは、全世界の主要な半導体関連銘柄25社から構成される指数です。構成上位銘柄には、エヌビディア、台湾・セミコンダクター・マニュファクチャリング・カンパニー（TSMC）、ブロードコム、ASMLホールディング、アドバンスト・マイクロ・デバイセズ（AMD）などが含まれます。

SMH（ヴァンエック・半導体株ETF）

半導体市場は急速に拡大しており、過去10年のリターンはNASDAQ100を上回ります。経費率が0・35%とやや高めで、半導体関連銘柄への集中投資になるため、比較的リスクが高くなります。

- ベンチマーク　マーケット・ベクトル米国上場半導体25インデックス
- 1株単価　269・7ドル
- 経費率　0・35%
- 純資産総額　約229億ドル（約3・66兆円）
- 分配金利回り　約0・39%（年1回：12月）

4 レバレッジ型ETF

レバレッジETFは、元の投資対象（日経平均やS&P500、NASDAQ100など）の日々の値動きの「2倍」や「3倍」に価格が動くように運用するETFです。

レバレッジETFへの投資は、うまくいけば大きな投資成果が期待できますが、失敗した時の損失も大きくなるため、上級者向けの商品です。基本的に長期保有に適した商品ではなく、短期〜中期の値上がり益を狙いにいく商品と考えましょう。

S&P500の3倍レバレッジETF

SPXL（Direxion デイリー S&P500ブル3倍ETF）

S&P500の3倍の値動きを示し、高いリスクをとることで短期的な値上がり益を狙う商品です。経費率が高く、長期投資には不向きです。

●ベンチマーク　S&P500指数の3倍の値動きに連動するブル型ETF　●1株単価　154・2ドル　●経費率　0・88％
●純資産総額　約45億ドル（約7200億円）　●分配金利回り　約0・81％（年4回：3月、6月、9月、12月）

NASDAQ100の3倍レバレッジETF

TQQ（プロシェアーズ・ウルトラプロQQQ）

NASDAQ100の3倍の値動きを示し、少ない資金で短期的に大きなリターンを狙うための商品です。経費率が高く、長期投資には不向きです。

●ベンチマーク　NASDAQ100指数の3倍の値動きに連動するブル型ETF　●1株単価　81・63ドル　●経費率　0・88％
●純資産総額　約234億ドル（約3・74兆円）　●分配金利回り　約1・08％（年4回：3月、6月、9月、12月）

5　テーマ別ETF

米国バリュー株、グロース株に投資する商品

バリュー株とは、利益や資産から導かれる企業価値と比較して、株価が割安になっている銘柄を

指します。グロース株とは、売上や利益成長率が高く、将来にわたって大きな**株価上昇が期待できる銘柄**を指します。

バリュー株ETFの代表としてVTV、グロース株ETFの代表としてVUGを紹介します。

VTV（バンガード・米国バリューETF）

約340銘柄のバリュー株に分散投資し、米国大型バリュー株市場の約85％をカバーします。金融、ヘルスケア、資本財セクターの比率が高いです。上位構成銘柄はバークシャー・ハサウェイ、ユナイテッドヘルス・グループ、ジョンソン&ジョンソン、エクソン・モービルなど。

●ベンチマーク　CRSP USラージキャップ・バリュー・インデックス
●1株単価　160.3ドル　●経費率　0.04％
●純資産総額　約1158億ドル（約18.5兆円）　●分配金利回り　約2.46％（年4回：3月、6月、9月、12月）

VUG（バンガード・米国グロースETF）

約210銘柄の米国大型グロース株に分散投資します。情報技術セクターの比率が約54％と非常に高く、上位構成銘柄はアップル、マイクロソフト、アマゾン、エヌビディア、アルファベット（グーグル）、テスラなど、大型IT銘柄がほとんどです。

●ベンチマーク　CRSP USラージキャップ・グロース・インデックス　●1株単価　387.3ドル
●経費率　0.04％　●純資産総額　約1337億ドル（約21.39兆円）
●分配金利回り　約0.49％（年4回：3月、6月、9月、12月）

ワイドモート企業に投資する商品

「ワイドモート」とは、経済的優位性、経済的な濠（ほり）を意味する言葉です。経済的な濠を有する企業は、素晴らしい製品やサービスで大きなマーケットシェアを獲得しているケースが多いため、投資先として魅力があります。ＭＯＡＴは経済的優位性を持つ企業約50社を集めて構成されたＥＴＦです。

MOAT（ヴァンエック・モーニングスター・ワイド・モートETF）

経済的な濠を有するワイドモート企業に集中投資します。構成銘柄にはナイキ、セールスフォース、ウォルト・ディズニー、アルファベット（グーグル）、アマゾン、マイクロソフトなどが含まれます。経費率は０・46％とやや高めです。

●ベンチマーク　Morningstar ワイド・モート・フォーカス株式指数　●1株単価　86・5ドル　●経費率　0・46％
●純資産総額　約143億ドル（約2・2兆円）　●分配金利回り　約0・85％（年1回：12月）

インド株に投資する商品

主に中国市場の不調を受け、新興国市場全体としては株価が軟調ですが、その中でインドの株価は好調に推移しています。インドは約14億人という圧倒的な人口数に加えて年齢構成も若く、世界第２位の英語人口や高度な理数系教育を背景にＩＴ企業が発展しやすい素地があります。

インドの個別株に投資するのはまだまだハードルが高いですが、ＥＴＦを使うことでインド市場に投資することができます。

EPI（ウィズダムツリー インド株収益ファンド）

インド株式市場の大型株～小型株まで約４００銘柄に広く分散投資が可能です。経費率が０・83％と高めです。

●ベンチマーク　ウィズダムツリー　インド・アーニングス・インデックス　●1株単価　49・3ドル　●経費率　0・83％
●純資産総額　約36億ドル（約5760億円）　●分配金利回り　なし（不定期）

03 債券、コモディティ、REITに投資する米国ETF

1 債券市場に連動するETF

債券は株式と異なる値動きを示し、値動きの幅が比較的安定しています。株式と債券を組み合わせることで、ポートフォリオ全体の価格変動リスクを抑えることができます。

また、多くの債券ETFは毎月分配型なので、安定したインカムが期待できるのも魅力です。

米国総合債券ETF

米国総合債券ETFのBNDやAGGのベンチマーク指数は、いずれも米国における残存期間1年超の投資適格債券市場（米国債、社債、米国以外の米ドル建て債券、モーゲージ債及びアセットバック証券など）のパフォーマンスを反映します。

どちらも米国の投資適格債券市場全体に満遍なく投資できるETFで、毎月分配型なので安定したインカムが手に入るのが魅力です。

債券価格は金利と逆相関しますので、金利上昇局面に弱いことに注意しましょう。

BND（バンガード・米国トータル債券市場ETF）

●ベンチマーク　ブルームバーグ・バークレイズ米国総合浮動調整インデックス
●1口単価　72・4ドル　●経費率　0・03％
●純資産総額　約1073億ドル（約17兆円）　●分配金利回り　約3・44％（年12回：毎月分配）

AGG（iシェアーズ・コア 米国総合債券市場ETF）

●ベンチマーク　ブルームバーグ米国総合債券インデックス　●1口単価　97・58ドル　●経費率　0・03％
●純資産総額　約1097億ドル（約17・5兆円）　●分配金利回り　約3・49％（年12回：毎月分配）

米国を除くグローバル債券ETF

BNDXは、米国以外のグローバル債券市場に丸ごと投資できる債券ETFです。先に紹介したBNDとBNDXと組み合わせることで、世界全体の債券市場に広く分散投資することが可能です。

BNDX（バンガード・トータル・インターナショナル債券ETF）

●ベンチマーク　バークレイズ・グローバル総合（米ドル除く）浮動調整RIC基準インデックス（米ドルヘッジベース）
●1口単価　48・76ドル　●経費率　0・07％
●純資産総額　約562億ドル（約8・9兆円）　●分配金利回り　約4・76％（年12回：毎月分配）

米国長期国債ETF

TLTは、**満期20年以上の米国国債**に投資するETFです。満期期間が10年以上の商品を長期国債と言い、満期までの期間が長い債券ほど利回りが高い一方、金利の変動による価格変動が大きくなります。

一般に債券価格は金利と逆相関するため、金利が上昇するとTLT価格は下落し、金利が下落するとTLT価格は上昇します。値動きの幅は上で既に紹介したBNDやAGGよりも大きくなりますが、金利下落局面に強い商品と言えるでしょう。

TLT（iシェアーズ 米国国債 20年超 ETF）

●ベンチマーク　バークレイズ・キャピタル20年超米国国債インデックス　●1口単価　92・56ドル

●経費率　0・15％　●純資産総額　約530億ドル（約8・4兆円）　●分配金利回り　約3・87％（年12回：毎月分配）

2 コモディティETF

株式や債券だけでなく、商品（コモディティ）を対象としたETFもあります。

ここでは**金と銀に投資できるETF**を紹介します。

金に投資する商品

コモディティETFの中で最もポピュラーなのが金ETFです。

金自体に商品としての価値があり、インフレに強く、株式や債券とは異なる価格変動を示すため、資産の分散対象として魅力があります。金の現物に投資するのはハードルが高いため、GLDMやIAUなどの金ETFを使うのがよいでしょう。

少額から売買ができ、流動性も高いのが金ETFのメリットです。

GLDM（SPDR ゴールド・ミニシェアーズ・トラスト）

GLD（SPDR ゴールド・シェア）と比較して1株あたりの価格が安く、経費率が低いため投資しやすいのが特徴です。

- 投資対象　ロンドン貴金属市場協会が提示する金価格
- 1口単価　47・3ドル
- 経費率　0・10％
- 純資産総額　約74億ドル（約1兆1840億円）
- 分配金利回り　なし

IAU（iシェアーズ ゴールド・トラスト）

- 投資対象　ロンドン貴金属市場協会が提示する金価格
- 1口単価　45・1ドル
- 経費率　0・25％
- 純資産総額　約283億ドル（約4・28兆円）
- 分配金利回り　なし

銀に投資する商品

銀は金と比較すると安価で、主な需要としては電子部品や太陽光発電機器などの工業用になります。

銀価格は工業用需要の影響を受けやすく、**金とは異なる値動き**を示すことも多いです。

銀の市場規模は金と比べると小さく、値動きが大きくなりやすいことに注意が必要です。

金と同様に、銀も株式や債券と異なる値動きを示すため、ポートフォリオ全体のリスクヘッジとしての役割が期待できます。

SLV（iシェアーズ シルバー・トラスト）

- 投資対象　ロンドン貴金属市場協会が提示する銀価格
- 1口単価　28・48ドル
- 経費率　0・50％
- 純資産総額　約128億ドル（約2・04兆円）
- 分配金利回り　なし

3 REITに投資するETF

米国REITに投資する商品

米国REITは時価総額、銘柄数ともに世界最大のREIT市場ですが、日本の証券会社では米国REITの個別銘柄に投資することができません。

日本人が米国REITに投資する時は、IYRなどの米国ETFを使って投資することになります。

IYR（iシェアーズ 米国不動産ETF）

約80の米国REITに分散投資が可能です。リーマンショックで約70%、コロナショックで約40%下落しており、暴落耐性は低いです。

●ベンチマーク　Dow Jones U.S.Real Estate Index　●1口単価　87・47ドル　●経費率　０・39%

●純資産総額　約29億ドル（約４６４０億円）　●分配金利回り　約２・92%（年４回：３月、６月、９月、12月）

本書でおすすめするETF一覧

分類		ETF名
国内ETF	国内外株式・REIT	1306 NEXT FUNDS TOPIX連動型上場投信
		1321 NEXT FUNDS 日経225連動型上場投信
		1489 NEXT FUNDS 日経平均高配当株50指数連動型上場投信
		1343 NEXT FUNDS 東証REIT指数連動型上場投信
		1655 iシェアーズ S&P500 米国株 ETF
		2559 MAXIS全世界株式（オール・カントリー）上場投信
米国ETF	株式インデックス	VT（バンガード・トータル・ワールド・ストックETF） 全世界株式
		VTI（バンガード・トータル・ストック・マーケットETF） 全米株式
		VOO（バンガード・S&P500 ETF） 米国大型株500社
		VEA（バンガード・FTSE先進国市場<除く米国>ETF）
		VWO（バンガード・FTSE・エマージング・マーケッツETF） 新興国株式
		QQQM（インベスコNASDAQ100ETF） NASDAQ100
		DIA（SPDRダウ工業株平均ETF） NYダウ
	配当重視型	VYM（バンガード・米国高配当株式ETF）
		SPYD（SPDRポートフォリオ S&P500 高配当株式ETF）
		HDV（iシェアーズ コア米国高配当株ETF）
		VIG（バンガード・米国増配株式ETF）
	セクター	VGT（バンガード・米国情報技術セクター ETF）
		VHT（バンガード・米国ヘルスケアセクター ETF）
		VDC（バンガード・米国生活必需品セクター ETF）
		SMH（ヴァンエック・半導体株ETF）
	レバレッジ・その他	SPXL（Direxion デイリー S&P500 ブル3倍ETF）
		TQQQ（プロシェアーズ・ウルトラプロQQQ）
		VTV（バンガード・米国バリュー ETF）
		VUG（バンガード・米国グロースETF）
		MOAT（ヴァンエック・モーニングスター・ワイド・モートETF）
		EPI（ウィズダムツリー インド株収益ファンド）
	債券	BND（バンガード・米国トータル債券市場ETF）
		AGG（iシェアーズ・コア 米国総合債券市場ETF）
		BNDX（バンガード・トータル・インターナショナル債券ETF）
		TLT（iシェアーズ 米国国債20年超ETF）
	コモディティ	GLDM（SPDRゴールド・ミニシェアーズ・トラスト）
		IAU（iシェアーズ・ゴールド・トラスト）
		SLV（iシェアーズ・シルバー・トラスト）
	REIT	IYR（iシェアーズ 米国不動産 ETF）

世界一やさしい　投資信託・ETFの教科書　1年生

2024年 3月31日　初版第1刷発行
2024年 8月10日　初版第2刷発行

著　者　Dr. ちゅり男
発行人　柳澤淳一
編集人　久保田賢二
発行所　株式会社　ソーテック社
〒102-0072 東京都千代田区飯田橋 4-9-5　スギタビル 4F
電話：注文専用　03-3262-5320
FAX：　03-3262-5326
印刷所　TOPPANクロレ株式会社

ISBN978-4-8007-2130-3